HUMFREY HUNTER

FALLI A PEZZI

Scoprire i meccanismi
degli uomini
per trovare quello giusto

Traduzione di
Edy Tassi

PIEMME

www.edizpiemme.it

Falli a pezzi
di Humfrey Hunter
Titolo originale dell'opera: *The Men Files*
Copyright © 2011 Humfrey Hunter
© 2013 Edizioni Piemme Spa, Milano

ISBN 978-88-566-4245-2

Anno 2014-2015-2016 - Edizione 1 2 3 4 5 6 7 8 9 10

A Rachel e Sarah

INTRODUZIONE

Falli a pezzi descrive con brutale onestà e senza esclusione di colpi come funziona la mente degli uomini single, cosa pensano, cosa vogliono e perché fanno quello che fanno. Ispirandosi a ciò che uno di loro – cioè io – ha imparato al termine di una lunga relazione sentimentale, questo è il libro che tutte le donne aspettavano: quello che finalmente insegnerà loro a decodificare la miriade di segnali contradditori che gli uomini, nella loro semplicità, trasmettono in modo consapevole e inconsapevole.

Falli a pezzi vi rivelerà la verità sugli uomini, e cioè che in realtà sono complicati e incoerenti *ma* non così misteriosi come sembrano. E leggendo aneddoti sulla vita e sui pensieri di alcuni di loro, imparerete a riconoscere quelli che non sono interessati a un rapporto serio, come convincere gli altri a invitarvi fuori e perché alcuni non fanno la prima mossa anche se vorrebbero. In breve, *Falli a pezzi* risponderà a tutte le vostre domande sugli uomini e vi fornirà le informazioni necessarie perché troviate quello giusto.

Al termine della seconda di due lunghe storie sentimentali ho cominciato a tenere una rubrica di appuntamenti. Una rubrica che mi ha costretto a fare qualcosa che pochi altri uomini riescono a fare: analizzare il comportamento dei single come me. Questo libro approfondisce molto di più l'argomento e vi spiegherà tutto quello che avete bisogno di sapere sugli uomini, attraverso il punto di vista di un ragazzo normale: io, di nuovo. Così avrete le informazioni necessarie per muovervi con sicurezza nel mondo dei single, mantenendo il controllo della situazione e, soprattutto, divertendovi.

Non esiste un metodo garantito al cento per cento per conquistare un uomo, perché ognuno di noi è diverso. Questo libro però vi fornirà una quantità enorme di informazioni da aggiungere a quelle che avete già raccolto da sole. E una volta che le avrete messe insieme, potrete elaborare il vostro vademecum personale. A quel punto, la decisione se scommettere o no su qualcuno sarà solo vostra. Il mio compito è fare in modo che siate abbastanza informate e preparate per capire i rischi che potete correre con i single che incontrate e farvi sfruttare nel modo migliore le conoscenze e l'esperienza che avete accumulato.

Questo è, in sintesi, lo scopo ultimo del mio libro: mettere a vostra disposizione il tempo in cui sono stato single io – ben due anni e mezzo – e tutti gli aneddoti che ho raccolto, per farvi capire come e perché gli uomini si innamorano della ragazza giusta al momento giusto.

Ma prima, torniamo all'inizio di quei due anni e mezzo.

Falli a pezzi: gli inizi

La rottura del mio rapporto non è stata particolarmente drammatica. Dopo aver trascorso tre anni felici insieme alla mia ragazza, mi sono reso conto che non era quella con cui volevo trascorrere il resto della mia vita e la storia è finita.

Fin qui niente di strano.

Ma il giorno dopo il mio amico Giles mi ordinò di *non* trovarmi una ragazza per almeno un anno. Avevo trent'anni e negli ultimi otto ero stato single per un totale di sei mesi (nell'intervallo fra una storia e l'altra). Per Giles avevo bisogno di "conoscere" un bel po' di nuove ragazze prima di impegnarmi di nuovo.

Secondo lui il termine di un anno era fondamentale, perché ho il cuore tenero e mi innamoro troppo facilmente. Se non fossi stato attento, mi sarei ritrovato con una nuova compagna prima ancora di essere pronto, gettando così le basi per un'altra rottura.

Durante questi dodici mesi avrei avuto il permesso di frequentare tutte le ragazze che volevo, ma senza impegnarmi con nessuna. Il che era un approccio nuovo per me: prima di allora non avevo mai consapevolmente *deciso* di rimanere single. Ma più riflettevo sull'idea di Giles e più mi sembrava sensata.

Dopotutto avevo avuto due lunghe storie e nessuna aveva funzionato. Ormai mi ero lasciato i vent'anni alle spalle e tutti i miei amici si erano più o meno sistemati. I matrimoni e i bambini saltavano fuori da tutte le parti come funghi e io arrancavo alla ricerca di una vita adulta.

E sebbene l'istinto mi spingesse a sbrigarmi e a mettermi in pari, decisi che Giles aveva ragione. Dovevo prendermi del tempo, imparare a conoscere me stesso e il tipo di ragazza a me più congeniale, e solo quando fossi stato pronto, e la ragazza fosse stata quella giusta, avrei fatto la mia mossa.

Immediatamente, uscire divenne un'esperienza completamente nuova. Analizzavo le donne che incontravo e le mie reazioni nei loro confronti in modo diverso e molto più analitico di prima. La mia vita amorosa cominciò ad assumere le sembianze di un progetto di ricerca. Affascinante.

Poi, con un vero e proprio colpo di fortuna, la cosa si trasformò in un lavoro. In altre parole, mi chiesero di tenere una rubrica di appuntamenti su un giornale. Il ragazzo che se ne occupava aveva rinunciato all'incarico perché si era fidanzato (una notizia bella o brutta a seconda dei punti di vista) e volevano che lo rimpiazzassi io.

All'improvviso il mio "progetto di ricerca" si elevò a un livello nuovo. Adesso ero un professionista degli appuntamenti e avevo la scusa perfetta per uscire con tutte le ragazze che volevo. In fondo, non mi stavo dando da fare per divertirmi e basta, adesso lo facevo per il bene delle mie lettrici. Loro volevano sapere come funziona la testa di un single ed era una mia responsabilità insegnarglielo.

Inoltre la cosa mi offriva la scusa perfetta per ficcare il naso negli affari degli altri e così cominciai a interrogare i miei amici sulla loro vita sentimentale. Sentendone di tutti i colori. Alcune storie mi facevano ridere, altre mi facevano arrossire, altre mi lasciavano letteralmente senza parole.

Ma dopo due anni in cui avevo raccontato le mie esperienze personali e quelle di innumerevoli altre persone la mia ricerca era quasi terminata. E dal suo risultato è nata l'idea di questo libro.

Volevo aiutare le ragazze a entrare nella testa dei single, a capire gli errori che commettiamo e perché li commettiamo, perché trattiamo certe ragazze in un certo modo, come si comportano gli uomini nelle varie fasi di un rapporto, i segnali che accogliamo in modo positivo e quelli che invece ci fanno scappare a gambe levate. Così, questo libro racconta quello che è successo a me e attorno a me; le storie che mi sono state raccontate e che ho vissuto in prima persona; i consigli che mi sono stati dati, quelli che ho accolto e quelli che ho ignorato; la saggezza e le ferite di guerra che ho accumulato strada facendo, senza nascondere niente.

Queste storie vi forniranno l'esperienza necessaria per ottenere il risultato (o il ragazzo) che desiderate, come fanno i giocatori di poker quando riflettono su percentuali e probabilità.

E altra cosa importante, oltre a rivelarvi i segreti sul funzionamento della mente dei single, questo libro vi dimostrerà che non importa quanti errori avete commesso, non importa quanto vi siete umiliate con quel ragazzo che vi piaceva moltissimo: io o qualcun altro che conosco abbiamo fatto molto, molto peggio, perché ogni storia che vi racconterò è vera. Non tutte mi riguardano direttamente (altrimenti la mia sarebbe stata una vita piuttosto bizzarra), ma riguardano comunque qualcuno che esiste davvero. E anche se questo libro non è, mi fa piacere dirlo, un resoconto di tutti i miei alti e bassi sentimentali, quando sarà il caso entrerò in modalità "angolo delle confidenze" e vi racconterò qualche aneddoto personale.

Ma qui arriva il bello: una volta che avrete letto tutte le storie e vi sarete rese conto che non siete le creature più incompetenti e stupide del pianeta, e che gli uomini non sono più gli esseri misteriosi che sembravano prima, la vostra sicurezza schizzerà alle stelle... e tutti sappiamo quanto la sicurezza aiuti.

Prima però devo dirvi un'altra cosa. Quando ho scritto il mio ultimo pezzo la mia ricerca non era ancora finita, perché ero ancora single. Ma adesso non lo sono più. Nel giro di poco nella mia vita è entrata in modo del tutto inaspettato una ragazza, e in quel momento io non ne stavo nemmeno cercando una. Anzi, avevo quasi rinunciato all'idea. Ma è arrivata comunque, ed è rimasta. Si chiama Charlotte e il suo nome ricorre piuttosto spesso in queste pagine. Le ho anche permesso di dire la sua alla fine del libro.

Incontrare Charlotte, ora lo so, ha rappresentato la fase conclusiva della mia ricerca, l'ultima lezione da imparare: quella che mi ha fatto capire come, perché e quando un ragazzo – in questo caso io – incontra qualcuno di speciale.

1

Incontrarsi

*Cosa fanno gli uomini per conoscere
nuove ragazze*

•

*Cosa pensano gli uomini
quando abbordano una ragazza*

•

*Perché gli uomini più sdolcinati
non sempre sono i più sinceri*

•

Come individuare un seduttore seriale

Quando un uomo incontra una ragazza per la prima volta di solito ha due domande che gli frullano in testa. La prima è: «Riuscirò a portarmela a letto?» e la seconda: «Fra quanto?».

Non ho intenzione di spiegare o di giustificare la cosa. È solo che noi siamo così.

Okay, questo è un caso limite, stavo deliberatamente ridimensionando le vostre aspettative. Non siamo tanto male, davvero. Alcuni di noi sì, certo, ma non tutti. Però sapere cosa bisogna aspettarsi dai peggiori di noi è un buon punto di partenza.

Il fatto è che in giro ci sono ragazzi che direbbero qualsiasi cosa pur di portarvi a letto, e scommetto che qualsiasi ragazza single al mondo prima o poi ci casca almeno una volta.

Ma non c'è niente di cui vergognarsi. Proprio niente. Si tratta di correre un rischio senza ottenere il risultato sperato. Non ha senso rimuginarci su, perciò, se è capitato qualcosa di simile anche a voi, andate avanti. Non preoccupatevi di cose che non potete controllare, come il passato. Chiudetele in una scatola con l'etichetta ESPERIENZA e fate del vostro meglio per evitare che si

15

ripetano. Non perché abbiate fatto qualcosa di sbagliato, ma perché poi state male. E io non voglio che stiate male.

Ora vi dirò come evitare che succeda.

La regola

Esiste una semplice regola che aumenterà in misura esponenziale le probabilità che voi non soffriate. Non posso garantirvi che funzionerà ogni singola volta, ma alla lunga i suoi benefici diventeranno più che evidenti.

Questa regola può essere abbellita con mille fronzoli diversi (la gente ci ha persino scritto libri interi sopra) ma io la metterò nel modo più semplice possibile.

Che è grosso modo questo: se vi piace un ragazzo, non andateci a letto troppo presto.

Semplice, no? Eppure un numero considerevole di ragazze ignora il fatto – perché è un *fatto* – che prima vanno a letto con un ragazzo e più probabilità ci sono che non nasca niente di davvero significativo.

Certo, se tutto quello che volete da lui è sesso, allora infilatevi sotto le coperte prima possibile. Non penso che sia sbagliato per le ragazze divertirsi un po', ma credo che rispetto a loro, per i ragazzi sia più facile fare sesso senza alcun coinvolgimento emotivo, perciò i rischi (e il più grande è quello di innamorarsi della persona con cui apparentemente si sta facendo sesso occasionale) sono maggiori per la metà femminile dell'accordo. E non lo dico perché io sia sessista o antifemminista (non sono né l'uno né l'altro), è solo una conclusione generalizzata che si basa sull'osservazione.

Se non siete d'accordo, benissimo. Ma io non cambio idea.

E come tutti i miei aneddoti e le mie conclusioni, anche questa regola ha le sue eccezioni. Però non sono molte, esattamente come i casi di flirt post-rottura che si trasformano in matrimoni.

Perché?

Gli uomini del ventunesimo secolo sono pur sempre uomini

Immaginate un uomo che va a caccia di cervi. Pianifica la spedizione per settimane, forse mesi. Lui e i suoi amici preparano l'attrezzatura, i vestiti, le armi, i viveri ecc. Trovano un posto dove dormire, decidono chi guiderà e quanto costerà la spedizione. Ci ragionano per ore e tutto il gruppo è incredibilmente su di giri ancora prima di mettere piede fuori casa.

Finalmente la caccia comincia. Individuano un cervo e oh... è una creatura meravigliosa. Alto e forte, con una testa nobile e un palco di corna spettacolare. Sì, è il cervo che cercavano, quello che incontri una sola volta nella vita. Perciò lo seguono nel bosco, muovendosi il più silenziosamente possibile per evitare che scappi. Gli stanno dietro per ore, fino a quando per uno dei cacciatori non arriva l'occasione buona. Imbraccia in silenzio il fucile, lo carica con moltissima attenzione, fa un respiro profondo e prende la mira. Sa che quello è il cervo più bello e più grande che abbia mai visto, il premio di una vita. Ha lavorato così duramente, si è impegnato così tanto per arrivare a quel momento. È nervoso, eccitato e si sente una favola.

Così il cervo viene ucciso e gli uomini lo trasportano nel loro albergo, spezzandosi la schiena strada facendo. Nelle settimane seguenti, l'uomo che ha ucciso il cervo fa impagliare la sua testa in modo da poter ammirare per sempre quel muso nobile e quelle corna magnifiche, e racconta di come lo ha cacciato a chiunque vada a trovarlo a casa sua. Quella testa di cervo significa moltissimo per lui. Ha un *valore*.

Ora immaginate esattamente lo stesso uomo che attraversa un bosco in macchina. Un cervo altrettanto magnifico gli taglia la strada e lui investe inavvertitamente l'animale, che muore sul colpo. L'uomo scende dalla macchina e lo osserva. È un cacciatore e conosce bene i cervi, perciò capisce che si tratta di un esemplare fuori dal comune. Ma cosa fa? Se lo porta a casa e lo monta sopra il camino per poterlo ammirare per il resto dei suoi giorni?

No.

Scuote la testa e pensa: "Che peccato, poveraccio", trascina il cervo morto sul ciglio della strada e se ne va a casa. Presentato in modo diverso, lo stesso cervo per lui non ha quasi alcun valore.

Ecco come la pensano gli uomini, soprattutto a proposito del sesso.

Domanda: quale cervo volete essere?

Risposta: non quello asfaltato.

✓ SEGRETO N. 1

Noi uomini vogliamo vedervi come un premio di grande valore. Vogliamo avere la sensazione di aver conquistato qualcosa di speciale. Prendete nota e usate la cosa a vostro vantaggio.

Perciò, come si fa a esprimere il livello di malizia giusto, quello che dice a un ragazzo che potete essere una compagnia divertente, ma non nel senso "offrimi-un-drink-e-stanotte-sarò-tua"?

Semplice: mantenete il controllo della situazione. Decidete cosa volete fare e limitatevi a quello. Stabilite delle regole per voi stesse. E non intendo *Le Regole* (di quelle parlerò fra un po'), ma delle linee guida adatte a voi, che vi aiutino a non incasinare tutto.

Cosa non fare

Una ragazza di mia conoscenza mi ha raccontato la storia di una sua amica. La fonte è attendibile, non si tratta di una di quelle storie che cominciano con: «Non ci crederai mai...». E non è nemmeno una di quelle leggende metropolitane che si diffondono da un gruppo di amici all'altro, arricchendosi di dettagli sempre più succosi a ogni passaggio.

No, quello che sto per raccontarvi è successo davvero. Conosco il nome della ragazza coinvolta. Ma non ve lo riferirò, perché non sono tanto spregevole.

Quindi, ecco la storia.

La ragazza esce per un primo appuntamento con un tipo che le piace parecchio. È risaputo che lei ai primi appuntamenti tende a spingersi un po' oltre, soprattutto dopo qualche drink, perciò decide di non bere troppo per non perdere il controllo. La ragazza decide di adottare un'altra misura precauzionale e non si depila né le gambe né l'inguine, perché crede che questo le impedirà di togliersi i vestiti davanti a lui nel corso della serata.

Ma invece alza il gomito e va su di giri, si porta a casa il tizio ed escogita un piano diabolico: lo fa sedere sul divano mentre lei sgattaiola in bagno per darsi due colpi di lametta veloci. La ragazza, depilata e con addosso una minigonna, torna da lui e si appoggia con fare seducente contro lo stipite della porta del salotto.

Il tizio la guarda dalla testa ai piedi e i suoi occhi si spalancano inorriditi quando arriva alle gambe. La ragazza, confusa, abbassa lo sguardo.

A quanto pare, quando ha bevuto un paio di cocktail di troppo non sa praticare con la dovuta abilità la delicata arte della rasatura e si è tagliata. Le sue gambe sono tutte insanguinate.

La ragazza urla.

Torna di corsa in bagno, si chiude dentro e scoppia in lacrime. Il tizio bussa alla porta e le dice che non è successo niente di grave, ma lei non lo ascolta. Gli chiede di andarsene e i due non si rivedono più.

Tutt'altro che una storia d'amore, vero?

E cosa le rimane da fare? Può torturarsi dall'imbarazzo per i prossimi vent'anni o riderci su e andare avanti, visto che è inutile preoccuparsi delle cose che non si possono cambiare. Inoltre, scommetto la mia gamba sinistra che è un errore che non ripeterà.

Come immaginerete, io le avrei consigliato la seconda alternativa. Insieme a un tentativo di concludere l'episodio in bellezza, telefonando al tizio. Se era un bravo ragazzo e lei gli piaceva davvero, quel piccolo incidente non avrebbe avuto alcuna importanza. E se le cose fra loro avessero funzionato, ne avrebbero riso per anni.

Se invece lui non era interessato, la situazione non avrebbe potuto diventare più imbarazzante di quanto fosse già.

La lezione da imparare

Come avrebbe dovuto comportarsi la ragazza? Per evitare tutto quel trambusto e quell'umiliazione, avrebbe dovuto fare una sola, semplice cosa: non portarsi a casa il tizio.

Di per sé non c'è niente di sbagliato nell'andare a letto con qualcuno al primo appuntamento, ma fare sesso con un ragazzo troppo presto può creare dei problemi se si vuole che le cose prendano la direzione giusta.

Questa ragazza ha sbagliato. Ha perso il controllo della situazione e ha perso il ragazzo.

Il finale però avrebbe comunque potuto essere diverso, perché anche se lo aveva sbattuto fuori di casa, non tutto era perduto. Se lo avesse chiamato il giorno dopo per scusarsi e chiedergli se una volta o l'altra poteva offrirgli qualcosa da bere, lui avrebbe anche potuto rispondere di sì. D'accordo, troviamoci. E lei si sarebbe guadagnata un'altra possibilità, riconquistando il controllo della situazione.

Ed eccomi di nuovo solo

Per qualsiasi single, figuriamoci uno per cui l'esperienza è relativamente nuova, avvicinarsi a una ragazza mentre è ancora sobrio rappresenta una delle sfide più grandi della vita. Cosa le dici? E come te la cavi con dignità se lei ti respinge? Dopo essere rimasto fuori dal gioco per due anni, quando sono tornato single dopo quelle che chiamerò la Ragazza X e la Ragazza Y io non ne avevo la minima idea.

Ma avevo la mia arma segreta: B.

B è un ragazzo che ritroverete con una certa regolarità fra le pagine di questo libro. È un mio buon amico ma è davvero un pessimo soggetto. Del tipo che gira per locali con un repertorio infinito di battute rompighiaccio da usare con qualsiasi ragazza, in qualsiasi circostanza e a qualsiasi ora del giorno o della notte. Esce con donne diverse ogni settimana, e dopo che ci è andato a letto una volta perde immediatamente interesse e passa oltre. È il classico sciupafemmine, lo stronzo per antonomasia, che non ha alcuna intenzione di sistemarsi.

Non è davvero *cattivo* – è mio amico e mi ha messo gentilmente a disposizione le sue esperienze e i suoi pensieri nella speranza che possano rivelarsi utili – ma di certo non vorrei che una delle mie sorelle ci uscisse insieme. Perciò è proprio quel tipo di ragazzo che tutte voi dovreste imparare a riconoscere ed evitare.

Un'altra cosa: se dovessi fare qualcosa che non gradite, la colpa è di B, non mia.

Ricordatevelo.

Di qualsiasi cosa si tratti, è stato B, non io.

B ha un metodo infallibile per conoscere una ragazza. L'ha usato milioni di volte e giura che funziona sempre. Ed è molto semplice: trovi una ragazza che ti piace, ti avvicini a lei, rilassato e sorridente, la guardi negli occhi e le dici: «Scusa, spero di non offenderti, ma sai che sei davvero bellissima?». Fai una pausa per permetterle di sorridere e arrossire, poi aggiungi: «Se non sei già impegnata con qualcuno, mi piacerebbe uscire a bere qualcosa con te, una volta o l'altra».

In un mondo perfetto lei risponde: «Sarebbe fantastico», vi scambiate i numeri di telefono e la cosa è fatta. A quanto pare, questa mossa la fa camminare a dieci centimetri da terra anche se è già impegnata, perché uno sconosciuto pensa che lei sia bellissima e tu ti senti comunque su di giri perché sai che quel sorriso è merito tuo. Una situazione vincente per entrambi.

Così ho deciso di fare un tentativo.

Stasera mi butto

Un martedì sera, sulla metropolitana, ho visto una mora meravigliosa. Eravamo abbastanza vicini e quando i nostri sguardi si sono incrociati e lei mi ha sorriso, io ho cominciato a ripassare mentalmente la battuta di B.

Qualche minuto e diversi sorrisi dopo, lei è scesa dalla metropolitana, due fermate prima della mia. Immediatamente ho deciso di seguirla, era un'occasione troppo ghiotta per sprecarla.

Per fortuna la banchina era quasi vuota, così se fossi stato umiliato non avrei avuto testimoni.

Le ho dato un colpetto sulla spalla, lei si è girata e mi ha sorriso. Io ho preso un bel respiro e ho recitato la formula magica. Un bel discorsetto. Ero compiaciuto di me stesso.

Ma lei ha spento l'iPod, si è sfilata gli auricolari e io ho dovuto ripetere tutto.

Una vera agonia: la seconda volta le parole non mi uscivano con la stessa fluidità perché la tensione era salita. Quando ho chiuso la bocca, lei mi ha rivolto un meraviglioso sorriso (era davvero bellissima) e mi ha detto: «Mi spiace, sono già impegnata. Ma grazie lo stesso».

Io le ho detto che il suo era un ragazzo fortunato (non mi è venuto in mente nient'altro: B non mi aveva preparato per questa eventualità) e lei se n'è andata, lasciandomi con le gomme a terra.

Completamente? Non proprio.

Quando è arrivata in fondo alla banchina (io stavo aspettando la metropolitana successiva, un'altra agonia) si è voltata, mi ha salutato con una mano e mi ha rivolto un altro bellissimo sorriso. In quel momento mi sono reso conto che anche se pasticci con le parole, come era capitato a me, un gesto inaspettato come il mio se non altro può illuminare la giornata di una persona.

Se ci ho riprovato?

Assolutamente no: anch'io ho il mio orgoglio.

Battute rompighiaccio e segnali di avvertimento

Questo tentativo di abbordaggio in metropolitana era del tutto insolito per me. Non è nel mio stile. Vedete, i ragazzi che cercano di rimorchiare si dividono in due categorie: quelli che hanno paura di venire respinti e quelli che non ne hanno. Io ho sempre avuto paura.

Quelli che non hanno paura di venire respinti non aspettano un contatto visivo o un timido sorriso da parte della ragazza che gli interessa per fare la prima mossa.

I ragazzi di questo tipo partono all'attacco non appena vedono una possibile "preda". Se lei li respinge, nessun problema. Passano alla successiva senza pensarci due volte.

B fa così. Individua una ragazza in un locale e le dice: «Ciao, le tue scarpe mi piacciono moltissimo: posso avere il tuo numero di telefono?» e anche se lei gli rivolge un sussiegoso sguardo tipo: "Neanche fra un milione di anni" e gli dice di andare a buttarsi in mare, lui si allontana comunque sorridendo e comincia a guardarsi intorno alla ricerca di qualcun altro. Non so come faccia ad andare avanti così sera dopo sera. Però lo fa. Ha anche un piccolo motto: «Meglio provarci e fallire, che non provarci affatto», a cui ricorre quando le sue riserve di faccia tosta cominciano a esaurirsi. Cosa che non accade molto spesso, visto che vanta una percentuale di successo altissima.

I ragazzi che invece hanno paura di venire respinti – un gruppo molto, molto più nutrito, di cui anche io faccio parte – non agiscono in questo modo. Noi abbiamo bisogno di incoraggiamento prima di avvicinarci, un qualche segno che ci dica che abbiamo anche solo una minima possibilità. Basta un sorriso e uno sguardo un po' più insistente. Qualcosa che possiamo elaborare e ci porti a pensare: "Potrebbe andarmi bene".

Non mi considero particolarmente timido, ma in confronto a B posso sembrare uno smidollato. Non è così, ve lo assicuro.

✓ SEGRETO N. 2

Se un ragazzo non si avvicina a una ragazza che gli piace, è solo perché ha paura di venire respinto. Questa è l'unica spiegazione possibile.

Ve lo dimostrerò raccontandovi due aneddoti. Il primo, come la storia della metropolitana, riguarda qualcosa che mi è capitato durante la pausa di sei mesi che c'è stata fra la Ragazza X e la Ragazza Y. Ero in coda davanti a un Bancomat vicino a un locale e stavo per entrare a prelevare i soldi quando ho notato una moneta per terra. L'ho raccolta e mi sono guardato attorno. Dietro di me c'era una morettina molto graziosa. Le ho regalato il centesimo dicendole che avevo bisogno di un po' di fortuna, abbiamo cominciato a chiacchierare e alla fine siamo usciti insieme per qualche settimana. Bella mossa. Ero un po' alticcio, il che ha reso le cose più facili. Ma è stata comunque una bella mossa.

Il secondo aneddoto riguarda B. Era in palestra e dopo aver combattuto una battaglia persa con alcuni pesi, aveva deciso di fare un tuffo in piscina. B stava nuotando un po' annoiato, quando dallo spogliatoio uscì una ragazza in bikini. La ragazza entrò in acqua, fece un paio di vasche e si fermò proprio vicino a lui. Quando uscì dalla vasca gli sorrise e B notò che era davvero carina, con un fisico da *Baywatch* (parole sue, non mie). B ammirò lo spettacolo da dietro mentre lei si avviava lentamente verso la sauna.

B aspettò un paio di minuti e poi la seguì. Quando aprì la porta non riusciva a vedere niente (era una sauna particolarmente piena di vapore) perciò disse: «So che ci sei, ma non vedo niente, perciò scusa se per sbaglio mi siedo in braccio a te». Lei rise e chiacchierarono per qualche minuto, fino a quando lui non cominciò a sentirsi un piatto di carne al vapore.

Allora si incontrarono fuori per un caffè e lei gli lasciò il numero.

Tre giorni dopo B uscì per la prima volta con la ragazza della sauna. E dopo mezz'ora si rese conto che era divertente, allegra e di buona compagnia.

Ma c'era un "ma".

Lei viveva vicino alla palestra dove si erano incontrati, perciò lui le chiese se lavorava nella zona.

«No, sono tornata solo per una settimana.»

«Tornata da dove?»

«Dall'università.»

B quasi si strozzò con la birra e non poté fare a meno di chiederle: «Quanti anni hai?».

«Ventuno. E tu?»

«Trenta.»

«Ah» rispose lei, come se la cosa non avesse alcuna importanza.

Ma B non riusciva a smettere di pensarci, perché nove anni sono una bella differenza. Quando lui aveva finito la scuola, lei aveva sette anni. Quando aveva finito l'università, lei doveva ancora scegliere che liceo frequentare.

All'improvviso, quell'appuntamento gli sembrò sbagliato. B non aveva idea che fosse tanto giovane. Pensava fosse sui venticinque anni, non perché sembrasse più vecchia della sua età, ma perché era più spavalda e sicura di una ragazza di ventun anni.

Bevvero ancora un paio di drink e lui si godette la serata, anche se continuava a pensare a quanto la ragazza fosse giovane. Alla fine però B decise di accantonare a data da destinarsi il problema dell'età e l'appuntamento si protrasse fino al mattino successivo.

I giorni seguenti B si sentiva un po' in imbarazzo nei confronti di questa ragazza. Gli piaceva e si erano divertiti, ma lei era una studentessa di ventun anni. Avrebbe potuto funzionare fra loro?

Perché gli uomini e le donne sono diversi

Un paio di sere dopo ero fuori a cena con B e altri amici, tutti più o meno della nostra età. Lui raccontò della ragazza e di questo potenziale problema dell'età, perché era davvero indeciso. I ragazzi si misero tutti a ridere incoraggiandolo a darsi da fare, mentre le ragazze con il fidanzato sorridevano silenziose. Quelle single non sorridevano per niente. E una di loro lo aggredì aspramente.

«Sei patetico» sbottò. «Dovresti uscire con le ragazze della tua età. Chi esce con ragazzine così giovani è solo un perdente che non sa come gestire una donna più adulta.»

Non sarò la persona più matura di questa terra, ma il suo commento mi parve un po' troppo severo. E lo stesso pensò B, che le disse di infilarselo su per quel suo didietro da zitella. Per quanto lo riguardava sarebbe uscito con quella ventunenne fino a quando gli fosse piaciuto.

Ma perché la ragazza single si era arrabbiata tanto? Perché il pensiero di un uomo più adulto insieme a una donna più giovane aveva suscitato in lei una reazione tanto forte?

Vendetta dolce vendetta

Tutti i ragazzi che si sono presi una cotta per una della loro età sanno come ci si sente quando si scopre che anche un ragazzo più *grande* è interessato a lei.

Nello stomaco ti si forma un groppo in cui si mischiano paura, autocommiserazione e senso di impotenza, perché ti rendi conto di competere per quella favolosa creatura contro qualcuno che non potrai mai eguagliare. Certo, sei divertente, l'adori e vai d'accordo con i suoi amici. Magari hai anche la macchina e un lavoro decente.

Ma lui *è più grande*. E quindi più figo di te.

Una sensazione terribile, frustrante e dolorosa, che ci fa sentire dei patetici ragazzini. Anche se quando incontriamo quest'uomo più grande scopriamo di essere trenta centimetri più alti di lui e molto più carini, non ha importanza. Lui è *più grande* e quindi vince, e noi non possiamo farci niente.

Il dispiacere più forte della mia vita è forse quello che ho provato a vent'anni proprio in una situazione come questa. Il mio rivale aveva otto anni più di me, era molto più ricco e più mondano. Certo, non era così presa da lui come da me. Non andavano *d'accordo* come noi. Io lo sapevo e anche lei lo sapeva. Ma non aveva importanza. Era più grande e quindi io ero fuori dal gioco.

Perciò quando la ragazza ha cominciato a rimproverare B perché usciva con una ventunenne, ho simpatizzato con la sua rabbia, la stessa rabbia impotente che provavamo noi quando le ragazze della nostra età uscivano con quelli più grandi, anche se lei stava simpatizzando con l'"innocente" giovane donna irretita dall'uomo più vecchio e scaltro.

Allo stesso tempo, però non potevo fare a meno di pensare che proprio questa ragazza arrabbiata, a ventidue o ventitré anni sarebbe andata in brodo di giuggiole per un ragazzo più grande. Avrebbe pensato che fosse figo uscire con qualcuno più maturo. Magari avrebbe rivolto a noi, suoi coetanei, un'occhiata condiscendente e ci avrebbe detto qualcosa tipo: "Gli uomini più grandi sono molto meglio. Sono *uomini*, sapete? Non ragazzi. Voi siete solo dei ragazzi".

Spiacente tesoro, le cose adesso sono cambiate.

Ovviamente questo non gliel'ho detto, non sono così coraggioso. E non volevo che mi facesse la doccia con il suo drink. B però non si è dimostrato altrettanto discreto e ha finito per indossare mezzo bicchiere di Pinot Grigio per tutta la sera.

B prende una decisione

Quella serata fra amici non aveva fatto molta luce sul dilemma di B, che ancora non sapeva se continuare o no a vedere la sua ventunenne. Quando lo incontrai qualche giorno dopo chiese la mia opinione. Mi ero reso conto che gli piaceva davvero e così gli diedi il consiglio che pensavo mi avrebbe dato lui se mi fossi trovato nella stessa situazione.

«Ci sono cinque motivi per cui sarebbe stupido lasciare perdere» gli dissi. «1) Ha ventun anni e a te piacciono le ragazze con un corpo provocante. 2) I tuoi amici moriranno tutti d'invidia. 3) È giovane e quindi non vorrà andare all'altare tanto presto. 4) Se smetti di vederla solo perché gli altri ti fanno pressione, allora sei un rammollito. 5) È una studentessa e quindi non si aspetterà che spendi un sacco di soldi per lei. Situazione perfetta.»

Questi erano i pro. Per i contro andammo da un paio di amiche.

Innanzitutto ci fecero notare che la ragazza della sauna aveva un prestito studentesco di cui preoccuparsi, mentre B svolgeva un lavoro adulto. Cosa potevano avere in comune? Niente, dissero. Inoltre, anche se i suoi amici erano deliziosi, avranno avuto anche loro ventun anni, dei prestiti studenteschi da rimborsare e lezioni da frequentare, mentre gli amici di B avevano un lavoro e stavano pensando a matrimonio e figli. Come potevano mescolarsi? Come l'olio con l'acqua. E infine, una delle due la chiamò "la bambina" e quel soprannome fece accapponare la pelle a B.

Il quale impiegò fino al giorno successivo per prendere una decisione.

Una delle sue amiche infatti lo chiamò e quando lui rispose lei gli chiese: «Parlo con B, il famoso pedofilo?».

In quel momento le probabilità che potesse nascere qualcosa di più fra B e la ventunenne si azzerarono di colpo. Per qualcuno B poteva aver ceduto alle pressioni dei suoi amici, ma almeno non era diventato l'oggetto del pubblico ludibrio. È vero, si trattava solo di un'avventura. Nel giro di qualche settimana lei avrebbe lasciato la città, quindi probabilmente non stava cercando niente di serio; e B è B, perciò niente campane nuziali in vista. Eppure non avrebbe sopportato le critiche che si sarebbe tirato addosso frequentando quella ragazza anche solo per poco. B tiene molto alla sua reputazione!

Personalmente penso che abbia commesso un errore. Quando parlava di lei non se ne usciva con i classici stereotipi beceri. Ovviamente qualcuno l'ha tirato fuori – B è B – ma raccontava anche che con lei rideva e si divertiva moltissimo. Ed era un sacco di tempo che non parlava così di una ragazza, perciò smettere di vederla è stato, almeno per me, un vero peccato, perché sembrava esserci qualcosa di potenzialmente buono fra loro. La decisione però non spettava a me.

✓ SEGRETO N. 3

I ragazzi tengono all'opinione degli amici. Sono poche le cose che noi uomini desideriamo di più dell'approvazione di chi ci sta vicino.

Togliamoci qualche sassolino dalla scarpa

Dalle due storie che vi ho raccontato vi sarete rese conto che i ragazzi rimorchiano in molti modi diversi. Ovvio che sia così, non esistono due persone uguali. E ragazze diverse reagiscono in modo diverso allo stesso approccio.

Ecco perché libri come *Le Regole. La Bibbia dell'artista del rimorchio* e *The Game* mi irritano tanto.

Fondamentalmente, *The Game* spiega ai ragazzi come essere divertenti e interessanti e come si conquistano le ragazze. In realtà, secondo me questo libro insegna solo ad approfittarsi di quelle con scarsa autostima e/o troppo giovani per capire che le stai prendendo in giro. *Le Regole* invece insegna alle donne a non mostrarsi troppo facili o disponibili, ma secondo me è solo un corso su come prendere all'amo i ragazzi più insicuri.

Non certo scienza spaziale.

Non fraintendetemi, mi piacerebbe vendere anche solo un quarto di quei libri, ma c'è qualcosa nelle loro teorie che mi disturba un po'.

Trovo che entrambi trasformino l'amore in qualcosa di artefatto e quindi completamente privo di romanticismo. In particolare, con *The Game*, il mio problema è che ho due sorelle e un sacco di amiche e l'idea che possano farsi convincere tanto facilmente ad andare a letto con qualcuno mi fa stare male.

Detto questo, l'ho letto e l'ho trovato brillante, molto divertente e riuscito. Ma è l'unico libro che mi abbia mai imbarazzato leggere in pubblico. Di solito non mi vergogno affatto. Ho letto persino manuali di aerobica sulla metro e visto che sono alto uno e novantatré la cosa sembrava un po' strana, ma non aveva importanza.

Gli sguardi che mi rivolgevano mentre lo leggevo, però, mi facevano sentire decisamente a disagio. "Guarda quello," pensava la gente "o è così sfigato da aver bisogno di un libro che gli insegni a rimorchiare o è uno di quegli uomini che devono andare a letto con tutte le ragazze del mondo per alimentare il loro ego."

Sapete perché avevo questa sensazione?

Perché era quello che pensavo io ogni volta che vedevo qualcuno con il naso in quelle pagine.

Perciò, se capitasse anche a voi di vedere un ragazzo che legge *The Game* sappiate che potrebbe farlo solo per puro divertimento.

Come me.

Davvero.

Le Regole

Una sera, mentre ero fuori con il mio amico Charlie e i suoi colleghi, lui mi indicò una bellissima ragazza che a quanto pareva era single e si offrì di presentarmela.

«Fantastico» gli dissi. «C'è qualcosa che dovrei sapere su di lei?»

«È bionda, divertente, intelligente e ha un corpo da sballo. Cosa potresti desiderare di più?»

«Ottimo, andiamo.»

Poi Charlie si fermò. «In realtà qualcosa c'è. Segue *Le Regole*.»

Io ci riflettei su per un nanosecondo.

«Lasciamo perdere» dissi alla fine. «Piuttosto preferisco uscire con una bambola gonfiabile.»

Un ultimo libro

E poi c'è il mio libro preferito, *Falli soffrire. Gli uomini preferiscono le stronze*.

Gli uomini preferiscono le stronze? Davvero? E da quando? Conosco centinaia e centinaia di uomini ma non me ne viene in mente nessuno che preferisca le stronze.

Non me ne viene in mente nessuno a cui solo *piacciano* le stronze.

In realtà qui vi sto un po' fuorviando. So benissimo che *Falli soffrire* non incoraggia affatto le donne a comportarsi da stronze. Dice soltanto che devono essere fedeli a se stesse e che non devono permettere a nessuno di privarle della loro autostima o di farle sentire inadeguate, un messaggio che mi trova totalmente d'accordo.

Basta che non facciano le stronze.

Perché andiamo in crisi quando una ragazza ci piace davvero

Una delle cose più fastidiose dell'essere uomini è che per noi è molto facile uscire con una ragazza che ci piace ma nella quale non intravediamo alcun potenziale a lungo termine. Con lei ci sentiamo rilassati e a nostro agio. Non ci innervosiamo, non spariamo stupidaggini come degli sfigati e non siamo troppo insistenti perché non vogliamo spaventarla. Sembriamo sicuri di noi stessi.

Ma metteteci davanti a una ragazza a cui teniamo davvero – una che ci fa tremare le ginocchia e che non riusciamo a toglierci dalla testa – ed ecco che molto probabilmente, anzi quasi certamente, andiamo in crisi. Ci trasformiamo nell'opposto esatto di tutto quello che ho descritto nel precedente paragrafo anche se siamo ancora gli stessi uomini.

Vedete, quando un uomo incontra una ragazza in cui vede un potenziale, sa che c'è molto di più in ballo che solo qualche appuntamento e un po' di divertimento fra le lenzuola. Quando entrano in gioco le emozioni, gli uomini diventano nervosi e insicuri. E individuare un uomo nervoso, come sicuramente saprete già, è molto facile. Trovarne uno attraente è molto più difficile.

Quello che voglio dire è questo: se vi piace un ragazzo che all'inizio sembra un po' nervoso non andatevene subito. Aspettate che si calmi e che si senta più a suo agio con voi.

Ricordate: la sicurezza maschile è una cosa fragile.

Quando ero più giovane, il mio nome mi condizionava più di qualsiasi altra cosa. Non mi piaceva neanche un po'. Nessun altro bambino si chiamava Humfrey, tutti lo scrivevano in modo sbagliato (una "f" è molto meglio di una "ph", è un dato di fatto) e io spiccavo ovunque andassi. Mi faceva sentire così impacciato e imbarazzato che non vedevo l'ora di essere abbastanza grande per cambiarlo. Se non ricordo male, a nove anni come alternativa mi piaceva Steve.

Ero un ragazzino bizzarro per molti versi.

E quando sono diventato abbastanza grande da cominciare a uscire con le ragazze è stato anche peggio. Ora che dovevo parlare con loro e dire il mio nome, le occasioni di imbarazzo si erano improvvisamente moltiplicate.

Il momento peggiore fu a una festa. Avevo circa diciannove anni e stavo parlando con due ragazze. Esatto, due in un colpo solo, e pensavo di cavarmela alla grande.

Poi dissi loro come mi chiamavo.

«No, dai, come ti chiami davvero?» chiese una delle due.

Ecco. *Game over*. Io arrossii al punto da non riuscire più a parlare e trascorsi il resto della serata seduto da solo sotto un albero in compagnia di una bottiglia da due litri di sidro.

Ma con gli anni sono cresciuto, sono diventato un po' più sicuro di me e ho imparato ad apprezzare il mio nome. E quando ho fatto il mio primo ingresso nel mondo del giornalismo e dell'editoria mi sono reso conto di quanto fosse utile: non ci sono molti Humfrey

Hunter in giro, perciò era facile spiccare. Ma non dimenticherò mai l'imbarazzo che provavo da ragazzo.

Considerazioni finali

Se un uomo è troppo disinvolto, cioè non ha tradito il minimo nervosismo quando vi è venuto vicino; se vi porta in un posto terribilmente alla moda comportandosi come se fosse un cliente abituale; se sa esattamente dove andare per un ultimo cocktail prima ancora che ne parliate (e probabilmente vi suggerirà qualcosa di melenso, tipo "un bel posticino proprio dietro l'angolo"); se quando vi bacia a fine serata nei suoi occhi non vi è alcun dubbio che avreste ricambiato il bacio: ecco, quell'uomo è uscito con così tante donne da poter partecipare a un campionato mondiale di appuntamenti. Andrà bene per una notte o due, ma molto probabilmente voi non sarete che l'ennesima ragazza attirata dalle sue tecniche collaudate e della quale si stancherà in fretta.

Non sto dicendo che dovete mostrarvi ciniche nei confronti di tutti quelli che incontrate, ma solo che se il ragazzo con cui siete uscite vi sembra un po' nervoso, non pensate male di lui. La sua insicurezza significa che gli piacete davvero tanto o che non esce molto spesso con qualcuno, entrambe eventualità positive dal vostro punto di vista, specialmente se, come spesso accade, si verificano nello stesso momento nella stessa persona. Se lui si dimostra sicuro e a suo agio tutta la sera, se esagera con le smancerie, allora non rappresentate niente di speciale.

Ve lo ricordo di nuovo: la sicurezza maschile è una cosa fragile.

Parola di Humfrey

1. Non sempre i ragazzi più sdolcinati sono i migliori.
2. Se un ragazzo vi dà l'impressione di impegnarsi troppo, è perché gli piacete. Perdonatelo.
3. Leggete *The Game* per due motivi: a) è divertente e b) per imparare a riconoscere quando qualcuno lo mette in pratica con voi.
4. Fissate da sole le vostre *Regole*.
5. Rispettate le vostre regole anche quando bevete, così non perderete il controllo della situazione.

2

NELLA MENTE
di un single

Come si comportano gli uomini single da poco

•

Perché è meglio evitarli

•

*Se non potete evitarli, cosa fare se vi rendete
conto di essere diventate delle tappabuchi*

Come ci si sente a essere di nuovo single

Fra i ventidue e i ventisei anni ho avuto una ragazza che chiamerò la Ragazza X. Sei mesi dopo è arrivata la Ragazza Y, con la quale sono stato fino ai trent'anni. Questo significa che, in otto anni, sono rimasto single solo per sei mesi.

Quando sono tornato single dopo la ragazza Y mi sono sentito come chi rimette piede in una città che conosceva come le sue tasche e scopre che un buffone del comune ha introdotto un intricato sistema di sensi unici e incroci che gli fanno sbagliare strada in continuazione.

Questo per dirvi che quando un uomo torna single dopo una lunga storia, è un disastro. Magari visto da fuori sembra okay – indossa vestiti puliti, fa ginnastica, mangia un sacco di frutta e verdura e via dicendo – e anche a sentirlo parlare sembra okay.

Ma in realtà non lo è affatto.

Non importa se è stato mollato o meno, dentro non è che una massa ribollente di impulsi e stimoli confusi e contraddittori.

Alla base di questo fermento c'è il grande vuoto che ha lasciato nella sua vita la persona che più gli era vicina – la sua ex – attorno a cui ruotava gran parte della sua identità, perché trascorreva molto tempo con lei e aveva investito molte emozioni nel loro rapporto. Eliminatela dall'equazione ed ecco che rimane un grande spazio vuoto da riempire.

Un caldo corpo femminile non è in grado di riempire quel vuoto per più di una notte o due. Il sesso può curare i sintomi, non la malattia. Un uomo single da poco ha bisogno di tempo per adattarsi alla nuova situazione e anche se con tutta probabilità ogni tanto sarà tormentato dalla paura e dall'insicurezza, in generale potrebbe tranquillamente gradire la ritrovata libertà.

Tanto per cambiare, vorrà essere *se stesso*. Per un po' non vorrà pensare a nessun altro. Ha tempo per *fare* quello che vuole e per *essere* chi vuole e se ha anche soltanto un po' di buon senso ne approfitterà il più possibile.

Ma la libertà non è sempre tutta rose e fiori. Alcuni uomini adorano essere lupi solitari per un po', mentre altri si sentono persi e alla deriva. Ogni uomo reagisce in modo differente e poiché per molti versi siamo complicati tanto quanto le donne (a volte anche di più), predire in che modo reagiremo è impossibile.

Per le donne che incontrano un uomo fresco di rottura la situazione è molto più chiara: si tratta di un soggetto da evitare nel novantanove virgola nove per cento dei casi. Se non lo avete capito la prima volta, ve lo ripeto: gli uomini che hanno appena chiuso una storia andrebbero evitati nel novantanove virgola nove per cento dei casi.

Perché? Be', per questi uomini ogni giorno rappresenta un potenziale ed eccitante salto nell'ignoto e questo li rende pericolosi. Quello che più apprezzano è l'imprevedibilità della loro vita. Ma un uomo che non sa cosa vuole fare da qui a una settimana come può rappresentare la scelta migliore per voi che state cercando qualcuno con cui costruire una relazione solida e sicura?

Per tutte le ragazze interessate a una di queste bombe a orologeria si tratta di una bella gatta da pelare, perché sfortunatamente gli uomini di questo tipo sono estremamente difficili da individuare. Gli indizi ovvi di uno stato mentale volubile sono pochissimi.

Se quando una storia finisce alcuni uomini si fanno un nuovo taglio di capelli, un nuovo guardaroba e cominciano a frequentare spogliarelliste, altri si limitano a modificare abitudini più tranquille, tipo i programmi televisivi. Alcuni vorranno trovare quanto prima una nuova ragazza con cui stare a casa il sabato sera, mentre altri preferiranno copulare con tutte le partner consenzienti che riescono a trovare nell'immediato futuro.

Ma poi l'uomo che all'inizio voleva saltare la cavallina potrebbe decidere che quello che fa per lui è una ragazza fissa, mentre l'uomo in cerca di una nuova storia farà l'abbonamento al bordello dietro l'angolo. Okay, ho estremizzato un po', ma avete afferrato il concetto.

La verità è che non si può dire a priori in quale categoria di single ricadrà un uomo fino a quando non diventa evidente, e a quel punto è troppo tardi per correre ai ripari. Quindi ecco il novantanove virgola nove per cento che ho citato poco fa.

Certo, esiste anche quello zero virgola zero uno per cento. Io infatti ne conosco uno: un ragazzo che era stato per quattro anni con una ragazza e che una settimana dopo aver rotto con lei ne aveva già un'altra. Si è lanciato deciso, buttando al vento tutti i miei consigli. E ha fatto bene, perché adesso è felicemente sposato e la sua è una storia molto romantica.

Ma non lasciatevi ingannare da questo episodio. Ho analizzato moltissime storie d'amore prima di scrivere questo libro e vi garantisco che si tratta di un caso isolato.

Una ragazza di mia conoscenza aveva rotto con il suo ex più o meno nello stesso momento in cui anche il ragazzo che in passato le piaceva parecchio era tornato libero. I due a quel punto si sono messi insieme, lei si è innamorata e per un po' fra loro è stato tutto un gran chiacchierare di notte e fare sesso con grande trasporto, tanto che nella sua testa hanno cominciato a sfilare le immagini di un romantico futuro in stile hollywoodiano.

Ma i sogni a un certo punto si sono infranti perché lui ha perso in fretta ogni interesse. Questa specie di nuova relazione era arrivata troppo presto. Aveva bisogno di starsene un po' da solo, aveva bisogno di tempo per essere se stesso. Ecco perché per lui non è stato un dramma quando l'avventura è finita (perché di questo si trattava). Per lei invece sì. La poverina ha perso completamente il controllo della situazione e alla fine ha sofferto.

Questo, in sostanza, è proprio quello che vorrei aiutarvi a evitare: una situazione in cui il vostro cuore soffre e voi non controllate più il suo destino.

Ecco ora un esempio di una ragazza a cui avrebbe invece fatto comodo qualche consiglio diretto sugli uomini che sono *ancora* impegnati in una storia e sul perché andrebbero evitati.

La storia che segue mi ha sorpreso per molti motivi, soprattutto perché quando mi è capitata ero tornato single da poco e vedevo le cose con occhi nuovi. Una mattina, una ragazza era seduta davanti a me in treno. La chiamerò la Ragazza del Treno. Era carina ma niente di che, ed era vestita in modo ordinato e un po' formale, come un'impiegata o un avvocato. E la mia non è una critica.

Comunque, proprio perché ero single da poco e anche se sapevo che le ragazze sono capaci di trattare in modo orribile gli uomini, non mi ero ancora reso conto di quanto potessero essere stronze *le une con le altre*. Sì, ero ingenuo. Forse perché non ero mai stato preso di mira da una di loro.

Ma torniamo alla storia.

Il telefono della Ragazza del Treno si mise a squillare e lei cominciò a chiacchierare di quello che aveva fatto la sera prima. Io avevo portato con me un libro, ma la sua storia era molto più interessante di quella scritta sulle pagine e come tutti gli altri pendolari a bordo finsi di leggere mentre ascoltavo.

Si era divertita moltissimo. Aveva incontrato il ragazzo perfetto: brillante, intelligente, ricco. E voleva rivederlo. Fino a quel momento tutto bene, una bella chiacchierata allegra di prima mattina.

Poi la ragazza rimase qualche istante in silenzio mentre la sua amica parlava.

E quando riaprì bocca le sue parole furono: «Sì, lo so che ha la ragazza. Ma ho ventinove anni e sono single. Gli altri sono già tutti impegnati, perciò se trovo un ragazzo che mi piace vado e me lo prendo. E questo ragazzo mi piace».

Nessuna esitazione, nessuna morale. Nella sua voce c'era l'acciaio. E sul treno un sacco di sopracciglia inarcate.

Io ero sconcertato. Forse ero un ingenuo, ma non avevo idea che esistesse un tale atteggiamento competitivo (o forse da stronza mangia stronza?) fra le ragazze.

Non sono mai stato un angelo, ma mi piace pensare che non ci proverei mai deliberatamente con la donna di un altro. D'altra parte è anche vero che allora ero un trentenne single senza grossi problemi, sicuro che la ragazza giusta fosse là fuori, da qualche parte, e che prima o poi l'avrei incontrata.

Perciò non pensavo che una ragazza di ventinove anni, attraente e single come quella sul treno avesse motivo di preoccuparsi del tempo che passava. Ma evidentemente lei la pensava in modo diverso.

Cosa gli passava per la testa?

Non vi è alcun dubbio che il ragazzo di cui parlava la Ragazza del Treno incoraggiasse il suo interesse. Altrimenti, le cose non sarebbero arrivate a quel punto.

Perciò cos'aveva in mente? Qual era il suo scopo?

Le possibilità sono quattro. La prima – e più innocente – è che stesse semplicemente flirtando per ricordare a se stesso che era ancora capace di rimorchiare. Alcuni uomini lo fanno. Non significa che sia giusto, ma succede. In questo caso, la cosa sarebbe stata del tutto innocua per lui, ma per lei la questione era diversa e molto più rischiosa visto che avrebbe potuto rimanerci male nello scoprire che per lui flirtare non significava niente (non avrebbe mai lasciato la sua ragazza per lei).

Oppure lui poteva avere in mente una storia parallela con la Ragazza del Treno. E anche in questo caso la vicenda avrebbe potuto finire male per lei.

Terzo, lui poteva vederla come un rimpiazzo della sua ragazza, che stava pensando di mollare, il che lo qualificherebbe come una "Scimmia Sentimentale" (una persona che non lascia il suo ragazzo o la sua ragazza se non ha già qualcuno a portata di mano con cui sostituirli, come le scimmie che passano da un albero all'altro ma che non mollano un ramo senza aver prima individuato quello a cui si aggrapperanno dopo). Non è una situazione molto romantica e non era di buon auspicio per la Ragazza del Treno, che probabilmente sarebbe stata a sua volta lasciata non appena lui avesse adocchiato un'altra ragazza-ramo più interessante.

E infine, forse questo ragazzo provava qualcosa di forte per la Ragazza del Treno, qualcosa che lo aveva colto di sorpresa perché quando l'aveva incontrata lui era ancora felice con la sua ragazza. In questo caso era possibile – non probabile, solo possibile – che lui e la Ragazza del Treno vivessero per sempre felici e contenti.

A essere sincero, non ho idea di quale fosse la sua vera motivazione. Ma le probabilità che fosse l'ultima – come sperava la Ragazza del Treno – erano molto scarse. Così come quelle che lui e la Ragazza del Treno vivessero per sempre felici e contenti.

Ma lei come poteva saperlo? Non poteva. Perciò cos'avrebbe dovuto fare? Semplice: evitare un ragazzo già impegnato.

In casi come questo, di solito penso che l'uomo sia il predatore e la ragazza la vittima. So che non è sempre così e che le ragazze non sono sempre tanto innocenti, ma nella maggior parte dei casi è l'uomo che vuole avere la botte piena e la moglie ubriaca, cioè una ragazza e allo stesso tempo continuare a divertirsi con qualche piccola avventura romantica. Qui, però, la situazione sembrava diversa perché non avevo mai visto prima una ragazza comportarsi tanto da predatrice. E non dico che questo non succeda, solo che io non ne avevo mai viste.

Così, per sentire un parere femminile, raccontai la storia a una mia amica. E lei mi disse che il comportamento della Ragazza del Treno era del tutto normale. Io rimasi scioccato e le dissi che non mi ero mai accorto che esistesse una caccia all'uomo tanto agguerrita, anche perché non mi era mai capitato di esserne l'oggetto, e che trovavo la cosa difficile da capire.

«Perché non capisci le donne» mi spiegò lei, prima di aggiungere maliziosa: «Ma c'è solo una cosa da capire».

Fantastico, pensai, questa potrebbe essere l'informazione che aspettavo dal mio primo incontro ravvicinato con una ragazza a quattordici anni, nel quale avevo fatto scena muta per colpa degli ormoni in subbuglio e della paura. Finalmente sarebbe stato tutto chiaro. Ero così euforico che quasi mi andò di traverso il caffè.

«Vedi,» mi disse lei «l'unica cosa che devi capire è che non ci capirai mai.»

A volte non so perché mi prendo il disturbo di chiedere.

Conclusione

La Ragazza del Treno pensava di essere furba, immagino, ma in realtà si stava per cacciare in un guaio emotivo potenzialmente doloroso, perché anche se era intenzionata a muoversi con prudenza, niente di ciò che avrebbe fatto poteva influenzare quale dei quattro scenari ipotizzati sarebbe stato vero. Solo uno giocava a suo favore, e le probabilità che fosse proprio quello erano minime. Non inesistenti, ma minime.

Penso che le ragazze debbano dimostrarsi furbe e intraprendenti se vogliono conquistare un ragazzo, ma non approvo che adottino la stessa tattica con chi è già impegnato. Non perché sono contrario all'idea di portare via il compagno o la compagna a qualcuno, ma perché difficilmente la cosa avrà un lieto fine. Non per il ragazzo, non per la sua ragazza e non per chi sta cercando di portarglielo via.

Quella di quest'ultimo paragrafo è un'affermazione piuttosto forte. Sarà meglio che ve la spieghi.

Se qualcuno cercasse di portarmi via Charlotte, non ne sarei felice. Probabilmente vorrei dargli un pugno sul naso. O peggio. Ma se cercasse di portarmela via perché è follemente innamorato di lei, allora capirei perché fa quello che fa. Se il suo scopo fosse solo di sedurla, allora farebbe meglio a buttarsi in mare (e io potrei aiutarlo con una spintarella). Ma se di mezzo c'è l'amore, è diverso. Non penso che potrei criticarlo se le dicesse che è innamorato di lei.

Io credo che Charlotte non se ne andrebbe con lui (a meno che non sia Johnny Depp o, non ci credereste mai, Bill Murray), ma per amore di discussione, mettiamo che lei voglia farlo. In questo caso per me e per il mio benessere sarebbe meglio che lo facesse prima possibile.

Questo è un modo un po' prolisso per dire che tutto vale in guerra e in amore.

Morale a parte, ricordatevi che se fate il filo a qualcuno che è già impegnato, la persona che ha più probabilità di soffrire siete voi. Tempo fa ho imparato una dolorosa lezione da una ragazza che stava già uscendo con un altro, e quello è stato il più grande dispiacere della mia vita.

Circa quindici anni fa, infatti, molto prima di conoscere le Ragazze X e Y, e in un momento in cui non stavo frequentando nessun altro, ebbi un piccolo flirt con questa ragazza – una cosa molto innocente, in realtà, fatta più di baci e abbracci che di chissà quali esplosioni di passione – e dopo una paio di settimane le chiesi di lasciare il suo ragazzo per me, perché mi ero innamorato di lei.

Lei mi disse di no e io ne fui devastato. In un colpo persi uno dei miei più cari amici e la ragazza che pensavo di amare. Un bel colpo, lasciatemelo dire.

Eppure, anni dopo, ho rifatto qualcosa di simile con quello che io definisco Il Grande Sbaglio.

Il Grande Sbaglio, prima parte

Avevo una cara amica con cui ogni tanto uscivo a bere qualcosa. Parlavamo molto e ci scrivevamo mail regolarmente. Lei mi ascoltava, era gentile e molto piacevole. Per quanto mi riguardava, non possedeva un solo grammo di cattiveria. Ed era anche molto carina.

Però era solo un'amica e aveva un ragazzo con il quale conviveva, perciò fra noi non poteva succedere niente. La nostra fu per molto tempo un'amicizia completamente platonica.

Ripeto: lei aveva un ragazzo con il quale conviveva.

E questo è uno dei migliori motivi per non farsi coinvolgere da qualcuno. Anzi, sto pensando a quali possono essere gli altri se non che lei sia sposata con figli o una serial killer in erba desiderosa di farsi un nome macellando single.

Ma allora io ero solo e nella mia vita c'era un vuoto da riempire. Lei era molto dolce con me ed era anche molto carina, ricordate? Così cominciammo a trascorrere sempre più tempo insieme.

E a un certo punto la baciai.

La cosa fu un Grande Sbaglio.

Ma impiegai un po' ad accorgermi che mi stavo comportando da stupido. Infatti uscii con il Grande Sbaglio per circa un mese e le cose fra noi erano molto romantiche, eccitanti, appassionate. Tanto che non pensai quasi al suo ragazzo. In mia difesa devo dire che non lo avevo mai incontrato. Se avessi potuto dargli un volto e una voce forse le cose sarebbero andate diversamente. Ma non potevo e le cose andarono come andarono.

So che è stato da idioti farsi coinvolgere da lei ma mettetevi al mio posto, cos'altro avrei potuto fare? *Non provarci con quella ragazza dolce, sexy e chiaramente disponibile che era già una mia cara amica?* Esatto. Ma la vita non è così semplice e non sempre le decisioni si possono prendere con tanto distacco. Specialmente quando sei un maschio single e sanguigno che ha bisogno di coccole e baci.

Ci divertimmo molto durante quel mese e non mi vergogno ad ammettere di aver cominciato a pensare che forse la nostra avventura poteva trasformarsi in qualcosa di più. Anche se ogni tanto sentivo una vocina.

«Humfrey,» mi diceva la vocina «non può nascere niente di buono fra voi. Lei sta tradendo qualcuno che diceva di amare. Vuoi davvero stare con una così? E tu la stai incoraggiando ad agire alle spalle di quel ragazzo. Ti piacerebbe essere al suo posto?»

La risposta a tutte e due le domande era no. Eppure io ignorai la vocina.

Poi, una sera uscii e ne incontrai un'altra. Non era mia intenzione rimorchiarla, ma alla fine trascorsi la notte con lei e lentamente il mio punto di vista sul Grande Sbaglio cominciò a cambiare.

Un pizzico di fortuna

Qualsiasi ragazzo sa che ci sono serate in cui gli va bene e il merito è tutto suo. Sarà stata la battuta che gli è venuta in mente a renderlo irresistibile. O il modo in cui ballava. O magari la sua camicia. Può dipendere da un milione di cose diverse.

Ma non quella sera.

Perché a volte l'unico motivo per cui a un ragazzo va bene è che la ragazza su cui mette gli occhi ha deciso ancora prima di uscire di casa che si darà da fare e lui non è che il fortunato prescelto.

Io avevo capito subito che era una di quelle sere. E non mi importava, perché mi avrebbe solo fatto bene, proprio come era già capitato a un ragazzo che conosco, che chiameremo Jon.

Pochi mesi dopo aver rotto con la sua ragazza storica, Jon aveva trascorso la notte con un'ex collega, una sventola alta e bionda. All'epoca lui stava solo cercando di ricominciare a uscire perché la fine della sua storia lo aveva ridotto a uno straccio. Era stato infelice per parecchio tempo e poiché la sua ex lo aveva fatto sentire come se la sua vita e i suoi sentimenti non fossero altro che briciole insignificanti, la sua sicurezza era praticamente pari a zero.

Perciò era rimasto un po' confuso quando, aprendo gli occhi mentre baciava la bella collega, l'aveva vista sorridere.

Aveva interrotto il bacio e le aveva chiesto: «Perché sorridi?». (Non certo la frase più brillante da tirare fuori nel bel mezzo di un bacio.)

«Perché una ragazza non dovrebbe sorridere quando la baci?» gli aveva risposto lei, sempre sorridendo.

E poi aveva ricominciato a baciarlo.

"Wow" aveva pensato lui. "Wow."

Dopo non accadde più niente fra loro, ma ancora oggi se Jon deve scegliere uno dei momenti più significativi di quel difficile periodo sceglierebbe quello. Aveva provato più calore fisico quella sera che in tutti i due anni precedenti e il suo entusiasmo per le donne e la vita in generale era tornato a travolgerlo come un fiume in piena.

Era bastato che una bella ragazza mostrasse interesse nei suoi confronti. Il suo ego aveva un bisogno enorme di quella carica, ma soprattutto quelle attenzioni gli avevano ricordato quanto fossero importanti l'affetto e l'intimità. Non solo il sesso. Per Jon i sorrisi, i baci e le coccole erano altrettanto fondamentali, se non di più.

Il Grande Sbaglio, seconda parte

Non mi sentivo in colpa per aver agito alle spalle del Grande Sbaglio, perché lei tornava a dormire tutte le sere con il suo ragazzo. Mi aveva detto che non facevano più sesso, e io all'inizio le avevo creduto. Ma poi mi resi conto che era proprio la cosa che si sarebbe sentita in dovere di dirmi se avesse *continuato* a fare sesso. Vista la rete di inganni e bugie che stavamo tessendo, sapevo di non poterle credere con sicurezza, ma adottai quella che il mio amico Charlie chiama la tattica dello struzzo: infilai la testa sotto la sabbia.

Poi lei scoprì la mia piccola avventura e andò su tutte le furie. Con grida, urla, pianti. Non mi parlò più per qualche ora. Nemmeno una parola. E fu a quel punto che diventò il Grande Sbaglio. Una ragazza già impegnata stava urlando contro di me – che ero single – perché avevo trascorso la notte con un'altra. Era troppo ridicolo e complicato e in quel momento capii che le cose avrebbero solo potuto peggiorare. Tra noi doveva finire.

Ancora rimpiango di essermi lasciato coinvolgere perché ho perso una buona amica (non abbiamo più potuto tornare indietro) e la cosa l'ha fatta soffrire parecchio (di certo più di quanto abbia sofferto io, visto che lei doveva fare anche i conti con il senso di colpa) ed è per questo che è stato un grosso sbaglio.

Come evitare di fare il tappabuchi?

Contrariamente a quello che si penserebbe dopo aver letto le ultime pagine, ci sono un paio di cose che potete fare per evitare che capiti la stessa cosa anche a voi:

1. Se un ragazzo vi racconta di essere reduce da una rottura e la sua aria vulnerabile vi fa venire voglia di prendervi cura di lui, datevela a gambe. Con ogni probabilità lo aiuterete a riconquistare la salute emotiva e la sicurezza, ma poi un giorno lui vi guarderà e penserà: "Grazie, adesso mi sento meglio. Vado a tentare la fortuna con qualche super modella. Addio". E parlo di probabilità pari al novantanove virgola nove per cento. Io conosco un solo caso in cui questo chiodo-scaccia-chiodo si è trasformato in qualcosa di significativo. Solo uno.
2. Se un ragazzo vi racconta di essere reduce da una rottura ma sembra aver superato del tutto la cosa, datevela a gambe. Si sta prendendo in giro da solo e perciò sta prendendo in giro anche voi. Per le statistiche in merito rileggete il punto 1.

So che alcune di voi ignoreranno queste mie perle di saggezza, perciò se davvero non riuscite a prendere le distanze, potete aumentare le vostre probabilità di successo in un solo modo. *Parlando.* Chiedetegli onestamente se si sente pronto per impegnarsi di nuovo. Se riesce a convincervi che lo è – se vi convince *davvero*, non perché vi dice quello che serve per portarvi a letto – allora andate pure avanti. Nella vita qualche volta bisogna saper rischiare.

Ma se la cosa non funziona, non dite che non vi avevo avvisate.

Ecco un altro consiglio per tentare la fortuna: indipendentemente dalla situazione e da quale dei due punti che vi ho elencato qui sopra decidete di ignorare o di considerare, non precipitatevi a letto con un ragazzo se nutrite ancora qualche dubbio sul suo stato mentale o sull'interesse che prova per voi. Il sesso tappabuchi è molto catartico per un uomo: cancella il passato e lo rende più sicuro nei confronti del futuro. Ma se siete la ragazza con cui fa sesso, per voi non è altrettanto divertente perché, appunto, siete solo quella con cui fa sesso. E questo tipo di sesso riguarda solo lui, il suo passato e il suo futuro, non voi. Perciò speditelo a farlo con qualcun altro.

E se dopo aver parlato vi rendete conto che non diventerete la sua ragazza, accontentatevi di essere una sua amica.

La lezione

Quando ho rotto con la Ragazza X non ho voluto avvicinarmi a nessuno per mesi, ma quando ho rotto con la Ragazza Y non vedevo l'ora di ricominciare a uscire. Ero la stessa persona, eppure mi comportavo in modo completamente diverso. Ecco perché gli uomini reduci da una rottura andrebbero sempre evitati. Sono del tutto imprevedibili e quindi inaffidabili. Il sottoscritto incluso. Non sono diverso dagli altri.

E non è mai una buona idea invaghirsi di chi è già impegnato, o tradire, se quelle impegnate siete voi. Più passano gli anni, più sento storie di questo tipo e più mi convinco che l'infedeltà non porta a niente di buono.

Il Grande Sbaglio mi è servito da lezione?

Certo. E da allora non l'ho ripetuto più.

(Ma ne ho commessi altri.)

SEGRETO N. 4

L'ego maschile è fragile e ci piace sapere che le ragazze ci trovano attraenti.

Ecco, l'ho detto. Adesso i miei amici mi uccideranno.

SEGRETO N. 5

A volte le emozioni ci inducono a fare cose strane. Vedete, siamo uomini e gli uomini si fanno confondere dalle emozioni, perciò il nostro comportamento può diventare imprevedibile. La colpa è tutta delle nostre emozioni. Non siamo sempre così.

PAROLA DI HUMFREY

1. Girate alla larga dagli uomini che hanno appena rotto con qualcuno.
2. Se il vostro sesto senso vi dice che un uomo vuole usarvi come tappabuchi, probabilmente è così.
3. Se siete disposte a correre il rischio di frequentare un uomo che ha appena chiuso una storia, cercate almeno di conoscerlo meglio prima che succeda qualcosa di fisico fra voi.
4. Sappiate che gli uomini si comportano in modo imprevedibile. Possono cambiare idea, e la cambieranno, da un momento all'altro, senza un apparente motivo. MA LA COSA NON HA NIENTE A CHE FARE CON VOI.
5. Non tradite e non accettate un tradimento.
6. Se le cose vanno male, non incolpate voi stesse. Gli uomini sono stupidi. La colpa è solo loro.

3

FARSI INVITARE
fuori

*Come sentirsi al top anche quando
si è un fascio di nervi*

•

*Perché gli uomini hanno bisogno
di una spintarella per invitarvi fuori*

•

*Come dargli l'impressione che è stato
lui a prendere l'iniziativa*

•

*Come non sembrare troppo ansiose
o troppo distaccate*

Immaginatevi la scena: siete in un luogo pubblico con una o due amiche. Non importa che ore sono o dove siete: potrebbe essere una festa, un parco o un negozio di animali. Quello che conta è che vi trovate in un posto con attorno persone che non conoscete.

Vedete un ragazzo e il suo aspetto vi piace. Lui vi vede, e gli piacete. Fin qui tutto bene.

E adesso?

Dando per scontato che dietro non c'è niente che gli impedisce di attaccare bottone con voi (tipo che uscivate con il suo migliore amico o uno di voi due non è libero), se quel ragazzo rinuncia a parlarvi o a invitarvi fuori è per un motivo solo: ha paura di venire respinto. È questo, sapete, il più grande ostacolo fra un single e la ragazza che gli piacerebbe conoscere.

Il problema – perché *è* un problema – è che a volte non siamo molto bravi a esprimere quello che proviamo.

Non credo che ci sia una ragione particolare. La mia opinione – di psicologo dilettante – è che dipende in parte dalla convinzione innata in tutti gli uomini che le emozioni sono una cosa un po' ridicola, un punto di vista che nasce da una mancata conoscenza. Voglio dire, le emozioni non si possono vedere, non si possono annusare e di certo non si possono toccare, giusto? Quindi cosa *sono* esattamente? Che aspetto hanno? Come fai a sapere di averne?

Capite cosa intendo? Per la mente maschile è tutto molto confuso. Aggiungete una probabile predisposizione genetica a non mostrare debolezze (e nel mondo maschile le emozioni spesso vengono considerate una debolezza) e tutto diventa ancora più complicato.

Come farsi invitare fuori

Questo punto di vista è tipicamente maschile. Ma non deve per forza rappresentare un problema per voi, perché con poche mosse astute potete neutralizzare le nostre insicurezze e il nostro atavico istinto di difesa. Il modo per riuscirci è mantenere il controllo di tutto l'incontro e di tutto il processo di corteggiamento (il glorioso rituale di accoppiamento) senza che ce ne accorgiamo.

L'obiettivo è indurci a credere che siamo stati *noi* ad accalappiar*vi*, perché dentro siamo ancora dei cacciatori primitivi, mentre invece siete state *voi* a fare tutto il lavoro.

Per riuscirci, non c'è bisogno che vi preoccupiate di come un uomo alimenta la propria autostima (vi spiegherò tutto fra un po') o di tutte le cose strane che si dice allo specchio prima di uscire. («Tu sei il miele e loro sono le api» per esempio, è quello che si ripete un mio amico di cui non farò il nome perché non voglio rovinargli la vita.) O di quante volte avrà mentalmente provato e riprovato la sua battuta d'ingresso ancora prima di mettere piede fuori casa. E non c'è nemmeno bisogno che seguiate *Le Regole* (tornate a pag. 32 se avete bisogno che ve lo rispieghi).

Concentratevi su quello che potete fare *voi*.

Basta un po' di civetteria

Ho una teoria su come gli uomini e le donne si avvicinano gli uni agli altri. Notate quel "si avvicinano gli uni agli altri", perché anche se sono quasi sempre gli uomini a proporre il primo appuntamento o a lanciarsi nel primo bacio, credo che siano le donne a condurli per mano nello stato mentale necessario per prendere l'iniziativa.

Come?

Analizziamo tutto il processo, il rituale di accoppiamento moderno.

Un ragazzo vede una ragazza che gli piace. Sente un formicolio dentro che lo spinge ad avvicinarsi a lei. Chiamiamo questa fase il Punto A. Immaginate che rappresenti il punto di inizio di un viaggio. Se alla ragazza il ragazzo piace, il suo obiettivo sarà aiutarlo a raggiungere il Punto B, cioè quello in cui lui trova il coraggio di fare la sua mossa (sto dando per scontato che non sia uno di quegli uomini che vivono tutta la vita al Punto B: come ho già detto quelli sono soggetti da cui è meglio girare alla larga). Il viaggio, quindi, è molto semplice: da A a B.

I ragazzi normali, quelli mediamente sicuri di sé, hanno bisogno di un piccolo aiuto per passare dal Punto A al Punto B. I due punti possono essere molto lontani o molto vicini fra loro; dipende da lui e da lei.

Il punto (un punto diverso questa volta) è che esiste una distanza fra i due punti (siamo tornati all'altro tipo di punto) e che a doverla coprire è il ragazzo.

Se la ragazza è intelligente, con un piccolo sforzo può aiutarlo a riuscirci.

Per esempio, potrebbe mantenere il contatto visivo un po' più a lungo (un passo avanti nel viaggio). Poi potrebbe sorridergli (due passi) e se si sente abbastanza coraggiosa potrebbe perfino fargli un cenno di invito (una scorciatoia fino al Punto B). Lui allora potrebbe andare a salutarla, saluto al quale lei risponderà in modo amichevole (tre passi) e con altri sorrisi. Qualche minuto dopo lei potrebbe ridere per una delle sue battute (quattro passi). Potrebbe giocherellare con i capelli (cinque passi). Potrebbe apprezzare il modo in cui lui le rivolge delle domande e ascolta le sue risposte prima di prenderla gentilmente in giro, senza esagerare, e costringendola ad arrossire un po' fra un sorriso e l'altro (sei passi). Ora che sono l'uno davanti all'altra lui potrebbe rendersi conto all'improvviso che lei non sembra affatto interessata a chiacchierare con qualcun altro (sette passi). Potrebbe anche rendersi conto che quando lei lo osserva parlare inclina leggermente la testa di lato e sembra che lo stia *ascoltando* davvero (otto passi).

E avanti così fino a quando lui non avrà la sensazione di essere arrivato al Punto B e aver raccolto abbastanza coraggio per fare qualcosa di più consistente di uno speranzoso flirtare.

Se lo fate sentire bene (cioè se gli fate credere che lo trovate divertente e interessante) lui coprirà la distanza più in fretta e quindi le probabilità che vi inviti fuori aumenteranno.

Farlo sentire bene è il principio che sta alla base di tutti i consigli che vi darò per indurre un ragazzo a chiedervi di uscire.

Ovviamente c'è un limite, perché gettarsi ai suoi piedi non è mai una buona idea (a meno che non abbiate voglia di farvi una sveltina e allora è un'ottima idea) e più avanti vi farò qualche esempio su come evitarlo. Per ora ecco alcune semplici tecniche che potrete usare ovunque: al bar, a una festa, in biblioteca, in un negozio del fai da te, *ovunque*:

1. **Un sorriso aiuta parecchio.** Quante ragazze dall'aria scontenta vengono avvicinate dal ragazzo che le interessa? Avanti, provate a indovinare. Esatto: nessuna.

2. **Fate vedere che vi state divertendo.** La cosa è collegata al punto precedente. Non statevene lì impalate a sorridere senza motivo come una marionetta (sembrereste un po' strane) ma cercate di dare l'impressione che siete contente anche se state facendo qualcosa di banale come comprare delle puntine da disegno.

3. **Se qualcuno vi guarda, ricambiate lo sguardo e sorridete** (e rieccoci). Non mantenete il contatto visivo troppo a lungo – altrimenti sembrereste delle pazze – ma non abbassate subito gli occhi come se vi avessero sorprese a fare qualcosa che non dovevate. E poi ecco di nuovo il potere del sorriso: se date l'impressione di essere persone felici e divertenti, gli altri (uomini compresi) vorranno stare con voi. Vi piacerebbe chiacchierare con qualcuno che sembra a un funerale? Ecco, neanche a me.

4. **Non dubitate mai del vostro aspetto.** Mai. Questa

è un'altra perla di saggezza che dovete ricordarvi sempre. Non ho bisogno di vedervi per sapere che siete molto più attraenti di quanto pensate. Come qualsiasi altra ragazza sulla faccia della terra, c'è di sicuro qualcosa che non vi piace del vostro viso o del vostro corpo. E se la mia esperienza non mi inganna siete convinte che questo particolare rovini drammaticamente il vostro aspetto. Ma non è così. Fidatevi.

5. **Siate sicure di voi stesse.** La sicurezza è strana. Fino a poco tempo fa non capivo cosa fosse o da dove venisse. Ma adesso sì. La sicurezza dipende da due cose: da come percepite voi stesse e da come vi percepiscono gli altri. E questa è la mia conclusione: se una persona sembra sicura di sé (*sembra*, non è necessario che lo sia), gli altri la trattano come se lo fosse davvero. Se una persona viene considerata sicura dagli altri, questo le dà sicurezza (sicurezza vera questa volta). Perciò il trucco è semplicemente cominciare a *sembrare* sicure e il resto verrà da sé: gli altri vi percepiranno come più sicure e di conseguenza anche voi comincerete a percepirvi in modo diverso. Perciò, come si fa ad apparire sicure? In breve, dando l'impressione di essere felici di stare al mondo, di chi siete e di dove siete. Ne parlerò meglio più avanti, quando approfondirò l'argomento appuntamenti, ma il succo è questo: dimostratevi felici e sicure. Perché questo fa sentire bene gli uomini. E se li farete sentire bene, loro impazziranno per voi.

Ma non fatelo sentire troppo bene

Se vi impegnate troppo per far sentire bene un uomo (tipo trattandolo come se fosse la risposta alle preghiere di tutto il genere femminile) farete la figura di quelle disperate o di quelle facili. O di entrambe. E se quella che cercate non è un'avventura, non è l'impressione giusta da dare. Fatelo sentire troppo bene e lui penserà di essere troppo per voi.

L'immagine da proiettare deve avvicinarsi a quella che doveva avere in mente Oscar Wilde quando ha detto: «Non dico che dovremmo comportarci male, ma solo dare l'impressione che potremmo farlo».

Come farlo sentire bene ma non troppo

Dimostratevi interessate a lui ma un po' distanti, il che significa che non dovreste essere voi a sollecitare un contatto fisico, tranne forse sfiorargli il braccio una volta mentre vi sta parlando. Lasciate che sia lui a farlo. Chiacchierate e ridete quanto volete ma mantenete i contatti fisici al minimo.

Non abbiate paura di prenderlo un po' in giro. Adoriamo le ragazze che ci punzecchiano. Sono sveglie, divertenti e sicure. E, cosa più importante, la maggior parte degli uomini (almeno quelli che hanno il senso dell'umorismo e non si prendono troppo sul serio) riconosce nella presa in giro un'intrinseca dimostrazione di affetto. È così che comunichiamo con i nostri amici e che diciamo che teniamo a loro. Ma non siate sgarbate o dispettose, e fatelo sempre con il sorriso sulle labbra.

Se siete una persona felice e sicura (ed è così che dovreste essere), potete piacergli facendo una sola semplice cosa: essere voi stesse.

Non dimenticatelo.

Cosa non fare (1)

Se cominciate a parlare con un ragazzo e lui vi offre un drink, non dite: «Non voglio un drink, voglio che mi baci» o vi considererà solo un'avventura.

A B è successo, e quell'incontro per lui non è stato che un'avventura.

Cosa non fare (2)

Se cominciate a parlare con un ragazzo e lui vi offre un drink, non dite: «Non sento una parola di quello che dici, andiamo da me» o vi considererà solo un'avventura.

A B è successo e, esatto, quella ragazza per lui non è stata che un'avventura.

Cosa non fare (3)

Se cominciate a parlare con un ragazzo e lui vi offre un drink, non dite: «Non ho voglia di bere, ho voglia di andare a casa con te» o vi considererà solo un'avventura.

A B è successo e – probabilmente saprete già cosa viene dopo – quella ragazza per lui non è stata che un'avventura.

Disclaimer:
tutte e tre queste ragazze forse non volevano altro che un'avventura, nel qual caso va benissimo: la loro tattica ha funzionato a meraviglia e io rispetto i loro modi diretti. Uso le loro parole solo per illustrare come non bisogna parlare con un ragazzo se quello che si cerca è più di un'avventura.

Quando, come e perché dovreste chiedere voi a un ragazzo di uscire

È possibile che anche se avete seguito tutti i miei consigli, il ragazzo che vi piace non vi abbia ancora chiesto di uscire. In questo caso, dando per scontato che lui non abbia una moglie o una fidanzata nascosta da qualche parte, la sua reticenza può quasi sicuramente dipendere da una timidezza cronica o da una temporanea insicurezza. Perciò non abbiate paura di fare una prima mossa meno sofisticata.

Esatto: dovete essere *voi* a chieder*gli* di uscire.

Ma ai ragazzi non piace, dite voi. Diventare la preda invece del cacciatore ferisce il loro piccolo, fragile ego.

Sbagliato.

Solo ad alcuni non piace essere invitati fuori e comunque, anche per loro, non in tutti i casi.

Se fatto nel modo giusto, chiedere di uscire a un ragazzo che prova dell'interesse per voi ma non si è ancora fatto avanti non è mai una cattiva idea.

Perciò, qual è il modo giusto? Prima di tutto, ricordatevi che una ragazza che corre disperatamente dietro a un ragazzo non è mai un bello spettacolo, quindi dovete chiedergli di uscire nel modo più sottile e meno sfacciato possibile. La mossa che si posiziona al gradino più basso della scala dello stress da primo appuntamento è suggerire di andare a bere qualcosa insieme. Tutto qua, solo un drink. Non una cena, non un teatro, non il circo, non una gita a Parigi. Solo un drink.

Ed è meglio suggerirlo nel modo più casuale possibile. Una mail o un messaggio con scritto: «Che ne dici di bere qualcosa insieme [inserire il giorno della settimana]?» è sufficiente. Specificate sempre il giorno e il luogo, anche se poi finite con l'andare da un'altra parte, perché in questa fase è meglio lasciare a lui il minor numero di decisioni possibile. E, comunque, agli uomini non importa davvero dove vanno al primo appuntamento.

Una volta che avrà detto di sì, gestite l'incontro come un qualsiasi altro appuntamento ma tenete bene in mente una cosa: se siete state voi a chiedergli di uscire non andate a letto con lui troppo in fretta. Gli avete già fatto capire che siete interessate, quindi non correte: non c'è nessun bisogno di rendergli le cose più facili di così.

Un'ultima riflessione: anche se avete parlato, per esempio, di un film che vorreste entrambi vedere o di una qualsiasi altra occasione culturale/attività che vi interessa e vi viene in mente che forse andare al cinema/a una mostra/a teatro/a un concorso canino può rappresentare un'alternativa migliore a "solo un drink", non proponetelo. Le occasioni di quel tipo hanno sopra l'etichetta "amici". Il drink che vi suggerisco io, invece, è un programma meno ambizioso ma è anche, e inequivocabilmente, un appuntamento. Voi volete inviare un messaggio, e con i ragazzi è meglio evitare fraintendimenti.

Uomini a cui non piace essere invitati fuori

Di solito sono i ragazzi più immaturi e insicuri quelli a cui non piace che lei li inviti fuori. Come me quando avevo sedici anni, per esempio, e una ragazza che conoscevo appena mi invitò ad andare al cinema con lei. Visto che, appunto, avevo solo sedici anni, andai nel panico perché non era *così* che avrebbero dovuto comportarsi le ragazze, e le dissi di no. Se mi avesse telefonato dieci anni dopo, invece di andare in confusione l'avrei rispettata e quasi certamente le avrei detto di sì per il solo fatto che essere invitati fuori da una ragazza è una cosa davvero forte.

Tirando le somme: a sedici anni ero immaturo e insicuro ma a ventisei non lo ero più. Questo significa che invitare fuori un ragazzo vi aiuterà a distinguere i ragazzi immaturi da quelli adulti.

I rischi

Per spiegarvi i rischi che si corrono chiedendo a un ragazzo di uscire passo la parola a B. Ecco cos'ha da dirvi: «Adoro quando una ragazza mi chiede di uscire, perché praticamente è come se si offrisse su un piatto d'argento. Non le mancherei mai di rispetto, ma penserei che non è interessata a niente di serio. E ovviamente a me la cosa andrebbe benissimo».

Quindi ecco qual è il rischio: alcuni (non tutti) penserebbero che con voi è fatta. Ma come ho già detto prima, se volete che il vostro appuntamento si trasformi in qualcosa di più di un'avventura prestate particolare attenzione alla velocità con cui procedono le cose.

Come apparire splendide anche se dentro siete un fascio di nervi

Parliamo ancora un po' di sicurezza. Tornate al punto numero quattro a pag. 65 e alle parole: «Non dubitate mai del vostro aspetto. Mai».

La chiave è questa. Sfortunatamente non posso costringervi ad ascoltarmi.

Mentre stavo con la Ragazza Y fui invitato a un galà di moda (grazie a un collega: allora, come adesso, non ci capivo niente di moda). La mia ragazza non poteva venire, così invitai un amico che aveva rotto da poco con la fidanzata. Il loro rapporto era stato drammatico per un sacco di motivi sgradevoli e il mio amico, che è un bravo ragazzo, si era ridotto a un rottame emotivo, perciò pensavo che portarlo a quella festa sarebbe stato divertente. Quanto meno avremmo potuto bere a spese di qualcun altro.

La serata prevedeva una premiazione seguita da musica e cocktail in un'enorme magazzino convertito, un ambiente molto di tendenza. Noi arrivammo qualche minuto prima dell'inizio della premiazione e subito ci trovammo a dover scegliere fra la prospettiva di guardare un sacco di persone di cui non avevamo mai sentito parlare che salivano a ritirare il loro premio per cose che non capivamo o delle quali non ci importava niente (nemmeno il mio amico era un esperto di moda) o metterci comodi al bar nel grande salone di fianco.

Non fu una decisione difficile.

Trascorremmo l'ora seguente bevendo e aspettando che la cerimonia finisse. Alla fine anche gli altri invitati cominciarono a riversarsi nel salone. Poiché si trattava di una festa legata alla moda, c'erano un sacco di donne bellissime e noi eravamo contenti di chiacchierare ammirando il panorama femminile che ci circondava.

Ma dopo qualche minuto la mia mente fu attraversata da un pensiero sgradevole: mi resi conto che eravamo i due uomini meno alla moda della serata. E cominciai a sentirmi un po' impacciato. Nel giro di poco ci rendemmo conto che la gente ci fissava e a quel punto provai un autentico imbarazzo.

Forse non era stata una buona idea andare lì, pensai, perché in quella folla ci sentivamo due pesci fuori d'acqua. Era impossibile confondersi fra tutti quegli uomini alla moda, che oltre a essere vestiti in modo diverso erano anche tutti molto magri e di media altezza, mentre noi eravamo molto alti e fisicamente più massicci. Portare il mio amico a quella festa, temevo, gli avrebbe fatto più male che bene.

Ma poi cominciò ad accadere qualcosa di strano. Prima due ragazze ci chiesero di ballare. E noi liquidammo la cosa come un episodio bizzarro.

Poco dopo però, altre due ragazze vennero a salutarci e a chiacchierare con noi. E quando si allontanarono per andare al bar ne arrivarono altre tre. E poi una da sola.

Fu solo quando una donna venne a dirci di smetterla di torturare le ragazze che mangiammo la foglia: eravamo praticamente gli unici due uomini etero presenti e spiccavamo come semafori in mezzo agli altri. In un ambiente del genere – una festa dove tutti si impegnavano per apparire al meglio e divertirsi – l'effetto era spettacolare. Nelle ore seguenti ricevetti più attenzioni femminili di quante ne avessi mai ricevute fino a quel momento e di quante, sospetto, ne riceverò mai. Persi il conto delle donne che si avvicinarono. Una addirittura mi disse: «Fra dieci minuti vado a casa e voglio che tu venga con me» e anche il mio amico stava ricevendo ogni genere di proposta indecente (molte più di me, devo ammettere).

Il mio amico aveva deciso di non accettare subito una di queste proposte (il primo invito del tipo "vieni a casa con me adesso" era arrivato verso le undici, quando eravamo lì da non più di un'ora) perché gli sembrava un peccato porre fine così presto a un evento tanto unico. E questo ci permise di vivere una serata che nessuno di noi dimenticherà mai.

Rimanemmo lì fino alle cinque di mattina e trascorremmo l'ultima ora ballando in mezzo a un gruppo di ragazze. Io sono un ballerino terribile (davvero, non faccio il modesto) ma queste ragazze si comportavano come se fossero appena uscite da un carcere femminile e all'improvviso si fossero ritrovate davanti Justin Timberlake che volteggiava sulla pista insieme a loro.

Alle cinque io e il mio amico ci trascinammo fino al bar di Brick Lane, che è aperto ventiquattr'ore su ventiquattro, ridendo come pazzi e incapaci di credere a quello che ci era appena successo. Che nottata. Che magnifica, magica nottata.

Quanto all'umore del mio amico, il mio piano aveva funzionato a meraviglia. Camminava a dieci centimetri da terra, anche perché aveva in tasca almeno quindici numeri di telefono di altrettante ragazze. Non credo che ne abbia mai chiamata una, ma non è questo il punto. La serata aveva raggiunto lo scopo: lui si sentiva di nuovo attraente.

Ad anni di distanza ridiamo ancora ripensando a quella serata. E avevamo ragione su una cosa: non ci è mai più ricapitato niente di simile. È stata una notte irripetibile, in cui le stelle si sono allineate in nostro favore per regalarci un'esperienza unica, che non rivivremo mai più.

E sapete una cosa? Non mi importa. Non rimpiango i giorni in cui saltavo la cavallina, mi bastano i ricordi che ho e sono felice. A differenza di B, che è quasi esploso dalla rabbia quando gli ho raccontato cosa si era perso.

Non è sempre tempo di vacche grasse

Ah, sì, la sicurezza. Ora vi racconterò l'inizio del periodo più devastante di tutta la mia vita da single. Quello in cui la mia sicurezza è quasi completamente svanita.

Ero tornato single da nove mesi circa e stavo attraversando un periodo un po' fiacco dal punto di vista sentimentale. Dico fiacco e non negativo perché in realtà non mi interessava affatto uscire con delle ragazze e quindi quella mancanza di... azione... non mi disturbava per niente. Essere single andava benissimo. Era una mia scelta.

Almeno in quel momento. Non mi ero reso conto che invece stavo vivendo uno dei peggiori incubi di un uomo: un periodo di vacche magre. Un mese dopo però la situazione era peggiorata. Ormai non ricevevo un bacio sulla guancia da settimane. Ma c'era una luce in fondo al tunnel: sarei andato a un matrimonio.

I matrimoni sono un'occasione perfetta per rimorchiare. Tutte quelle emozioni, quell'alcol e quegli ospiti eleganti dovrebbero, almeno in teoria, mescolarsi per creare un cocktail di passioni romantiche.

Perciò mi aspettavo grandi cose. Era un meraviglioso matrimonio invernale, la giornata fantastica – una location deliziosa fuori Londra, una coppia davvero felice, un sacco di amici e i festeggiamenti erano cominciati con il ballo più divertente che io avessi mai visto: una coreografia goliardica della canzone *All Night Long* di Lionel Richie, grandioso. Inoltre avevamo iniziato a fare baldoria già alle tre del pomeriggio, quindi avevamo davanti un sacco di tempo per andare su di giri.

Se non fosse stato per un problema: niente ragazze single in vista, il che significava che tutto il potenziale romantico della giornata sarebbe andato sprecato. Almeno con me.

Durante la cena ero seduto fra due donne accompagnate dai loro partner: il marito di quella alla mia sinistra e il fidanzato di quella alla mia destra. La coppia di fidanzati si era appena ritrovata dopo qualche settimana di lontananza e di conseguenza era poco interessata a fare altro se non baciarsi, cosa che non trovavo affatto deprimente. Nemmeno un po'. Davvero.

Okay, in realtà avrei voluto innaffiarli di Prosecco. Ma riuscii a controllarmi.

Per fortuna la donna alla mia sinistra era un'ottima compagnia e chiacchierammo di un sacco di cose, compreso il fatto che suo marito aveva frequentato la mia stessa scuola. O quanto meno chiacchierammo fino a quando gli amici del tavolo accanto (un tavolo con cinque coppie, tanto per essere precisi) non mi videro e saltarono alla conclusione sbagliata, cioè che lei era single e io stavo cercando di conquistarla con il mio fascino.

Da quel momento iniziarono a fare quello che avrebbe fatto qualsiasi gruppetto di amici desiderosi di offrire tutto il loro sostegno (probabilmente lo avrei fatto anch'io, se fossi stato al loro posto): stuzzicarmi.

«Allora Humf, si vince o no?» urlò più volte il mio amico Josh.

"No, Josh," pensai "non si vince per niente. Anzi, non ho nemmeno cominciato a giocare." Ma il peggio non era ancora arrivato.

«Ti ha già parlato in francese?» gridò Nick.

No, non avevo fatto nemmeno quello, e non solo perché *lei* era francese (io parlo un po' francese, ma non come un madrelingua e quindi non l'avrei minimamente impressionata). Inoltre non dimentichiamo che era sposata. Alla fine, per farli tacere, le chiesi di sollevare la mano sinistra.

Ma nonostante l'intervento dei miei cosiddetti amici, fu comunque una bella giornata. Tanto che riuscii lo stesso a vedere il lato positivo della situazione: ero molto più felice io, da single, di una di quelle coppie che ai matrimoni non fanno che sentirsi ripetere per tutto il giorno: «E quando sarà il vostro turno?».

A quel matrimonio il mio atteggiamento parlava chiaro: non stressatemi.

E comunque non avevo incontrato nessuno che avrei voluto sposare.

✓ SEGRETO N. 7

Nella fase degli incontri i single sono creature abbastanza facili da accontentare, perché spesso il problema è che si sentono insicuri. Voi fateli sentire bene e sarete a cavallo.

L'arte del flirt femminile

Come ho già detto, a volte le ragazze flirtano in modo eccessivo e rischiano di spaventarci. Ma a volte flirtano troppo poco e non ci aiutano a passare dal Punto A al Punto B.

All'università, per esempio, conoscevo una ragazza che mi piaceva moltissimo. Era allegra e insieme ci divertivamo, studiavamo, uscivamo... anche se non avevamo molti amici in comune (essendo di Londra, lei era molto più "giusta" di me, che venivo dalla tranquilla Cambridge).

Era anche carina, ma io non avevo mai pensato a lei in quel modo, perché oltre a essere più giusta di me, sapevo che usciva solo con ragazzi di colore. Avevo scoperto che i suoi gusti erano scolpiti nella pietra poco dopo averla conosciuta e lì per lì avevo pensato che era un peccato, ma da quel momento l'avevo sempre e solo considerata un'amica. L'idea di frequentarla in modo romantico era del tutto assurda e il pensiero non mi sfiorava proprio, ma la cosa non mi preoccupava perché avevo capito sin da subito che fra noi non sarebbe mai successo niente. Ero convinto che perfino Brad Pitt non avrebbe avuto nessuna possibilità con lei.

Alla fine cominciammo a trascorrere sempre meno tempo insieme e quando terminammo l'università i contatti si interruppero del tutto. Qualche anno dopo, però, incontrai una sua amica che non vedevo da tantissimo tempo. Le chiesi di lei e mi rispose: «È un vero peccato che non vi siate mai messi insieme».

Io risi e le dissi che la cosa era impossibile, visto che non ero il suo tipo.

Lei mi guardò. «Cosa vuol dire che non eri il suo tipo? Le piacevi moltissimo. Perché pensi che venisse sempre da te?»

Questa sì che era una sorpresa. Davvero, non avevo idea che potesse essere anche solo remotamente interessata a me. Nessunissima idea. In fondo, non ero né "giusto" né nero.

Ci sono due modi di vedere la cosa: a) è un peccato che fra noi non sia successo niente perché andavamo molto d'accordo e avrebbe potuto nascere una storia bellissima o b) non importa che lei fosse interessata a me perché io evidentemente non lo ero. Anche se non pensavo di essere il suo tipo, infatti, avrei comunque potuto provare dei sentimenti nei suoi confronti (quanto ad ascoltarli, questo è un altro discorso).

Con ogni probabilità b) è l'alternativa corretta e io non ero abbastanza interessato a lei. Ma il punto è questo: se lei invece voleva davvero che io fossi più che un amico, non sarebbe stato meglio per tutti se io lo avessi saputo? Se davvero le interessavo e me lo avesse fatto capire, avrebbe scoperto se anch'io ero interessato a lei o no. Se lo ero, fantastico, altrimenti avrebbe potuto mettersi l'animo in pace.

Ricordate quando vi ho detto che le ragazze devono guidare i ragazzi nello stato mentale necessario affinché facciano la prima mossa? Bene, questo è un esempio perfetto di come non si fa. Dite che sono stato insensibile? Forse. Ma vedete, posto che fosse davvero interessata a me, probabilmente soffriva dello stesso problema che impedisce a molti uomini di invitare fuori una ragazza: aveva paura di venire respinta.

Volendo guardare la situazione dal lato positivo: si tratta di una cosa che gli uomini e le donne hanno in comune: anch'io ho rinunciato a invitare fuori delle ragazze che mi piacevano.

Non siamo così diversi, dopotutto.

E fu così che perse un'occasione (era bloccato al Punto A)

A una mia amica piaceva un ragazzo da un anno. L'aveva conosciuto sul lavoro e si vedevano regolarmente. Lei pensava che ci fosse qualcosa fra loro, ma lui non si faceva mai avanti.

Una sera lui portò la sua nuova compagna a una festa in cui c'era anche la mia amica. Siccome era una brava persona, la mia amica gli disse che si era trovato una ragazza carina e che era stato fortunato. Lui la ringraziò, poi fece una pausa e aggiunse: «Ho cominciato a uscire con lei solamente perché pensavo di non interessarti».

Ed ecco cosa pensò la mia amica: "Perché allora non hai tirato fuori le palle e non me lo hai detto? Hai avuto un anno!". Fino a quel momento aveva continuato a piacerle, ma a quel punto ha pensato che fosse debole e patetico e se lo è levato immediatamente dalla testa.

"Triste ma vero" ecco cosa state pensando. Sì, be', forse. Ma io ho intenzione di difendere lo stesso quel poveretto.

Era ovvio che la mia amica gli piaceva davvero. La cercava e trascorrevano un sacco di tempo insieme. Doveva averla pensata molto più di quanto lei si fosse resa conto. Ogni volta che si vedevano avrà fantasticato che fosse la sua ragazza. Non voglio dire che se la immaginava nuda tutto il tempo (solo di quando in quando). Ma avrà pensato a loro due che passeggiavano insieme nel parco in una giornata di sole, o abbracciati sul divano. Gli piaceva così tanto che avrà pensato che potesse nascere qualcosa di serio fra loro e non appena un ragazzo fa un pensiero di questo tipo entra in un territorio pericoloso, perché all'improvviso la posta in gioco diventa altissima. Ed è a questo punto che può subentrare la paura. Una paura che lo blocca al Punto A.

Okay, come difesa non è un granché. Ho spiegato il suo comportamento ma non l'ho giustificato. Lo ammetto, avrebbe dovuto avere le palle di confessarle quello che provava.

A volte noi uomini sappiamo essere delle autentiche frane.

Ma lei non è stata da meno, perché se gli avesse detto quello che provava, le cose avrebbero potuto andare diversamente.

E ricordate, meglio un ragazzo bloccato al Punto A che ha bisogno di un piccolo incoraggiamento per fare la prima mossa, di uno che vive perennemente al Punto B, come B.

Come ha fatto B a diventare B

Quando aveva circa dodici anni, B andò a una festa della scuola. Era una di quelle feste in cui ci sono anche i genitori, e il fratello maggiore di B (che aveva almeno il doppio della sua età ed era già economicamente indipendente) decise che quella serata sarebbe stata fondamentale per il suo sviluppo. B era abbastanza grande per imparare una lezione che non avrebbe mai dimenticato.

Infatti andò proprio così, perché quella sera il fratello di B gli disse che ogni volta che avesse invitato una ragazza a ballare lui gli avrebbe dato cinque sterline. Non importava che la ragazza accettasse, lui doveva solo invitarla. Ricordatevi che B aveva solo dodici anni e che questo accadeva due decenni fa, quando cinque sterline erano ancora *un sacco* di soldi. E siccome B era un ragazzino intelligente, non impiegò molto a capire che l'imbarazzo di venire respinti era un prezzo che valeva la pena pagare per guadagnarsi quelle cinque sterline, così trascorse tutta la serata chiedendo a una ragazza dopo l'altra di ballare. Certo, alcune gli risposero di no, ma altre di sì e alla fine B aveva ballato con un sacco di ragazze e aveva guadagnato una cifra impensabile di soldi.

La lezione era questa: non importa se ti respingono. E B non ebbe mai più paura che gli capitasse.

Un uomo molto, molto fortunato.

Le conseguenze o... chi semina vento raccoglie tempesta

Così B è diventato lo stereotipo dell'uomo che vive tutta la vita al Punto B (a proposito, B sta proprio per Punto B). Quel tipo di uomo che vede una bella ragazza, le si avvicina e le dice: «Scarpe fantastiche. Come ti chiami?», o «Sei bellissima. Ti va un drink?», e se lei non dimostra il minimo interesse si guarda intorno senza farsi problemi, alla ricerca della prossima ragazza da abbordare.

Lasciate che ve lo ridica: se un uomo sembra troppo disinvolto o sicuro di sé, significa che per lui non rappresentate niente di speciale. Siete solo l'ennesima che ha incrociato sulla sua strada.

Dove si trovano questi uomini

Ovunque.

Parola di Humfrey

1. Non dubitate mai del vostro aspetto.
2. Se volete che un uomo si avvicini, dimostratevi avvicinabili. Sorridete.
3. Fate attenzione agli uomini che si avvicinano con troppa sicurezza e disinvoltura.
4. Non scartate a priori quelli che sembrano un po' timidi o impacciati.
5. Se un ragazzo vi piace, diteglielo. Meglio scoprire che non gli interessate che torturarvi nel dubbio.

4

IL PRIMO APPUNTAMENTO:
attenzione,
CAMPO MINATO!

Come fissare il primo appuntamento

•

Come arrivare al primo appuntamento

•

Di cosa parlare al primo appuntamento

•

Come terminare il primo appuntamento

•

Appuntamenti al buio

•

Appuntamenti online

Dopo aver rotto con la ragazza Y l'idea di uscire con qualcuno era un po' scoraggiante. Da anni non mi trovavo in una situazione potenzialmente romantica con una ragazza che conoscevo poco e appena tornato single evitavo di uscire con complete estranee. Anche così, però, gli appuntamenti non erano molto esaltanti e alla fine per un po' smisi di uscire del tutto.

Perché? Di cosa avevo paura?

La paura di ogni single

Non ero spaventato dall'idea di uscire in pubblico con una ragazza. Semplicemente, non mi entusiasmava la prospettiva di ritrovarmi da solo con una *nuova* ragazza in una situazione in cui avremmo dovuto parlare di noi.

All'epoca ero confuso e mi ero un po' ritirato nel mio guscio. Ripensandoci ora riesco a rendermi meglio conto di cosa mi passasse per la testa. Si trattava di quel periodo di assestamento che segue ogni rottura, quel periodo in cui ricostruisci te stesso e la tua vita, e non ero sicuro di come me la sarei cavata o di come sarebbe riuscita la ricostruzione.

L'idea di essere messo sotto esame da una ragazza che mi vedeva come un potenziale fidanzato mi spaventava più di qualsiasi colloquio di lavoro ricordassi. Pensavo a come sarebbe apparsa la mia vita (il lavoro, gli amici, perfino la mia camera da letto) ai suoi occhi e riuscivo a vederne solo i punti negativi (rispettivamente: pochi soldi; bambinoni sempre pronti a farsi una birra; molto disordinata). Tutt'altro che un'iniezione di sicurezza.

Così i primi appuntamenti cominciarono a sembrarmi più degli esami o dei colloqui di lavoro. Avevo la testa piena di domande. E se non le piaccio? E se pensa che le mie battute sono stupide e immature, invece che allegre e divertenti? E se invece di considerare una qualità la mia determinazione a inseguire la carriera dei miei sogni pensa che sono un testardo immaturo perché non mi chiudo in un ufficio a fare soldi?

E – qui viene il bello – se non mi trova carino?

Sarebbe stato un vero *disastro*.

Perciò il mio primo vero primo appuntamento fu un momento epico. Non avrei potuto nascondermi da nessuna parte. Avrei dovuto affrontare le mie paure. Avrei dovuto accantonare le mie insicurezze, metterle al riparo da qualsiasi sguardo femminile. E al momento giusto avrei anche dovuto convincermi che non stavo facendo la figura del pagliaccio.

Okay, adesso sto esagerando. Non ero proprio così nervoso. Solo un pochino. Perché quel primo appuntamento significava qualcosa. Se in quegli ultimi due mesi fossi uscito con tre nuove ragazze tutte le settimane non ci sarebbe stato nessun problema. Ma qui si parlava di una pietra miliare della mia vita, il mio *primo* primo appuntamento da anni.

E come andò?

Bene. Non c'è nessun bisogno che vi annoi con i dettagli (non successe niente di sensazionale: una sera incontrai una ragazza, le chiesi il numero di telefono e una settimana dopo ci trovammo a bere qualcosa). Quello che dovete sapere è che riuscii a non combinare disastri perché mi limitai a fare domande e ad ascoltare le risposte. Doti comunicative di base, niente di che. Buffo come possano tornare utili a volte. Proprio come un paio di bicchieri di vino.

Ma questa non è la parte interessante. La parte interessante è quella che sta per venire.

Perché la mia fortuna doveva cambiare, prima o poi. E alla fine (un paio di mesi più tardi) avevo trovato la ragazza con cui uscire.

Ma prima chiariamo un po' lo scenario.

I gusti sono gusti (soprattutto i miei)

Più il periodo delle vacche magre si protraeva (non voglio dilungarmi, ma si trattava senza dubbio di un periodo di vacche magrissime), più i miei amici sembravano prendersi a cuore la mia vita sentimentale. La domanda che mi veniva rivolta più spesso era: «Cos'è che cerchi, di preciso?». Io però non ero in grado di dare una risposta decente.

Vedete, alcuni uomini si mettono sempre con lo stesso tipo di donna. Che sia il colore dei capelli, l'altezza, la personalità o perfino il lavoro che svolgono, è come se ci fosse una specie di schema predefinito. E ovviamente lo stesso vale per molte donne che si sentono attratte sempre dallo stesso tipo di uomo.

Ma non è il mio caso. Io non ho un mio tipo, non l'ho mai avuto. La mia gamma di bersagli femminili è molto vasta e in teoria vi possono rientrare tutte le donne. Questo però mi ha sempre creato problemi, perché non so mai cosa sto cercando in una ragazza, a parte le qualità più ovvie, tipo che deve essere bella, divertente, gentile, passionale (un eufemismo per dire che le deve piacere "fare sesso"), intelligente, allegra, non deve prendersi troppo sul serio, deve amare il cibo e considerare il mio disordine un tratto originale del mio carattere, non un difetto.

A parte questo, faccio fatica a pensare ad altro. Colore dei capelli? Non importa. Lavoro? Non mi interessa. Età? Entro un limite ragionevole (cioè non tanto giovane da essere immorale frequentarla né tanto vecchia da essersi ormai giocata la possibilità di avere un figlio). Questo quindi cosa vuol dire? Che avevo l'imbarazzo della scelta? No, che ero solo disorientato.

Le vette dell'attrazione

Un mio amico, Rob, è alto un metro e novantacinque e non sa controllarsi davanti alle signorine più "slanciate". Una volta in un pub si è entusiasmato così tanto davanti a una solo due centimetri più bassa di lui che la sua battuta d'apertura – pronunciata nello stesso tono di voce che un qualsiasi altro ragazzo avrebbe usato per dire: «Sei la ragazza più bella che io abbia mai visto» – è stata: «Oh, mio Dio, sei *enorme*!».

Com'è logico, lei non l'ha preso come un complimento, anche se in realtà voleva esserlo, e tutto quello che lui ha ottenuto è stato uno schiaffo.

I miei gusti sono diversi. Io sono alto un metro e novantatré, quindi solo pochi centimetri meno di Rob, ma preferisco che lei sia più bassa. Perché mi fa sentire un uomo. Una sensazione difficile da provare se quando ti metti dritto lei riesce ancora a guardarti negli occhi. Perciò non sono mai uscito con una ragazza più alta di un metro e settantasette (che paragonata a me non è affatto alta) e il periodo delle vacche magre avrebbe potuto finire molto prima se non mi fossi tanto intestardito su questo dettaglio.

La quasi miss

Ero in un locale, quando una ragazza molto carina, di altezza media (ai miei occhi annebbiati dall'alcol sembrava Holly Willoughby) mi si avvicinò e mi disse: «Ciao, io sono Annie». Per un attimo pensai di aver vinto la lotteria: una ragazza bellissima aveva fatto la prima mossa con me. Ma poi ecco la fregatura. «E lei è la mia amica Jo» aggiunse, voltandosi verso un'altra ragazza, che se ne stava un passo indietro con quella tipica aria da la-mia-amica-ti-sta-salutando-solo-perché-le-ho-detto-che-mi-sarebbe-piaciuto-conoscerti.

Jo era, usando le parole di Rob, *enorme*. Longilinea, carina ma pur sempre altissima. Sarà stata almeno un metro e ottantotto e con i tacchi (perché portava i tacchi, avevo controllato), i suoi occhi erano alla stessa altezza dei miei. Stando così le cose, poteva avere tutte le altre caratteristiche che mi piacevano (poteva essere divertente, intelligente, gentile, e pensare che il mio disordine fosse adorabile ecc...) ma non avrebbe avuto alcuna importanza. Era troppo alta e su di me non esercitava alcuna attrattiva perché mi faceva sentire basso.

Inoltre la sua amica era bellissima e così, per quanto possa sembrare crudele, fu su di lei che concentrai tutti i miei sforzi.

Alla fine mi andò bene. Siccome mi rivolgevo solo ad Annie, Jo cominciò a chiacchierare con qualcun altro. Annie era molto divertente e dolce e quando Jo venne a dirle che il loro gruppo se ne stava andando, io le chiesi il numero di telefono. Annie si assicurò che Jo non la vedesse e poi me lo diede.

Se mi sentivo male per non aver concesso una possibilità a Jo la Giraffa? No, allora no. Ma alla fine del mio primo e unico appuntamento con Annie, capii di aver scelto la ragazza sbagliata.

NOTA N. 1

Ho raccontato questo episodio nella mia rubrica e il feedback è stato straordinario. Mi hanno rovesciato addosso titoli di ogni tipo per aver respinto Jo la Giraffa. Pappamolla, smidollato, sciovinista, sessista, solo per citarne alcuni. Voglio dire, ma davvero? A me non piacciono le ragazze alte, e allora? Questo fa di me una brutta persona? No. Qualcuno mi può spiegare la cosa?

NOTA N. 2

A quanto pare sì, qualcuno può spiegarmi la cosa. Ho mostrato la nota n. 1 alla mia amica Lucy e lei mi ha detto: «Lascia che ti illumini sulle violente reazioni che hai sca-

tenato respingendo Jo la Giraffa. Il numero di uomini adatti a una donna più alta di un metro e ottanta è davvero esiguo. E come tu ti senti più uomo se sei più alto della tua donna, le ragazze alte aspirano a frequentare qualcuno più alto di loro per potersi sentire femminili (e non è facile quando svetti sulla maggior parte delle persone che incontri). Le lettere che hai ricevuto arrivavano da donne sconvolte al pensiero che se anche avessero trovato un uomo alto e attraente (cosa rara) comunque non avrebbero avuto alcuna possibilità rispetto a una donna "normale". Con il tuo comportamento gli hai fatto capire chiaro e tondo che sono spacciate. Lo so perché ho un'amica che è alta più di un metro e ottanta e l'aggettivo "alto" è il primo della lista quando si parla di uomini, e perché anch'io con il mio misero metro e settantadue faccio fatica a trovare uomini molto più alti di me. In questo momento sto uscendo con un tipo alto un metro e settantacinque e se potessi cambiare qualcosa di lui sarebbe... esatto, hai indovinato».

Tutte quelle reazioni adesso hanno un senso. Se fossi stato una ragazza alta non sarei stato contento nemmeno io. E, per quello che può valere, conosco un ragazzo alto un metro e ottantasette che ha sposato una ragazza di un metro e ottantacinque, solo due centimetri più bassa – o meno alta – di lui, quindi Lucy, non tutto è perduto. Solo perché a me non piacciono le ragazze alte non significa che un sacco di altri uomini non le trovino irresistibili.

Annie, la stalker di Facebook, o perché è meglio andarci con i piedi di piombo

Richiamai Annie di lì a qualche giorno e le chiesi se le andava di vederci per un drink. Le andava. Così due giorni dopo ci ritrovammo seduti insieme in un bar di Covent Garden.

Non era bella come ricordavo (solo Holly Willoughby assomiglia a Holly Willoughby) ma era divertente e le premesse erano buone. Poi cominciammo a parlare di Facebook ed ecco che il vaso di Pandora si aprì.

Qualche giorno prima, quando avevo già chiesto ad Annie di uscire, lei mi aveva "pokato" su Facebook, una piccola avance innocente che mi aveva fatto sorridere. Io l'avevo pokata a mia volta qualche ora dopo e la cosa era finita lì.

O almeno così pensavo io.

Quando però cominciammo a parlare di Facebook, lei si lanciò in una critica pericolosamente dettagliata di quello che il mio profilo diceva di me, inclusa tutta una serie di commenti sulle mie foto e, peggio ancora, un'analisi di tutte le conoscenze che avevamo in comune. «Come, ma conosci quello? Io lei l'ho incontrata là. E lui? Usciva con la mia migliore amica. Mentre quello è un amico di mio cugino. Che strano!»

Be', non proprio.

Se lavori nei media e hai più di vent'anni (Annie ne aveva ventotto) Londra non è poi questa metropoli, perciò i suoi commenti erano un po' fastidiosi.

Quando esci con una ragazza conosciuta attraverso amicizie comuni, accetti che dietro ci sia lo stesso background sociale. Ma quando esci con una ragazza che dovrebbe essere una completa estranea, è sgradevole scoprire all'improvviso che su di te ne sa molto più di quanto pensassi. E io persi velocemente interesse. Tipo nel giro di un paio di minuti. Onestamente, pensavo che a essere *strana* fosse lei!

Con Facebook la tua vita privata non è più così privata, se qualcuno può raccogliere tanto facilmente tante informazioni sul tuo conto. Tenete presente che questo è successo un paio d'anni fa, quando Facebook era agli inizi e nessuno aveva ancora riflettuto su cosa significasse e come usarlo in un contesto sentimentale. Per me quello è stato un momento catartico e da allora ho cominciato a vedere Facebook in modo diverso.

Matti da legare

Indipendentemente se a commetterle è un uomo o una donna, sono due le cose da ricordare sulle pazzie. Primo, se sei ubriaco non contano; e secondo, non importa quale pazzia tu abbia fatto, qualcuno prima o poi ne farà una più grande.

Come la ragazza con cui è uscito un mio amico di cui non faccio il nome. Ecco tutta la storia: «Uscivo da qualche settimana con una ragazza molto particolare. Un tipo stravagante, un'artistoide. Ma poi mi sono reso conto che era molto più che stravagante. Era pazza.

Quando me ne sono reso conto? Forse quando si è convinta che mi stavo raffreddando nei suoi confronti (ma non era così, fino a quel momento...) e ha cominciato a rubare i miei oggetti personali ogni volta che veniva a trovarmi. Una volta mancava l'abbonamento del treno. Una volta il passaporto. Poi le forchette e i coltelli. Le mie scarpe da lavoro. La macchina fotografica. Il libro che stavo leggendo. Le calze. Il bollitore.

Ogni volta le telefonavo e le chiedevo: "Per caso hai, ehm, preso tu i miei coltelli e le mie forchette/il mio passaporto/quello che è quando eri qui prima?". Lei ridacchiava in modo forzato e negava. Allora le dicevo che sapevo che era stata lei. A quel punto (sempre a quel punto) faceva un'altra risatina un po' troppo acuta e diceva: "Oh santo cielo, deve essermi scivolato in borsa", oppure: "Scusa, pensavo che fosse il mio".

Un giorno l'ho sorpresa mentre cercava di nascondere il bollitore nella borsa ed è crollata, dicendo che sapeva che stavo pensando di mollarla e che rubare le mie cose era l'unico modo per essere sicura che l'avrei richiamata.

E, a quel punto, certo che mi sono raffreddato. Qualche mattina dopo, mentre uscivo di casa, ho notato un foglio attaccato alla porta del mio vicino. E su quella del vicino del mio vicino. E su quella del vicino del vicino del mio vicino. Praticamente su tutte le porte della mia via, e stiamo parlando di una sessantina e più di abitazioni, c'era un foglio scritto a mano che diceva che ero un bastardo. Con tanto di stelline e lune argentate.

Il giorno dopo mi ha chiamato per chiedermi se volevo andare in vacanza con lei».

Questa è follia pura. Lo so perché mi sono informato fra i miei amici per vedere se a qualcuno era capitato di peggio. Purtroppo non ho avuto fortuna, ma ci sono parecchi secondi posti. Ecco a voi la classifica delle cinque signorine più strambe:

1. La ragazza che ha accusato il suo ragazzo di avere un rapporto incestuoso con la sorella, perché la sorella lo chiamava "tesoro". Il fatto che lei chiamasse tutti "tesoro", *compresa la ragazza del fratello*, non sembrava importare.
2. La ragazza che ha telefonato ai genitori del ragazzo

che frequentava da due settimane per avvisarli che pensava fosse morto in un incidente stradale, visto che non aveva sue notizie da quando era andato a giocare a golf... due ore prima.

3. La ragazza che insisteva perché il ragazzo con cui usciva piegasse la testa in avanti quando la guardava, in modo da non vedergli le narici... perché aveva la fobia delle narici.

4. La ragazza che al suo primo appuntamento con un ragazzo che conosceva a malapena gli ha detto di aver avuto una visione di loro due insieme a ottant'anni.

5. La ragazza che è stata lasciata dal suo ragazzo dopo un mese (niente di particolare, semplicemente tra loro non funzionava) e ha cercato di riconquistarlo facendogli trovare dieci lattine di minestra di carote davanti alla porta. Lui le aveva detto che gli piaceva la minestra di carote. Una volta.

E ora, per alzare la posta in gioco, ecco una storia in cui sia lui che lei sono impazziti. Ve la ripropongo esattamente come me l'ha raccontata un mio amico, a proposito di un suo amico:

Il mio amico, chiamiamolo Joe, è un uomo ragionevole. Ama starsene per conto suo, è una persona normale. Tranne quando ci sono di mezzo le donne. Sa prendere decisioni tremende nell'impeto del momento, tipo quella volta che si è fatto settemilaottocento chilometri di volo per andare in Canada a trovare una ragazza che aveva conosciuto due settimane prima. Su Facebook. E con cui aveva parlato al telefono. Una volta. Per dodici minuti. Avrebbe dovuto fermarsi da lei a Vancouver per due settimane. Ma dopo tre giorni Joe si è reso conto che non era la ragazza dei suoi sogni. Lo chiudeva in casa quando andava a lavorare, sprangando addirittura le finestre per evitare che lui cercasse – parole sue – di "evadere". E gli aveva chiesto quando pensava di dichiararsi.

Poiché non poteva permettersi di anticipare il volo di ritorno, Joe decise di rimanere per tutte e due le settimane. Ma due giorni prima della partenza, lei andò completamente fuori di testa perché lui non le aveva ancora detto che l'amava. Urlò e strepitò, poi gli prese le valigie e gliele buttò letteralmente in strada, impedendogli di rientrare in casa. Joe era disperato. Aveva prosciugato la carta di credito per i biglietti aerei e aveva lasciato i pochi soldi che gli rimanevano nel portafogli, che era rimasto nella casa della ragazza. Visto che lei si rifiutava di rispondere al telefono, Joe fu costretto a prendere un taxi fino all'aeroporto, usando il cellulare come garanzia. Una volta in aeroporto, cercò ancora di mettersi in contatto con la ragazza. Lei gli rispose e gli disse che lo avrebbe raggiunto. Joe era sollevato, perché pensava che fosse rinsavita e gli avrebbe permesso di dormire da lei.

Invece arrivò con un sacchetto in mano. «La tua biancheria sporca» gli disse.

Poi se ne andò.

Nonostante le sue ripetute richieste, la ragazza si rifiutò di rispondere alle sue telefonate e di aiutarlo. In tasca Joe aveva tre dollari, che dovevano bastargli per tre giorni. Così si comprò due Mars e un pacchetto di salviettine umidificate per lavarsi nel bagno degli uomini.

Tre strazianti giorni dopo era di nuovo a Londra.

«È l'ultima volta che vado dall'altra parte del pianeta per un primo appuntamento» mi disse.

«*Lezione imparata.*»
Wow.

Non è stalking, sono ricerche

Ricordate quando vi ho detto che gli uomini tendono a comportarsi in modo diverso in situazioni simili ma con ragazze differenti? Bene, andiamo avanti di due anni ed ecco un altro esempio.

Io e Charlotte uscivamo insieme da un po', non moltissimo, giusto qualche settimana, e un giorno lei mi disse che quando ci eravamo conosciuti mi aveva cercato su Google e su Facebook e, a differenza di quanto era accaduto con Annie, la cosa non mi infastidì affatto. Nemmeno un po'. Anzi, ero lusingato che lei avesse voluto scoprire più cose su di me.

Ovviamente l'ho presa in giro, dicendole che era una stalker (però non le ho detto che avevo fatto la stessa identica cosa), al che lei mi ha risposto: «Non è stalking, sono ricerche». Una puntualizzazione molto saggia, a mio parere. È normale volerne sapere di più sulla persona con cui si esce. È naturale. Perciò quello che abbiamo fatto io e lei erano ricerche, non stalking. Sono contento.

La lezione, in questo caso, è che bisogna tenere le proprie ricerche segrete per un po', almeno fino a quando non si frequenta una persona da abbastanza tempo per cui rivelazioni di questo tipo non hanno alcuna importanza. Non fate mai quello che ha fatto Annie, tirando in ballo la cosa al primo appuntamento.

Perché così, delle semplici, innocenti ricerche assomigliano davvero allo stalking.

Non trasformatevi in stalker. Siate furbe.
E ora torniamo ai miei anni da single.

La parte interessante

La parte interessante è quella dopo il *primo* primo appuntamento. Vedete, noi ragazzi non siamo sempre nervosi prima del primo appuntamento. Lo ero stato quella volta, ma più passava il tempo e più la cosa diventava facile. Non voglio dire che ci sono voluti centinaia di appuntamenti prima che capissi, solo una manciata, e poi mi sono reso conto di cosa dovevo fare per essere sicuro di divertirmi. E cioè, considerare gli appuntamenti come un'occasione per trascorrere una bella serata. Niente di più.

Il che significava mettere da parte le due domande principali che frullano nella testa di ogni uomo durante un primo appuntamento: se a fine serata riuscirà a portarsi a letto la ragazza e se ci sarà un secondo appuntamento.

Mi sono reso conto che se una ragazza ti piace abbastanza da voler trascorrere la serata con lei (notate bene che ho detto *serata*, non notte) allora devi vederla solo così – come una serata con lei – e cercare di divertirti partendo da quel presupposto.

Tutte le esperienze passate, belle o brutte, sono irrilevanti, esattamente come qualsiasi speranza per il futuro. In questo modo il primo appuntamento diventa una specie di bolla indipendente da godere per quello che è e niente di più. Non per quello che potrebbe significare più avanti. Solo per quello che è.

Una serata di svago.

Se ti va bene, allora puoi cominciare a pensare a cosa potrebbe accadere dopo, o durante un secondo appuntamento. Ma all'inizio devi concentrarti solo sull'attimo. Così la pressione si disperde e sei libero di goderti la serata e di divertirti. Non deve rappresentare per forza l'inizio di qualcosa di importante. Solo una serata divertente.

Il Percorso Sentimentale Maschile

Non tutti gli uomini adottano l'approccio che ho appena descritto. Funziona solo con quelli che non sono interessati a un rapporto impegnativo (qualcosa di cui nemmeno loro stessi a volte si rendono conto). Nel mio caso, considerare i primi appuntamenti come occasioni singole invece che come possibili aperture verso nuove storie d'amore ha impedito che mi facessi coinvolgere seriamente. Con il senno di poi, è ovvio che stavo inconsciamente innalzando delle barriere attorno a me. Se confronto quegli appuntamenti con la prima volta in cui sono uscito con Charlotte, mi rendo conto che il mio stato mentale era completamente diverso. Nel primo caso pensavo: "Con lei potrei divertirmi per una sera o due". Ma con Charlotte, ancora prima di uscire ero tutto su di giri e pensavo: "Mi sa che qui ci scappa qualcosa di serio". Non mi ero posto alcun limite riguardo a quello che sarebbe potuto succedere.

Fino a quando un ragazzo non raggiunge lo stadio in cui è pronto per impegnarsi – quello che ho raggiunto io con Charlotte cioè – attraversa quello che io chiamo il Percorso Sentimentale Maschile.

Di cosa si tratta?

Osservate questo grafico:

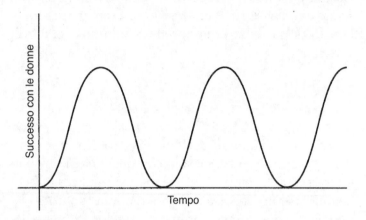

Questa illustrazione mostra gli alti e i bassi del percorso sentimentale di un uomo. Gli alti sono i momenti in cui è su di giri, rimorchia che è un piacere e si sente invincibile (questo non significa che esce davvero con un sacco di ragazze, molto dipende da che tipo è e da quello che preferisce fare). I bassi sono i momenti in cui non batte chiodo, figurarsi fare sesso, per mesi. La vita di un single si snoda lungo questa linea, alternando alti e bassi, alti e bassi: ecco perché l'ho chiamato il Percorso Sentimentale Maschile (immagino che ne esista anche uno femminile molto simile).

È importante notare che quando un uomo torna single può inserirsi nel percorso in qualsiasi punto a seconda di quello che è il suo stato d'animo. Mettiamo, per esempio, che spari dritto nel mezzo. Non si sente molto sicuro perché è da un po' che non rimane solo, ma poco alla volta capisce come funzionano le cose. Si ricorda quali sono le regole e si rende conto che essendo un po' più vecchio, i giochi per lui sono più facili. A passo lento ma costante diventa sempre più bravo e raggiunge la vetta.

Ma dopo un po' anche la vetta comincia ad annoiarlo. È tutto troppo facile. Si rende conto che non sta cercando niente di serio e uscire per il gusto di uscire non è più così interessante, perciò si prende una pausa e smette di cercare compagnia. All'inizio va tutto bene. Sa perché non conosce nessuna nuova ragazza (non ci prova) e si sente anche un po' virtuoso perché non si sta comportando male e non sta ingannando nessuno. Si sente una persona civile e padrona della situazione.

Questa sensazione può durare qualche settimana o qualche mese. Il primo segnale che le cose stanno cambiando è quando si scopre a pensare: "È da un po' che...". Inizialmente ci ride su. Smettere di rimorchiare è stata una sua scelta, dopotutto. Man mano che quella vocina si fa più insistente, però, i suoi dubbi crescono. Il ricordo delle ultime ragazze con cui è uscito è ormai svanito e prima o poi comincerà a temere di non possedere più il suo tocco magico.

Non pensa più: "Basta rimorchiare" ma passa a: "È da un po' che non rimorchio", fino ad arrivare a: "Chissà se mi ricordo ancora come si fa". E così precipita nel punto più basso della curva, un posto triste e solitario, dove si convince che non riuscirà più a rimorchiare nessuno. Di certo non un momento felice nella vita di un uomo.

Per alcuni non è una secca che dura a lungo. Per altri il periodo buio può durare all'infinito, o per qualche anno, o fino a quando qualcuna non mostra di interessarsi a loro (in questo caso si sentiranno così sollevati di piacerle che probabilmente si dichiareranno nel giro di sei mesi per paura che cambi idea e se ne vada).

Per quelli che riescono ad allontanarsi dal punto più basso del percorso l'impatto è clamoroso. Non appena un uomo single ricomincia a rimorchiare, schizza immediatamente in alto. La sicurezza gli scorre nelle vene come adrenalina e le ragazze gli cadono ai piedi come pere mature, fino a quando, dopo qualche settimana o qualche mese, non ricomincia a trovare tutto noioso e decide di farsi da parte per un po'.

Riuscite benissimo a indovinare cosa succede poi: va avanti così fino a quando non è pronto per una storia seria, e questo può succedere in qualsiasi punto del percorso.

Avete già letto di quando mi sono trovato io al punto più basso, perciò adesso torniamo a parlare di primi appuntamenti.

Il rituale del pre-primo appuntamento

Il periodo che intercorre fra quando incontrate un ragazzo e quando lui vi invita fuori è terribile. Una specie di terra di nessuno, limbo e purgatorio messi insieme che tutte le ragazze vorrebbero evitare. E pensate che per noi non sia così, giusto? Sbagliato.

Quando un ragazzo incontra una donna che gli piace davvero, vuole sapere prima possibile se la rivedrà. Vuole che lei gli conceda un appuntamento per essere sicuro di avere l'occasione di farla sua prima che ci provi qualcun altro.

Qui affronterò brevemente l'argomento, perché ne parlerò più a lungo nel prossimo capitolo. Ecco quello che dovete fare: se vi scrive, la prima volta rispondetegli dopo un'ora e poi più rapidamente regolandovi in base a quello che fa lui. La regola aurea è mai rispondere più velocemente di lui ma nemmeno più lentamente. (Odio questi giochetti.)

Se non avete sue notizie e volete sapere se è davvero interessato a rivedervi, decidete che non lo è e andate avanti per la vostra strada o scrivetegli una volta. Se non vi risponde nel giro di due ore lasciatelo perdere. Se non vi scrive non è interessato. Se non cerca di rivedervi, non è interessato.

Quando ho incontrato Charlotte, le ho scritto subito il giorno dopo senza cercare di fare giochetti. La mia teoria è che se due persone si piacciono, vogliono sentirsi e vedersi. E quando succede, non importa chi ha scritto a chi e quando. Ma non impiegateci secoli di proposito, sono tutte fesserie. Fare i preziosi non aiuta nessuno.

E ricordatevi che alcuni uomini – ma sono pochi – seguono la regola del "non chiamarla per tre giorni" perché non vogliono sembrare troppo smaniosi. Ma si tratta di una situazione un po' diversa da quella di un ragazzo che non risponde ai vostri messaggi perché non è interessato, anche se la conclusione a cui potreste arrivare è la stessa, cioè che nemmeno quello che non vi chiama per tre giorni lo è. Perché? Chi aspetta tre giorni per chiamarvi sta seguendo una regola preconfezionata, ma un ragazzo a cui piacete davvero non *riuscireb-*

be mai a comportarsi così. Perciò se qualcuno adotta questa tattica con voi, non cascateci. Non desideratelo di più in base a quanto tempo impiega a rispondervi (so che è difficile ma vale la pena provarci). È una tattica che i ragazzi usano se siete solo una delle tante che frequentano o che vorrebbero frequentare, e per cui non provano tutto questo interesse. Non la usano con le ragazze che muoiono dalla voglia di vedere.

B, il re dei primi appuntamenti

Ecco cosa dice B – l'uomo da cui dovreste sempre guardarvi – sui primi appuntamenti: «Se hai già una certa esperienza e sai che non stai cercando una ragazza fissa, la vita diventa più facile. Sai come comportarti, cosa dire, cosa non dire, che storie raccontare, come raccontarle, dove andare e via dicendo. In pratica, sviluppi una strategia vincente, una routine. Certo, a volte diventa un po' noioso, e quando succede a me, mi basta fare una pausa di una o due settimane. Senza dimenticarmi mai, però, la mia strategia».

Uomini e primi appuntamenti

A mio parere, un primo appuntamento non dovrebbe mai essere troppo complicato. E per complicato intendo troppo difficile da organizzare, troppo costoso o elaborato.

Perché?

Semplice: più è impegnativo da organizzare, più soldi bisogna spenderci o più tempo ci si mette per elaborare tutta una serie di presunti gesti "romantici" e meno l'incontro riguarda due persone che si incontrano per vedere quanto riescono ad andare d'accordo. Il che è esattamente, non dimentichiamocelo, lo scopo di un primo appuntamento.

Perciò, dal mio punto di vista, meno è meglio. I primi appuntamenti non dovrebbero essere complicati.

Il problema per noi uomini è che quando non sappiamo cosa fare (cioè se non siamo sicuri che una serata al bar vi impressionerà a sufficienza) scegliamo la soluzione più facile, mettere mano al portafogli. Prenotiamo un tavolo in un ristorante raffinato o facciamo qualcosa di altrettanto costoso e, si spera, d'effetto.

Per gli uomini il primo appuntamento è un po' come un colloquio di lavoro. Siccome di solito siamo noi a decidere dove si svolgerà, pensiamo che verremo giudicati dal luogo che scegliamo, proprio come in un colloquio di lavoro potremmo venire in parte giudicati da come ci vestiamo.

Ma in realtà non è la stessa cosa.

Per un certo periodo di tempo anch'io ho speso parecchi soldi in primi appuntamenti (non un capitale, non sono così ricco), ed è stato divertente. Ma ripensandoci ora mi rendo conto che le mie priorità erano sbagliate. La serata dovrebbe ruotare attorno alle due persone coinvolte, non allo scenario. I ristoranti costosi e i locali alla moda non sono il posto adatto per intrattenere la ragazza giusta, quella con cui stare sul serio. Con lei, basta che il posto sia gradevole e tutto andrà bene. Ma se è la ragazza a non essere d'accordo e a fare storie, allora che le faccia pure per conto suo e si trovi un altro babbeo con cui uscire.

Ho chiesto ad alcune ragazze cosa ne pensano di chi

spende tanti soldi. E loro mi hanno raccontato diversi aneddoti di tizi convinti che più ne tiravano fuori e più avrebbero avuto diritto di aspettarsi una qualche ricompensa sessuale a fine serata. Nella maggior parte dei casi non si lasciano impressionare dagli uomini che ostentano la propria ricchezza. Lo trovano sospetto e cominciano a domandarsi cosa c'è dietro, visto che invece di cercare di colpirle favorevolmente, questi tizi tentano di infilarsi nelle loro mutande a colpi di bigliettoni. Un uomo deve avere qualcosa di più interessante da mostrare della propria carta di credito.

Quanto a fare alla romana, io non ci riesco, soprattutto a un primo appuntamento. Se un ragazzo chiede a una ragazza di uscire, deve pagare lui. Punto. In seguito può anche offrire lei, benissimo. E se le cose vanno avanti, ogni tanto possono anche fare alla romana. Ma a un primo appuntamento? Assolutamente no.

Questo però non significa che voi non dobbiate fingere di protestare. Dovete *sempre* fingere di protestare. Fate però in modo che sia una protesta debole, perché lo scopo è farci credere che non vi aspettate e non date per scontato che saremo noi a pagare. Sarebbe poco elegante.

La prova che spendere tanti soldi non serve

Il mio primo appuntamento con Charlotte si è svolto durante una domenica pomeriggio. Era estate e così siamo andati al parco. Tutto qua. Solo un giro al parco. Abbiamo passeggiato sotto il sole, ci siamo seduti a chiacchierare e quando si è fatta sera siamo andati a mangiare una pizza. Niente di complicato, costoso o difficile, ma è stato lo stesso meraviglioso. E sette mesi dopo vivevamo insieme.

Il primo appuntamento: nozioni di base

Esistono molti primi appuntamenti:

a. L'appuntamento al buio
b. L'appuntamento fra due amici
c. Il primo appuntamento dopo che ci si è conosciuti, ma non ci si è ancora baciati
d. Il primo appuntamento dopo che ci si è conosciuti e baciati (e magari si è fatto anche molto altro)

Ciascuno di essi solleva interrogativi diversi nella mente di un uomo.
Tipo:

a. Appuntamento al buio:
Mi piacerà?
Le piacerò?
Riuscirò a portarmela a letto?

b. Appuntamento fra due amici:
Cambierà idea su questa storia di essere solo amici?
Riuscirò a portarmela a letto?

c. Il primo appuntamento dopo che ci si è conosciuti ma non ci si è ancora baciati:
Le piacerò?
Riuscirò a portarmela a letto?

d. Il primo appuntamento dopo che ci si è conosciuti e
   baciati (e magari si è fatto anche molto altro)
   Le piacerò?
   Riuscirò a portarmela a letto? (Aggiungere "ancora" se
   è il caso.)

Tutti questi interrogativi possono venire gestiti in
modo molto simile.

Innanzitutto, la vostra priorità deve essere quella di
divertirvi. Sforzatevi di non pensare oltre. So che può
essere molto difficile, soprattutto se vi ritrovate nel caso *a* o *d*, ma provateci lo stesso. È l'unico modo per al-
lentare la pressione.

Non sto dicendo che dovete ridurre le vostre aspettative per la serata, ma soltanto che per godervela il
più possibile dovete stabilire dei confini realistici,
per esempio quando vi incontrate e quando tornate a
casa.

Non cominciate a pensare a come farete ad andare al
lavoro da casa sua la prima volta che vi dice dove abita
(se non lo sapete già). Significa andare in cerca di guai.
Lo so che lo farete lo stesso, ma io non posso non dir-
velo.

Ed ecco la sorpresa: gli uomini fanno la stessa cosa.

Sì, avete letto bene. Al primo appuntamento, ma non
solo, anche noi uomini fantastichiamo su un ipotetico
rapporto sentimentale con voi. Immaginiamo che in-
contriate i nostri amici, la nostra famiglia e che trascor-
riate il fine settimana con noi. Ovviamente vi immaginiamo nude, ma il fatto che non ci limitiamo a questo ci
fa capire senza ombra di dubbio che ci piacete davvero.
E succede molto più spesso di quanto vogliamo ammettere.

Questione di puntualità

Non arrivate in anticipo né puntuali. Dieci minuti di ritardo sono l'ideale. Quando ero single arrivavo sempre in anticipo in modo da ambientarmi e assicurarmi che ci fosse posto per sedersi e rilassarsi.

Ma al mio primo appuntamento con Charlotte ero in ritardo. Non era colpa mia, ma del treno. In ogni caso, la mia regola di arrivare prima è andata a farsi benedire. Odio essere in ritardo. Lo odio davvero. Perciò mi sentivo malissimo ed ero furioso con me stesso. Soprattutto perché lei, invece, è arrivata cinque minuti in anticipo. Alla fine però è andato tutto bene, il che dimostra che le regole sono fatte per essere infrante. Alcune, quanto meno.

Cosa mangiare al primo appuntamento

Al primo appuntamento potete mangiare tutto quello che volete. Punto. Vedete, per noi uomini non è un problema se al ristorante mangiate. Anzi, ci piace. Di solito le ragazze che amano il cibo apprezzano anche gli altri piaceri della vita. Tipo il sesso.

Noi uomini ci sentiamo a disagio con le ragazze che mangiano come uccellini. Sentirvi dire: «Per me niente antipasto» oppure: «Solo un'insalata, grazie» non è per niente invitante. Se siamo uomini normali (il tipo di uomo con cui voi dovreste uscire), ci sembra strano. Non lo capiamo. Perciò evitate.

E vi prego, *vi prego*, VI PREGO, non fate come quelle che non ordinano le patatine quando ne hanno l'occasione solo per rubarle dal nostro piatto. Preferiamo di gran lunga COMPRARVI UN SECONDO PIATTO DI PATATINE ANCHE SE POI NON LE FINITE TUTTE. Capito?

Di cosa parliamo?

Sarò breve perché sostanzialmente sono solo due le cose su cui dovreste concentrarvi: essere voi stesse e divertirvi. Dal suo punto di vista, lui vorrebbe che foste una buona compagnia, quindi un po' maliziose, un po' divertenti e soprattutto gentili (per esempio dicendogli che la bettola in cui vi ha portate è stata un'ottima scelta). Con la gentilezza lo renderete felice. Con la malizia e l'umorismo lo conquisterete. Perché voi volete piacergli per quello che siete, giusto? Certo che sì. E allora siate voi stesse.

Oh, e non fate giochetti fingendo che il posto non vi piaccia per vedere come reagisce. Non vi ho dato questa informazione perché ne abusiate.

D'accordo?

Okay, allora andiamo avanti.

Gli uomini e i loro amici

Devio un attimo dall'argomento appuntamenti per darvi qualche informazione su come interagiscono gli uomini fra loro. Questo vi aiuterà a metterli a loro agio quando sono con voi.

Una delle serate in cui mi sono divertito di più ultimamente è quella in cui sono uscito con cinque dei miei più vecchi amici: Charlie, Pally, Tom, Ross e Brad. Andavo a scuola con loro e li conosco da quando avevo tredici anni. Ci siamo incontrati in un bar del centro di Londra alle sei, subito dopo il lavoro, e abbiamo cominciato a prenderci in giro e a bere birra fino a non reggerci più in piedi. Io penso di essere crollato verso le undici, ma non ne sono sicuro. I dettagli non hanno importanza.

Le prese in giro riguardavano un sacco di cose: il nostro abbigliamento, il modo in cui parliamo, le ragazze che abbiamo conosciuto (o che non siamo riusciti a conoscere), le figuracce che abbiamo fatto, le dimensioni della nostra testa (troppo grande o troppo piccola: ce n'era per tutti), la circonferenza dei pantaloni (sempre più larga), l'altezza, i capelli... Non c'è niente di particolarmente brillante o speciale in tutto questo, perché noi uomini ci divertiamo così in tutto il mondo.

E gli amici dovrebbero essere le persone che ti conoscono meglio, quelle che vedono i tuoi difetti e li accettano. Solo che noi uomini, oltre a vederli e accettarli, te li facciamo spietatamente notare finché campi. Da fuori può sembrare crudele e anche un po' noioso. Ma quando fai parte del cerchio magico diventa un rituale confortante per un semplice motivo: ci comportiamo così solo con le persone che conosciamo e che ci piacciono.

Comportarsi allo stesso modo con qualcuno che non si conosce bene è maleducazione. Una volta, per esempio, mi trovavo in un locale con due ex compagni di scuola e il collega di uno di loro. Uno dei miei amici si rivolse a me usando come suo solito il mio vecchio soprannome. Pochi minuti dopo, il collega mi chiamò con lo stesso soprannome. I miei due amici gli rivolsero immediatamente un'occhiataccia. *Loro* potevano usare quel soprannome perché mi conoscevano da anni. Ma lui, che mi aveva conosciuto solo un'ora prima? Assolutamente no. «Fai un passo indietro, amico. Hai appena oltrepassato il segno» era il messaggio. E lui l'ha colto al volo. Era un uomo, perciò ha capito.

Quindi vedete, anche se sembriamo cattivi con i nostri amici, in realtà non potremmo essere più leali.

Eppure sono ancora convinto che l'amicizia maschile rimanga un mistero per le ragazze.

Esempio: alcuni anni fa vivevo con un mio vecchio amico dell'università, Oli. Andavamo molto d'accordo. Ogni tanto lui si arrabbiava per il mio disordine ma non abbiamo mai litigato in modo serio e siamo molto amici ancora oggi. Vivevamo bene insieme.

Ho tirato in ballo Oli perché mi ricordo di quella sera in cui Nicola, la sua ragazza, venne da noi e le differenze fra i due sessi saltarono fuori in modo eclatante. Oli e io eravamo arrivati a casa ognuno per conto suo e ci stavamo dando da fare in cucina, cucinando e guardando la televisione. Forse ci eravamo scambiati un grugnito o un cenno di intesa al momento di scegliere il canale, ma al di là di quello non ci eravamo detti una sola parola. E Nicola non capiva. Era scioccata che fossimo pronti a rimanercene seduti lì in silenzio per tutta la sera. «Perché non vi parlate?» ci chiese.

Oli e io ci guardammo e sono sicuro che pensammo la stessa cosa: lo conosco da più di dieci anni e abbiamo già parlato un sacco, nessuno dei due ha qualcosa di importante o urgente da dire, sono stanco e alla tv c'è un bel programma, perciò mi interessa molto di più guardare la televisione che chiedere a lui com'è andata la giornata, perché se fosse successo qualcosa di interessante me lo avrebbe di sicuro già detto.

Insomma, non avevamo niente da dirci e quindi non

ci dicevamo niente. Ed eravamo felici così. Penso che Nicola stesse lentamente imparando che a differenza dell'amicizia femminile, quella maschile non si basa sulla condivisione di ogni minima cosa.

Le ragazze potrebbero mai trascorrere una serata così? A giudicare da quello che ho visto e sentito nel corso degli anni direi proprio di no.

Mi rendo conto che i rapporti fra uomini possono sembrare strani. Ma non lo sono per niente. Ci prendiamo in giro perché è divertente e perché significa che conosciamo abbastanza bene i nostri amici da essere sicuri che accetteranno i nostri scherzi e li ricambieranno. E non sentiamo la necessità di riempire i silenzi perché, be', a volte il silenzio ci piace. Ecco tutto. Non siamo degli alieni.

Due citazioni sull'amicizia

Mi piacciono le citazioni. Leggete queste, scritte da due uomini, e capirete:

«Se mi chiedi di dire perché lo amavo, sento di non poter rispondere che: "Perché era lui, perché ero io".»
MICHEL DE MONTAIGNE

«Un vero amico ti pugnala di fronte.»
OSCAR WILDE

Un'ultima parola sull'amicizia maschile

Un paio di anni fa lessi un articolo di una scrittrice americana lesbica che per qualche mese si era travestita da uomo per fare delle ricerche su un libro dedicato agli uomini. Fece un po' di palestra, si tagliò i capelli, si fece applicare dei peli posticci sul viso, si fasciò il seno e si vestì in modo maschile. Con le sue ricerche questa donna si aspettava di trovare conferma ai suoi pregiudizi su come si comportano gli uomini quando non ci sono presenze femminili in giro, cioè in modo sguaiato, maleducato, sgradevole e per niente signorile.

Ma non andò così. Gli uomini la sorpresero. Tanto per cominciare quelli che incontrò – semplici americani medi – erano molto onesti gli uni con gli altri a proposito del loro abbigliamento. A quanto pare (e so che è vero) se una ragazza si presenta a un incontro fra amiche con una nuova maglietta, le altre spesso le dicono che sta benissimo e che il colore le dona un sacco, indipendentemente da quanto sia orribile il capo e da quanto le stia male. Si tratta ovviamente di una bugia. Gli uomini invece si comportano in modo diverso.

Immaginate la serata che ho descritto poco fa, quella in cui io e i miei cinque amici ce ne siamo stati in cerchio a bere birra per ore. Se uno di noi si fosse presentato con addosso qualcosa di strano – una camicia sgargiante o delle scarpe vistose – che uno qualsiasi del gruppo disapprovava o semplicemente considerava esagerato, state certe che glielo avrebbe immediatamente fatto notare con una frase tipo: "E quella cosa sarebbe?". Inevitabilmente, per gran parte dell'ora successiva l'argomento principale sarebbe stata la pessima decisione di spendere dei soldi per comprare un obbrobrio del genere. E il punto è che a chi aveva commesso quel madornale errore stilistico la cosa non sarebbe importata. Anzi, con ogni probabilità si sarebbe vestito allo stesso modo anche la volta seguente.

La scrittrice americana trovò tutto questo molto affascinante e in un certo qual modo tenero. Le piaceva l'onestà maschile rispetto alla pseudo approvazione femminile.

Inoltre – e questa fu la cosa che la sorprese parecchio – vide che gli uomini sapevano essere molto gentili nei confronti delle loro mogli e delle loro fidanzate. Anzi, addirittura leali, amorevoli, riconoscenti e complimentosi. E poi erano gentili anche fra loro. Erano tutti genuinamente interessati a sapere come andavano le cose agli altri e – cosa più scioccante di tutte – riuscivano addirittura a parlare dei loro *sentimenti*.

Alla fine della sua operazione in incognito, gli uomini le piacevano più di quanto avesse mai immaginato.

Perciò ecco. Se a una lesbica gli uomini sono piaciuti quando non c'erano donne nei paraggi, significa che dovrebbero piacere anche a voi.

Ora torniamo al problema del primo appuntamento.

Il protocollo del primo appuntamento

Ricapitoliamo: come si organizza un primo appuntamento? Lasciate che ci pensi lui. Perché? Perché agli uomini piace avere l'impressione di fare qualcosa di importante e di doversi impegnare (ricordatevi del cervo asfaltato). E da quello che ho imparato nel corso degli anni, alle ragazze piace sentirsi corteggiate, perciò lasciare l'iniziativa a lui funziona da entrambe le parti.

Come si arriva al primo appuntamento? Con un bel sorriso.

Quando si arriva? Con cinque, dieci minuti di ritardo.

Di cosa si parla al primo appuntamento? Di tutto tranne che dei propri ex.

Cosa si deve mangiare? Tutto quello che si vuole.

Quanto si deve bere? Abbastanza da divertirsi ma non tanto da perdere il controllo della situazione.

Come dovrebbe concludersi il primo appuntamento? Molto dipende da com'è andata, ma l'alternativa più sensata è che ognuno di voi vada a casa per conto suo. Nonostante le migliori intenzioni, però, sappiamo tutti che non sempre succede.

Un primo appuntamento disastroso

A un primo appuntamento è normalissimo fare un sacco di domande alla persona con cui si esce. Lo capisco. Certo che sì. So che le ragazze sono naturalmente curiose e la cosa va benissimo. Anzi, mi piace quando una ragazza mi fa delle domande, perché significa che è interessata.

Ma anche la curiosità deve avere dei limiti. Gli argomenti da evitare includono ovviamente come mai è finita con il proprio ex o con quante persone si è andati a letto. Meglio rimandare queste conversazioni a quando ci si conoscerà meglio. O evitarle del tutto.

Come ho però scoperto di persona in uno dei miei primi appuntamenti, ci sono altri argomenti, a prima vista innocui, che possono comunque rovinare la serata. Ero uscito a bere qualcosa con una ragazza di nome Sam, che avevo conosciuto in un locale dopo che un mio amico aveva cominciato a chiacchierare con una sua amica. Lei mi aveva rivolto sin da subito un sacco di domande, alcune del tutto innocue (il mio cibo preferito, da dove venivo, qual era il mio orientamento politico e via dicendo), alle quali avevo risposto senza problemi, ma poi mi chiese: «Quand'è stata l'ultima volta che hai pianto?».

Ora, io sono un uomo moderno, che non si vergogna di mostrare i propri sentimenti, ma trovai che fosse una domanda strana, visto che ci conoscevamo a malapena. Decisi però di seguire la corrente e pensai alle ultime due volte in cui, a memoria, avevo pianto. Quella più lontana, e quindi non la risposta più onesta alla domanda di Sam, risaliva a quando Herbie, il mio amato cane, era stato soppresso mentre lo tenevo in braccio. E quanto avevo pianto allora!

Nonostante gli innegabili benefici di raccontare questa storia (di sicuro Sam sarebbe stata travolta dal desiderio di stare con me dopo che le avevo mostrato il mio lato più sensibile), raccontai invece la verità, e cioè che era successo durante una partita di calcio, due settimane prima, quando il Cambridge United, la squadra per cui tifo da quando arrivavo alle ginocchia del portiere, aveva perso una partita cruciale contro l'Exeter City (non entrerò nei dettagli, so che non vi interessano). E poiché è da una vita che sono tifoso del Cambridge, questa partita per me significava moltissimo. Per Sam però non significava niente.

Anzi, significava meno di niente. Perché dopo che le ebbi risposto mi guardò per un secondo e poi scoppiò a ridere.

«Sei così triste» mi disse quando smise di ridacchiare. «Così patetico!» All'inizio pensai che scherzasse, ma poi aggiunse: «Dici sul serio? Era solo il Cambridge United!».

Solo il Cambridge United? Cosa diavolo le passava per la testa? Le ferite emotive che avevo riportato dopo quella partita erano ancora così aperte da impedirmi di formulare una risposta educata, così rimasi zitto. Bevvi un lungo sorso di birra e cercai di calmarmi. Ma non funzionò e a quel punto l'appuntamento cominciò ad andare rapidamente a rotoli. Anzi, non più di mezz'ora dopo me ne stavo già tornando a casa da solo perché avevo deciso che non l'avrei più rivista.

So perfettamente che da un punto di vista logico è ridicolo. Piangere per una partita di calcio... Ma perché lei doveva reagire così? Evidentemente a Sam sarebbe piaciuto che fossi un uomo new age, sensibile, in contatto con le sue emozioni e via dicendo, cosa che va benissimo. Ma non aveva alcun diritto di prendermi in giro perché mi ero commosso per qualcosa che non condivideva. Se non mi vergogno io di versare lacrime per una squadra di calcio, non dovrebbe vergognarsene nemmeno lei. Non puoi volere un uomo sensibile e poi ridere di lui.

Se una ragazza non capisce la nostra passione per il calcio (so che alcune ci riescono, come mia sorella, per esempio), e per "calcio" intendo quel coinvolgimento emotivo che ti prende quando sostieni una squadra, non solo le regole del gioco, dovrebbe comunque accettarla. Ecco tutto, accettarla e basta.

Non giudicarla, solo accettarla.

Non criticarla, solo accettarla.

Non metterla in discussione, solo accettarla.

Ogni tanto avete il permesso di prenderci in giro, ma soltanto se prima avrete accettato quello che vi ho detto.

Intesi? Okay, allora andiamo avanti.

Questo sarà un paragrafo breve perché non ho molta esperienza sull'argomento. Anzi, non ne ho proprio. Ma i miei amici sì e di conseguenza penso di aver capito come funziona.

A parte non sapere che aspetto ha un ragazzo, credo vi sia un'unica altra differenza fra incontrarsi online e nella vita reale: cioè che online si può comunicare senza alcun tipo di contesto.

Cosa significa esattamente?

Be', se incontrate un ragazzo al bar, quasi senza accorgervene arriverete a delle conclusioni su di lui. Il vostro subconscio avrà notato la sua altezza, se è attraente, se ha un'aria sana, come si è avvicinato a voi (se lo ha già fatto), che vestiti indossa, che età ha, come sono i suoi amici (se sono lì con lui) e cosa provate voi. Inconsciamente arriverete a capire se vi piace o non vi piace. Potrebbe essere anche l'amico di un amico. Il vostro inconscio farà dei calcoli molto rapidi, elaborando in un battito di ciglia che tipo di persona potrebbe essere sulla base di tutte le informazioni che ha raccolto. L'unica cosa di cui voi vi rendete conto, durante questo processo, è che quasi immediatamente il vostro istinto vi dice: «Ohh, che carino!» oppure: «Alla larga da me!».

Online non accade niente di tutto questo, perciò ogni informazione che si dà e si riceve assume un'importanza sproporzionata perché rappresenta letteralmente *tutto* quello che si sa sulla persona con cui si entra in contatto. E viene elaborata al di fuori di qualsiasi contesto.

Una cosa di cui il mio amico Greg non si era reso conto. Greg è un tipo davvero intelligente. Voglio dire, ha un cervello più grande della Russia. È un uomo molto brillante. Ed è anche divertente e interessante. Ma è single, ed è per questo che si è ritrovato su un sito di appuntamenti online a parlare con una ragazza di un libro che piaceva a entrambi, *Chesil Beach* di Ian McEwan (un libro sui disastrosi tentativi di una coppia di sposini di fare sesso durante la luna di miele). A un certo punto, durante la loro conversazione letteraria, Greg ha detto che a suo parere il vero tema del libro erano gli abusi infantili e che la protagonista femminile reagiva così alle avance del marito a causa di qualche esperienza traumatica che aveva subito durante l'infanzia. Ora, io e Greg ne abbiamo discusso un po' quando mi ha raccontato di questa esperienza online e sono d'accordo con lui.

Per Greg non è stato un problema parlarmene, perché mi conosce e io lo conosco. Questa ragazza del sito, invece, non lo aveva mai visto in carne e ossa e non sapeva niente di lui. Tranne che leggeva libri sugli abusi infantili.

Che non è proprio l'ideale se si vuole rimorchiare qualcuno.

La loro conversazione non è durata a lungo dopo l'osservazione di Greg. "Poveraccio" ho pensato. "Non è nemmeno arrivato al primo appuntamento. Ma ha imparato la lezione: mai parlare di abusi infantili quando si cerca di rimorchiare una ragazza." Il che dovrebbe essere ovvio. Ma non per lui, nonostante il suo gigantesco QI.

Quando il primo appuntamento va male (da recitare con la voce impostata dei fuori campo televisivi)

Ecco un'altra delle mie storie. Questa è utile perché dimostra come non dovrebbero comportarsi le ragazze se vogliono fare una buona impressione e divertirsi. Perché per andare bene un primo appuntamento deve essere divertente. Lo sanno tutti, giusto?

No.

E ora vi spiegherò come l'ho scoperto.

Negli inverni particolarmente freddi, febbraio è il mese più deprimente di tutti. Per cercare di tirarmi fuori dalla depressione invernale un anno cominciai a leggere un libro molto brillante di Steve Stack sulle cose belle della vita, pieno di esempi semplici di tutto ciò che può renderci felici, dalla colazione a letto alla bellezza di un cielo azzurro punteggiato di nuvole bianche. Io sono un tipo ottimista e queste cose mi piacciono.

Il libro mi mise dell'umore giusto per uscire con una ragazza che avevo conosciuto prima di Natale. Ci eravamo incontrati a una festa e mi era sembrata simpatica.

Ma quando ci incontrammo scoprii che invece era davvero una lagna.

Non appena ci sedemmo, cominciò a rovesciarmi addosso tutto il suo stress finché, dopo averla sentita lamentarsi per la quindicesima volta del freddo, cercai di risollevare l'atmosfera nominandole il libro che stavo leggendo. Le parlai delle nuvole e di come anche le piccole cose possono tirarti su il morale.

«Ma sono solo nuvole» obiettò lei, guardandomi come un sempliciotto.

«Lo so» replicai pazientemente. «Il punto è che anche se sono solo nuvole, sono belle, e per godertele devi solo alzare gli occhi verso il cielo. Non servono sforzi e sono gratis.»

Lei mi fissò con sguardo assente.

«Non capisco. Sono solo nuvole. Che cos'hanno di tanto speciale?»

"Se te lo devo spiegare io, significa che non lo capiresti comunque" pensai, e a quel punto fui tentato di chiedere il conto prima di venire trascinato nel baratro insieme a lei.

Ma avevo fame e non eravamo ancora arrivati alla portata principale, così tenni duro, cercando di fare il possibile per risollevare la serata. Inutilmente.

Si lamentò di tutto: del lavoro (troppe ore e stipendio troppo basso), della famiglia (che pretendeva troppo da lei senza ricambiare) e degli amici (troppo esigenti quando avevano bisogno di lei e troppo distanti quando era lei ad avere bisogno di loro: non so se notate lo schema mentale). Alle dieci ne ebbi abbastanza.

Sapevo che se avessi cominciato a bere sarei diventato offensivo, perciò borbottai qualcosa a proposito di un appuntamento di lavoro la mattina seguente, un'ovvia bugia che sono sicuro lei smascherò subito, e pagai il conto (l'avevo invitata io, ricordate?, perciò toccava a me). Una volta fuori la feci salire su un taxi e la spedii per la sua strada.

L'unica cosa che riuscivo a pensare era che avevo sprecato una serata. Lei era così diversa da me da sfiorare il ridicolo. Non sono certo un hippy abbraccia alberi, ma se non riesci ad apprezzare la semplice bellezza di quello che ti circonda, allora per me hai adottato l'approccio sbagliato nei confronti della vita.

A quanto pare però il malumore è contagioso. Perché la luna mi durò fino a casa. Era troppo buio per cercare di vedere una sola dannatissima nuvola.

Un primo appuntamento schifosamente deprimente.

Lezione: durante il primo appuntamento bisogna essere positivi.

Il mio primo appuntamento al buio

Due mesi dopo aver rotto con la Ragazza Y, una mia amica mi chiese se avessi voglia di andare a un appuntamento al buio. La mia prima reazione fu di rispondere di no. Non avevo mai partecipato a un appuntamento di quel tipo e pensavo che fossero una fregatura. Inoltre ero felice così e mi godevo la ritrovata libertà uscendo ora con una ragazza ora con l'altra.

L'unica cosa che non cercavo, infatti, era una storia seria, visto che avevo ancora fresco nella mente il consiglio di Giles di rimanere single almeno per un anno.

Così, quando la mia amica mi propose un appuntamento al buio con una ragazza "molto carina", io le risposi onestamente.

«Non penso sia una buona idea. Non voglio andare a un appuntamento al buio e comunque non voglio una ragazza perché sono single da troppo poco tempo. Non sono alla ricerca di nessun tipo di impegno. Quindi non ha senso che tu mi faccia incontrare la tua amica. In questo momento non sono la persona giusta.»

«Non importa» mi rispose lei, quasi senza ascoltarmi. «Voi due vi divertirete, vedrai.»

«È questo il problema» protestai. «Io voglio solo divertirmi. Non voglio niente di serio. Una ragazza non dovrebbe andare a un appuntamento al buio con un ragazzo che ragiona così.»

Ma la mia amica insistette.

«Anche lei ha appena finito una relazione, perciò siete sulla stessa barca. Stavano insieme da dieci anni e come te non sta cercando niente di serio.»

«Cosa? Questo vuol dire che è vulnerabile. Che razza di amica sei?»

«Smettila. Esci con lei e basta.»

Prima che questa ragazza accettasse di uscire con me, feci promettere alla mia amica di ripeterle la nostra conversazione parola per parola. La mia coscienza me lo imponeva. E siccome a quanto pareva non c'erano problemi, mi misero in contatto con lei e fissammo un appuntamento.

Prima una piccola digressione

Arrivai all'appuntamento con venti minuti di anticipo. Entrai nel pub, ordinai una birra e mi sedetti a sfogliare l'«Evening Standard». Nel giro di poco mi sentii molto felice. Quante volte era capitato che mi ritrovassi da solo in un pub, a bere birra e a leggere il giornale o un libro? Mai. Il che è un vero peccato perché è un modo meraviglioso di passare il tempo.

E cominciai a sperare che la Ragazza Misteriosa arrivasse in ritardo.

Sfortunatamente non fu così.

Torniamo alla storia

Non appena arrivò, feci la prima cosa che mi venne in mente: andai al bar a ordinarle qualcosa da bere. Poi, approfittando della scusa offerta da quel gesto educato, corsi a nascondermi.

E cominciai a pensare se quello che avevo visto mi aveva deluso o no.

Non fingete di essere sorprese. O contrariate dal mio comportamento. È ovvio che quella fu la prima cosa che feci. Non appena un appuntamento al buio non è più tale, la prima cosa che noti è l'aspetto della persona con cui sei uscito. Mi stupirei parecchio se per voi non fosse così.

Cosa intendono le ragazze quando dicono "carina"

Nel corso degli anni ho notato che le donne tendono sempre a sovrastimare l'aspetto delle loro amiche. Le definiscono "carine" solo perché non hanno difetti fisici evidenti. O "molto carine" se si posizionano a quello che per gli uomini è il gradino più basso della scala estetica. Quando devono giudicare una loro simile non sembrano in grado di valutarne oggettivamente l'avvenenza. Essere attraenti non significa essere carine.

Questa ragazza era attraente, ma troppo alta e magra, e abbiamo già stabilito che le alte non sono il mio tipo. Questo non significa che mi piacciono quelle basse e grasse, ma solo che preferisco le curve. Capito?

Comunque, cominciammo a chiacchierare e la situazione era, a essere onesti, un po' strana. Dopo qualche bicchiere le cose migliorarono. Non di chissà quanto, ma un pochino sì. Alla fine ci salutammo con un bacio (grazie all'alcol) e andammo ognuno per la sua strada.

Ma la serata non era finita, perché all'una ricevetti un messaggio da parte sua che diceva: «Sono così eccitata che non riesco a dormire».

La mia amica aveva ragione. La Ragazza Misteriosa voleva solo divertirsi un po'. Non avrei mai ricevuto un messaggio così, se avesse cercato qualcosa di serio, soprattutto visto quello che le avevano detto di me prima che ci incontrassimo.

Quindi, come andò a finire?

Con un niente di fatto.

E tutto andò a monte

Alla fine non la rividi più. Due giorni dopo infatti mi aveva già completamente dimenticato. Io ne capii il motivo solo qualche mese più tardi, quando la mia amica mi disse che il giorno seguente al nostro appuntamento al buio un vecchio amico le aveva dichiarato il suo eterno amore. Lei aveva ricambiato la dichiarazione e da quel momento non si erano più lasciati. La cosa mi ha fatto piacere: sono contento quando le persone sono felici.

Ma mi sono domandato se la mia amica avesse avuto ragione nel sostenere che la Ragazza Misteriosa non stava cercando niente di serio. Forse provava qualcosa per quel ragazzo da anni e se non poteva stare con lui allora non voleva impegnarsi con nessun altro. Chi lo sa?

Io no di sicuro: non ci siamo più parlati!

E ora, ecco i miei venticinque top consigli

1. Non fate le scontrose. Volete divertirvi e anche lui vuole divertirsi.
2. Suggerite pure un locale: *dovrebbe* farlo lui, ma non è una regola aurea e se non è un tipo molto sicuro di sé potrebbe apprezzare il suggerimento. Provate con: «Mi piacerebbe andare in quel nuovo posto...» op-

pure: «Conosci l'xx? Mi piace moltissimo...». Il vostro entusiasmo lo aiuterà a rilassarsi perché non dovrà più preoccuparsi di dove vi incontrerete, e anche voi potrete rilassarvi perché saprete già che il posto vi piacerà.

3. Prima dell'appuntamento, immaginate di divertirvi con lui e di sentirvi sicure e felici. Gli sportivi fanno qualcosa di simile prima di ogni gara importante: per avere più carica si visualizzano mentre compiono la grande impresa e vincono. Un trucco utile quando si è un po' nervosi, che funziona anche in caso di colloqui di lavoro ecc.

4. Curate il vostro aspetto. Truccatevi in modo naturale. Troppo make-up non va bene.

5. Vestitevi con cura ma indossate qualcosa in cui vi sentite a vostro agio. I top molto scollati non sono la soluzione migliore. Volete che lui guardi i vostri occhi, non le vostre tette. E se gli piacete, con ogni probabilità non si ricorderà nemmeno cosa indossavate al primo appuntamento (mi spiace ma è la verità), perciò non ha molta importanza.

6. Spruzzatevi un po' di profumo. Usatene quel tanto che basta per sapere di buono, ma senza impedirgli di respirare.

7. Idealmente dovreste cercare di arrivare puntuali o cinque, dieci minuti dopo, ma non preoccupatevi se siete in anticipo o in ritardo. A meno che non abbiate esagerato (e lui vi sta aspettando da mezz'ora), nulla è perduto.

8. Non masticate la cicca. Non siete più delle adolescenti.

9. Quando lo vedete, rilassatevi e sorridete. Mostratevi allegre e cordiali.

10. Salutatelo con un bacio sulla guancia. Al primo incontro un abbraccio sarebbe prematuro. Lasciate che sia lui a prendere l'iniziativa.

11. Se vi piace, stabilite presto un contatto visivo. Questo vi permetterà di creare un legame fra voi e di flirtare un po'.

12. Se vi piace davvero tanto, prolungate il contatto visivo.

13. Se sentite che il nervosismo sta prendendo il sopravvento, cominciate a respirare in modo lento e profondo. Vi calmerete di sicuro. Cercate solo di non dare troppo nell'occhio, non deve sembrare che vi stia venendo un attacco d'asma.

14. Fate domande ma senza esagerare (non è un interrogatorio) e scegliete argomenti che potrebbero piacergli. Permettetegli di rilassarsi e di sentirsi a suo agio e man mano che l'appuntamento va avanti vi mostrerà il meglio di sé.

15. Ascoltate quello che dice. A voi piace quando vi ascoltano, giusto? Quindi fate la stessa cosa con lui.

16. Non abbiate paura di prenderlo un po' in giro. Non intendo sessualmente (aspettate ancora qualche appuntamento per farlo), ma con qualche presa in giro gentile. In genere noi uomini lo troviamo divertente e ci piacciono le ragazze che lo fanno. Detto questo, è meglio evitare argomenti tipo i capelli (se li sta perdendo), il peso (se sta ingrassando), il suo conto corrente (a meno che non ne parli lui per primo) e sua madre (questo è *sempre* off limits).

17. Mostratevi felici e positive. Non serve insistere che nella vostra vita è tutto perfetto (non lo è per nessu-

no), basta che non vi lamentiate in continuazione del lavoro, del traffico, del tempo ecc.

18. Non datevi arie e non mostratevi troppo aggressive. È solo un appuntamento, non una gara.

19. Bere un goccetto per farsi coraggio prima di un appuntamento non è una buona idea. Di solito gli uomini reggono l'alcol meglio delle donne, perciò se avete già cominciato a bere prima di uscire potreste finire con il trovarvi nei guai durante la serata. Quindi...

20. Non bevete troppo. Il motivo è ovvio.

21. Mangiate. E non solo per via del consiglio precedente. Mangiare va bene. Digiunare no, sia per la vostra salute che per l'immagine che volete dare di voi stesse. Le ragazze che non mangiano non sono sexy.

22. Non parlategli dei vostri ex e non chiedetegli delle sue. Al primo appuntamento dovete gettare le basi perché fra voi divampi il fuoco del romanticismo e in questo momento – quando le scintille cominciano a scoppiettare – parlare dei propri ex può rappresentare la secchiata d'acqua gelida che spegne tutto.

23. Se vi piace e volete farlo, salutatelo pure con un bacio. Ma non spingetevi oltre. Non andate a casa con lui. Ve lo ripeto: SE UN RAGAZZO VI PIACE NON ANDATE A CASA CON LUI ALLA FINE DEL PRIMO APPUNTAMENTO.

24. Lasciate che desideri di più. Se è tardi e vi state divertendo, non abbiate paura di far finire la serata lì. Andare a casa in quel momento aumenterà le probabilità che lui voglia di più e vi richiami.

25. Non pensate al secondo appuntamento fino a quan-

do non sarà finito il primo. Seguite i miei consigli e vedrete che arriverà. Preoccupandovene prima del tempo vi innervosirete e non riuscirete a divertirvi, quindi non apparirete sotto la luce migliore.

NOTA

La maggior parte di questi consigli vale sia per gli uomini sia per le donne.

5

COME FARSI
richiamare

Come capire se lui è interessato o no

•

Perché gli uomini chiamano o non chiamano

•

Se tentenna, come fare in modo che si decida

•

Quando rispondere e cosa dire

Avete mai sentito dire a un uomo: «All'inizio quella ragazza non mi piaceva ma poi mi ha conquistato»?

Scommetto di no. (E se i due non erano entrambi single non conta.)

Questo perché se a un ragazzo una ragazza non piace appena la incontra è estremamente improbabile che cambi idea. Gli uomini, vedete, funzionano in modo diverso dalle donne. La prima impressione dura molto di più per noi e se quando vediamo o incontriamo una ragazza per la prima volta non proviamo quel frizzo improvviso, probabilmente non lo proveremo mai. A volte capita, certo, ma le probabilità sono così scarse da essere prossime allo zero. Perciò ricordatevi: se a un ragazzo una ragazza non piace subito, non cambierà idea.

A questo si collega la mia teoria generale per cui gli uomini si sentono attratti da una ragazza molto prima di quanto accada alle donne. Noi uomini possiamo innamorarci nel giro di pochi giorni o di poche settimane, mentre non penso che a lei possa accadere prima di qualche mese. Può infatuarsi, questo sì. Ma innamorarsi davvero? Ci vuole molto più tempo. Gli uomini invece fanno più in fretta, anche se non lo danno a vedere.

Il punto è questo: mentre *voi* potete guardare un ragazzo e pensare che se anche adesso non vi fa battere il cuore possiede certamente tutto il potenziale per riuscirci, gli uomini non ragionano così. Se una ragazza non ci infiamma subito, allora non ci interessa frequentarla. Ma se ci riesce, vogliamo stare con lei il prima possibile e il più a lungo possibile.

Quando ho incontrato Charlotte, non riuscivo a smettere di pensare a lei, ero ansioso di rivederla e odiavo doverla salutare alla fine dei nostri appuntamenti perché se non ne avevamo già fissato un altro avevo paura che non ci saremmo più visti. So che sembra melodrammatico, ma è esattamente quello che provavo. Mi sono innamorato di lei nel giro di qualche ora.

Ecco cosa succede quando qualcuno ci piace davvero.

Contatti e comunicazione

Mentre scrivevo la mia rubrica, capitava spesso che le ragazze mi scrivessero per chiedermi un consiglio sulla loro vita sentimentale. Vista la mia limitata esperienza, all'inizio non pensavo di aver molto da offrire, perciò evitavo di rispondere. Con il passare dei mesi però mi resi conto di averne accumulata abbastanza e di poter dire qualcosa di utile perché ero diventato molto più riflessivo e analitico.

E c'era una domanda che le ragazze mi rivolgevano più spesso delle altre. Una domanda che, in forma diversa, alla fine si riduceva sempre a: «Perché non mi ha richiamata?». All'inizio, trovare una risposta soddisfacente sembrava molto complicato perché dovevo farmi un'idea della psicologia della ragazza e di quella del ragazzo. Perciò chiedevo quando si erano incontrati, quante volte erano già usciti, cosa le aveva detto lui e così via.

La cosa più sfiancante di tutte era partecipare all'analisi dei messaggi che si erano scambiati prima che calasse il silenzio. Giri interminabili di «Cosa pensi che significhi?», e «Perché mi ha scritto così?», e «Cos'avrei dovuto dirgli io di diverso?», e «Cosa dovrei rispondergli?» durante i quali analizzavamo tutte le possibili interpretazioni di ogni singolo scambio. E intendo *ogni singola sfumatura*: le virgole, l'ora e perfino il tono.

Al termine di queste discussioni, riflettevo e riflettevo e riflettevo sul consiglio migliore da dare. "Ogni situazione è diversa," pensavo "e quindi richiede un consiglio diverso" che io elargivo puntualmente.

Era un lavoraccio, ma sentivo di fare la cosa giusta per quelle ragazze. Dopo cinque o sei di questi consigli ponderati, però, mi resi conto che anche se a prima vista ogni situazione può apparire diversa, sotto sotto sono tutte uguali. I miei consigli infatti erano ogni volta identici.

E a quel punto le conversazioni si accorciarono parecchio.

Ragazza: «C'è questo ragazzo, no? Che non si fa sentire e io vorrei chiamarlo o scrivergli, ma non so cosa dirgli perché non so cosa pensa».

Io: «Non dirgli niente. Non chiamarlo e non scrivergli. Vai avanti per la tua strada».

Ragazza: «Ma così come faccio a sapere se gli piaccio o no?».

Io: «Lo sai già, perché non ti ha ancora chiamata. Se tu gli piacessi davvero, avrebbe voluto vederti e se avesse voluto vederti ti avrebbe chiamata. Levatelo dalla testa e trova qualcuno a cui piaci abbastanza da chiamarti».

Ragazza: «Ma...».

Io: «Ciao».

Mi interessa, davvero

Sarò sembrato forse un po' brusco, ma il punto è che potete analizzare quanto volete com'è, come non è, e cosa passa o non passa per la testa di un uomo (cioè tutto e niente, se volete sapere qual è la mia esperienza) ma saranno sempre supposizioni.

L'unica cosa certa quando un uomo non vi chiama è che *non vi ha chiamate*.

Quindi cosa significa?

Be', se non vi ha chiamate non può essere tanto interessato, giusto? Voglio dire, voi come vi comportate con le persone che vi piacciono? Che si tratti di un amico o di un potenziale compagno, non gli dimostrereste certo il vostro affetto interrompendo i contatti, giusto? Niente messaggini, mail, telefonate, Tweet o commenti su Facebook per settimane di fila? È questo che fareste? Pensateci.

No. Certo che no.

I ragazzi sono uguali alle ragazze in questo senso (o comunque una volta finita la scuola elementare). Ci piace comunicare e vedere le persone a cui teniamo. Soprattutto le ragazze.

Perciò ecco cosa dovete dire a un uomo che non vi richiama: niente.

E con questo non intendo che dovete fargli delle telefonate mute (non siete stalker), ma che se lui non fa lo sforzo di chiamarvi allora non dovreste farlo nemmeno voi.

Che messaggio date scrivendo a un ragazzo che non vi ha richiamate?

Giusto o sbagliato che sia, è l'uomo che scandisce il ritmo, non voi. Date la colpa alla genetica, alle politiche sessuali del ventunesimo secolo, alla tirannia degli uomini, ai movimenti femministi degli anni Sessanta... date la colpa a chi volete. Non importa. Mi interessa solo quello che sta accadendo fra i single adulti di oggi, non le teorie antropologiche che vi stanno dietro, per quanto affascinanti possano essere.

Scienza evolutiva a parte, la conclusione è che, consapevolmente o no, sono i ragazzi a portare avanti il gioco con le ragazze. Come il cacciatore di cervi del primo capitolo, apprezziamo di più le cose che dobbiamo conquistarci e se voi chiamate o scrivete a un ragazzo di cui non avete notizie da un po', gli rendete la vita facile. Troppo facile. Ai ragazzi non interessano le cose troppo facili. E voi non sareste altro che cervi asfaltati. Serviti su un piatto d'argento.

Voi volete un uomo che vi apprezzi

Sto solo tirando a indovinare, ma non penso che vogliate uscire con qualcuno che non si sente incontrollabilmente attratto da voi sin dal primo momento che vi ha viste.

Ho ragione?

Certo che sì.

Non dovreste scrivergli o chiamarlo per ricordargli che gli piacete o per indurlo a volervi vedere. Non dovrebbe aver bisogno di alcun promemoria della vostra esistenza e della vostra bellezza.

Se ne ha bisogno, allora c'è qualcosa che non va.

Perciò mantenete la vostra dignità, smettete di languire e consolatevi pensando che se non vi chiama più dopo un paio di appuntamenti o non vi richiama dopo aver avuto il vostro numero, a rimanere feriti sono solo il vostro orgoglio e la vostra sicurezza. Perché le emozioni – quelle che possono davvero farvi soffrire – entrano in gioco solo molto più avanti.

Perché gli uomini non richiamano

Sono molti i motivi per cui gli uomini non richiamano. Sono presi al lavoro, non hanno una serata libera in cui vedervi, sono in vacanza, devono andare dal medico...

Ma il succo è lo stesso: non sono interessati. Questo è assolutamente vero nel novantanove per cento dei casi.

O forse invece gli piacete (chiedo scusa)

Ricordate quando vi ho detto che ogni regola ha la sua eccezione, quella che non segue lo schema prestabilito? Bene, anche in questo caso ci sono delle eccezioni. A nome di tutta la specie maschile mi imbarazza ammettere che esistono uomini che non chiamano una ragazza anche se gli piace. Oggi, quando si può comunicare in molti modi che intimidiscono meno di una telefonata (tipo i messaggi, le mail, Facebook ecc.) questo comportamento non ha davvero più scusanti. Eppure uomini di questo genere esistono ancora.

Ve lo dico perché ho promesso di essere onesto.

Perciò cosa dovreste fare?

Niente. Di nuovo: *spesso non fare niente è la cosa migliore.*

Come si capisce se un uomo rientra in questa categoria?

Se non chiama potrebbe essere timido. Le probabilità sono minime, ma non si sa mai. La cosa più probabile, però, è che semplicemente non sia interessato a chiamarvi. Dovete presumere che lui sia la regola, non l'eccezione.

E anche se è l'eccezione, volete davvero uscire con un uomo che non ha le palle per chiamarvi? No, penso proprio di no. *Un po'* timido o nervoso va bene. Ma non qualcuno che non riesce nemmeno a chiamarvi.

Perché a volte gli uomini prima chiamano, poi spariscono dalla circolazione

Mettiamo che siate già uscite sette o otto volte con un nuovo ragazzo. Quando siete insieme le cose funzionano alla grande, i vostri incontri sono divertenti, intensi, appassionati. Ma quando non vi vedete – fra un appuntamento e l'altro – lui sparisce. Questo può significare due cose: o che si sta godendo le prime fasi del vostro rapporto, oppure che vuole solo divertirsi ogni tanto e quando non siete insieme non vi pensa perché non è interessato a una storia a lungo termine.

Come si fa a capire dove sta la verità? Bisogna aspettare che lui chiarisca il suo comportamento. Il che vuol dire che a un certo punto potrebbe sparire completamente dalla circolazione o cominciare a uscire con voi alla domenica sera e chiedervi di andare a conoscere i suoi genitori. Ma nel frattempo voi cosa dovete fare? Fidarvi del vostro istinto ed essere caute, perché difficilmente il ragazzo "divertiamoci un po'" si trasforma nel ragazzo "stiamo insieme per sempre". Può accadere, ma non è molto probabile.

Perché non chiama mai

Non è interessato.

Perché non chiama per qualche giorno/settimana

Sta uscendo con un'altra e vuole vedere come vanno le cose con lei prima di uscire anche con voi. O è impegnato e aspetta di annoiarsi per chiamarvi.

Nessuna delle due prospettive sembra molto gradevole, vero?

Un messaggio scritto male può davvero rovinare tutto?

Se gli piacete (e per "piacete" intendo dire che vuole rivedervi e/o portarvi a letto) allora è praticamente impossibile che roviniate tutto con un messaggio o una mail maldestri. Se temete di avergli inviato un messaggio che trasmette i segnali sbagliati, sappiate che non ha importanza. Se gli piacete gli piacete, e se non gli piacete non gli piacete. Le vostre parole ambigue non fanno nessuna differenza. La decisione è già stata presa. Anzi, se gli mandate un messaggio un po' goffo e imbarazzante, probabilmente gli piacerete ancora di più perché capirà che siete interessate a lui. Una cosa che fa piacere a chiunque.

Questo però significa che la maggior parte di tutti quegli infiniti: «Avrò detto la cosa giusta?/Mi richiamerà?/Gli piacerò?» sono solamente una perdita di tempo. Non voglio dire che non dovreste più farvi queste domande, ma solo che non vi porteranno da nessuna parte.

Riparliamo di me

Quando ho conosciuto Charlotte ho capito subito che volevo rivederla. Le ho chiesto il numero di telefono la domenica e il lunedì le avevo già scritto per fissare un incontro in settimana. Sfortunatamente i nostri impegni non si accordavano e così ci mettemmo d'accordo per la domenica successiva. Una cosa inconsueta per me, non ero mai uscito per un appuntamento di domenica pomeriggio. Ma volevo vederla prima possibile, perciò perché no?

La prima cosa che voglio farvi notare è che mi sono messo in contatto con lei subito, perché mi piaceva moltissimo. Anzi, non riuscivo a smettere di pensarla. Altro che fare i preziosi e aspettare qualche giorno! Volevo essere sicuro di rivederla quanto prima e sentivo che anche lei avrebbe preferito che mi facessi vivo in fretta. Quindi niente giochetti.

Una volta fissato l'appuntamento, però, mi ritrovai ad affrontare un altro problema: dovevo aspettare sei giorni prima di rivederla.

L'impulso del momento: quanto è importante?

Volevo davvero mettermi in contatto con Charlotte (la pensavo di continuo, ricordate?) ma non la conoscevo abbastanza per fare due chiacchiere con lei nei giorni precedenti al nostro primo appuntamento. Tenni duro fino a giovedì e poi le scrissi chiedendole se per domenica era tutto confermato. Lo so, mancavano ancora tre giorni e quindi era una scusa stupida, ma non mi venne in mente altro. Cosa potevo chiederle? «Come stai?» Ancora più stupido. «Cos'hai fatto di bello?» Peggio che andar di notte.

Perciò non mi era rimasto che: «Allora per domenica è tutto confermato?». Volevo mettermi in contatto con lei e speravo che anche lei volesse farlo con me. E decisi di correre il rischio. Decisi che se Charlotte era la ragazza che speravo, anche lei avrebbe voluto sentirmi.

Quando mi piace qualcuno – e sapevo che c'era qualcosa di speciale fra noi ancora prima che ci parlassimo, quindi sì, mi piaceva moltissimo – non sono molto bravo a seguire le regole. Voglio essere totalmente me stesso. Non voglio farmi guidare da uno di quegli stupidi trucchetti che ho imparato per conquistare una ragazza. Voglio essere naturale, sentirmi unico e speciale. Con Charlotte andò proprio così.

E ora parliamo di Charlotte

Durante quella settimana Charlotte non mi scrisse fino a quando non le scrissi per primo io, il giovedì. E per tutto quel tempo non feci che pensare a lei. Non vedevo l'ora di incontrarla la domenica.

Ripeto: Charlotte non prese alcuna iniziativa per tutta la settimana, ma si limitò a rispondere ai miei messaggi. Non sollecitò alcun contatto. E come risultato io continuai a pensarla domandandomi se anche lei mi pensava (okay, sperando che anche lei mi pensasse). Alla fine non stavo più nella pelle. E lei non aveva fatto niente. Assolutamente niente.

Visto?

Poi cos'è successo?

La domenica ci vedemmo e tutto andò a meraviglia.

Vi racconto questa storia per farvi capire che se una ci piace, vogliamo restare in contatto con lei. Vogliamo sapere se ci pensa e vogliamo sapere se la rivedremo, esattamente com'è capitato a me con Charlotte. Noi uomini vogliamo fare tutto il possibile perché quello che desideriamo accada.

Perciò ecco la regola generale: *se un ragazzo non si mette in contatto con voi è perché non desidera vedervi.*

Il che non sempre significa che non gli piacete. Perché potrebbe pensare che invece gli piacete. Okay, vi sto confondendo le idee. Cercherò di spiegarmi con un esempio.

Nessun contatto

Vi ho già detto quanto sia importante il tempismo nella vita di un single, ma ora vi farò un altro esempio per chiarire il concetto.

Nel breve intervallo di tempo dopo aver rotto con la Ragazza X e prima di mettermi con la Ragazza Y, incontrai una ragazza molto carina che si chiamava Caroline.

"Molto carina": non suona grandioso, vero? Se sapete leggere fra le righe avrete già capito che non facevamo i fuochi d'artificio.

Ci incontrammo a una festa fra amici. Mi feci dare il suo numero e uscimmo insieme tre o quattro volte, senza però che succedesse niente di serio. Come ho già detto, lei era una ragazza molto carina. E con questo intendo graziosa, amichevole, intelligente, divertente e via discorrendo. Esattamente quella che i ragazzi definiscono "la ragazza ideale".

Ma c'era un problema. E il problema ero io.

Avevo rotto con la Ragazza X da circa tre mesi e quindi non ero nello stato d'animo giusto per buttarmi di nuovo in qualcosa di impegnativo. Perciò, dopo quei tre o quattro appuntamenti smisi di chiamarla. Ero giovane e codardo e invece di dirle: «Mi spiace ma sono uscito da poco da una relazione seria e anche se penso che tu sia fantastica ora come ora non me la sento di continuare a frequentarci» sparii. Non sono affatto orgoglioso di me.

Il punto

In realtà i punti sono due. Okay, facciamo tre, visto che non è stato carino da parte mia trattarla così. Lo so.

Comunque, torniamo ai due punti.

Punto n. 1: non ho smesso di chiamarla perché non ero interessato. Lei mi interessava, solo non ero nello stato mentale giusto per iniziare una storia che evidentemente non sarebbe arrivata da nessuna parte, perciò mi sono tirato indietro (in modo molto patetico e infantile).

Punto n. 2: se ci ripenso ora vedo la cosa in modo diverso. Mentre allora *pensavo* che Caroline mi interessasse davvero, adesso *so* che non era così. Perché altrimenti non me la sarei lasciata scappare per niente al mondo. L'avrei fatta mia prima che lo facesse qualcun altro.

Quindi, il punto è questo: se un ragazzo vi dice che non è interessato a costruire qualcosa con voi perché non è il momento giusto, come è successo fra me e Caroline, lui *pensa* di dire la verità anche se non è così. Perciò non trattatelo male, perché ripeto, è sinceramente convinto di essere onesto con voi. Il fatto che non sappia cosa prova davvero non significa che dovete giudicarlo duramente. Anzi, questo dà ulteriore peso a quello che vi ho detto prima: *se un ragazzo non si mette in contatto con una ragazza è perché non desidera vederla.* Ricordatevelo.

Punto n. 3: sono stato un idiota. Avrei dovuto spiegarle quello che provavo (o pensavo di provare).

Avevo ragione su Caroline?

Una volta che un ragazzo smette di vedere una ragazza perché "non è il momento giusto", è molto, molto difficile che i due si mettano insieme in futuro. Nella maggior parte dei casi due persone (non una "coppia") che hanno vissuto un'esperienza del genere finiscono con l'andare ognuno per la sua strada.

Cerco di pensare a due persone che conosco che alla fine si sono comunque messe insieme.

Non mi viene in mente nessuno.

Datemi ancora un minuto.

No, nessuno.

Davvero.

Okay, ci rinuncio.

E questo cosa significa? Che quello che ho concluso a posteriori sulla mia storia con Caroline (cioè che in realtà non ero abbastanza interessato) era vero. E visto che non mi viene in mente nessun caso in cui le cose sono andate a finire diversamente, be', avete capito, vero?

Parola di Humfrey

1. Se non vi ha richiamate dopo un appuntamento, deducetene che non è interessato.

2. Se ci mette più di due o tre giorni per richiamarvi, deducetene che non è interessato.

3. Aspettate un'ora prima di rispondergli la prima volta (se vi piace). Quelle successive aspettate appena un po' di più di quanto ci mette lui.

4. Potete essere passive e allo stesso tempo attive: lasciare a lui la palla va benissimo.

5. Non preoccupatevi di avergli inviato un messaggio confuso. È solo una perdita di tempo. Se gli piacete non ha nessuna importanza. Davvero.

6

FARE SESSO
la prima volta

Perché la prima volta non conta

•

Non osate troppo, troppo presto

•

Anche l'ego maschile vuole essere adulato

•

Come riuscirci

Nonostante il titolo evocativo di questo capitolo, non sarò esplicito e non comincerò a parlare di sesso nei minimi dettagli.

Perché tanto pudore? Be', non certo perché voglio proteggere la mia reputazione agli occhi di mia madre e delle mie sorelle. E non sono nemmeno il tipico inglese sessualmente represso che si imbarazza quando deve descrivere le sue attività sessuali (in realtà sono proprio così, ma in questo momento la cosa è del tutto irrilevante).

No, il motivo per cui non entrerò nei dettagli è questo: per gli uomini il sesso non è una questione di dettagli.

Cos'è il sesso per gli uomini?

Quando un uomo è single, il sesso soddisfa i suoi istinti primari e lo fa sentire meno solo e meno insicuro del proprio aspetto e dell'effetto che fa alle ragazze (il che spiega perché i single sono tanto ossessionati dal sesso quando bevono un po': tutti quegli istinti e quelle insicurezze si amplificano e si trasformano in sfrenata eccitazione).

E quando ha una ragazza, il sesso è la dimostrazione che si amano: l'affermazione e la celebrazione del legame gioioso e appagante che li unisce.

Potrei sbagliarmi, ma sospetto che il punto di vista femminile sul sesso non sia molto diverso. Inclusa l'eccitazione indotta dall'alcol.

Ma questo non vuol dire che uomini e donne siano uguali in tutto e per tutto.

La scena di Friends

Torniamo indietro di qualche anno, al primo bacio fra Rachel e Ross. Giusto per rinfrescarvi la memoria, si erano baciati appassionatamente dopo aver litigato al Central Perk. A quel punto Ross va da Joey e Chandler mentre, nell'appartamento di fronte, Rachel sta parlando con Phoebe e Monica.

Davanti a una bottiglia di vino Rachel racconta tutta eccitata ogni dettaglio del bacio, cominciando da dove Ross ha appoggiato le mani: «All'inizio me le teneva, qui, sulla vita, poi le ha fatte arrivare fino ai capelli...». Phoebe e Monica riescono a stento a parlare tanto sono prese dal racconto. Gli unici suoni che producono sono piccoli rantoli e gridolini.

Poi l'inquadratura cambia e passa nell'appartamento dei ragazzi, che si stanno mangiando una pizza attorno al biliardino. Ross dice: «E poi l'ho baciata...».

«Con la lingua?» chiede Joey.

«Sìi» risponde Ross.

«Forte» dice Joey, tutti e tre annuiscono e vanno

avanti a mangiarsi la pizza. Tutto qua, conversazione finita.

A tutti piaceva *Friends*. Era divertente, rassicurante, i personaggi erano gradevoli e soprattutto la trama – giovani adulti che si prendono e si lasciano mentre cercano di trovare la loro strada nel mondo – appariva credibile a chiunque stesse vivendo quella stessa fase della vita, vi fosse già passato o aspettasse di essere abbastanza grande per vivere in un appartamento con un pollo, una papera e due bellissime ragazze dall'altra parte del corridoio (tipo me, anche se poi non è mai successo: un altro sogno infranto).

E mai, in tutta la serie (dieci stagioni per un totale di duecentotrentasei episodi dal 1994 al 2004: ho controllato) c'è stato un momento tanto realistico quanto quello che vi ho appena descritto. Quella conversazione fra Ross, Chandler e Joey è tipica di tutti gli uomini, non appannaggio soltanto di personaggi inventati che vivono in lussuosi appartamenti che nella vita reale non si potrebbero evidentemente permettere.

Questo significa che quando parliamo di ragazze a cui teniamo come Ross teneva a Rachel, non entriamo nei dettagli. Perché i dettagli sono qualcosa di sacro, di privato solo fra noi e la nostra ragazza. È una Regola. Joey e Chandler lo sapevano e Ross sapeva che Joey e Chandler lo sapevano. Perciò la loro conversazione è stata breve ma efficace, in modo del tutto maschile. C'erano tutte le informazioni che servivano agli amici di Ross (cioè che si erano baciati e Ross era contento).

Così, rassicurati che il loro amico stava avendo successo con la ragazza che amava, Joey e Chandler si sono rilassati e sono tornati a mangiare la pizza. A noi uomini piace sentirci così.

Qualcuno – non ricordo chi, ed è un peccato – una volta mi ha detto che per fare ogni volta del buon sesso una coppia ha bisogno di due cose. Solo di due cose.

A quel punto io ho cominciato a domandarmi cosa diavolo potessero essere queste due cose. Quale poteva essere il segreto di cui non avevo mai sentito parlare, ma che garantiva sesso fantastico ogni volta?

Ogni singola volta.

Wow. Doveva essere un segreto molto speciale.

Ma quando ho sentito la risposta, sono rimasto un po' deluso. Perché erano solo due parole. Sette sillabe. Otto se vogliamo contare anche la "e".

Quindi, che parole erano?

Rullo di tamburi... e finalmente eccole: affetto ed entusiasmo.

Tutto qui.

La prima volta che ho sentito queste parole non ero convinto che rappresentassero davvero la formula magica dell'appagamento sessuale. Ero (più) giovane allora e, soprattutto, single, perciò fare sesso con qualcuno a cui volevo bene non era un ricordo tanto fresco. Ma con gli anni, dopo averci riflettuto su un po' e con più esperienza alle spalle sia nelle questioni di cuore sia in camera da letto, mi sono reso conto che chiunque mi abbia elargito questa pillola di saggezza aveva assolutamente ragione.

Fate questo esercizio con me: immaginate di stare con un uomo che vi piace davvero e che rispettate, un uomo con cui sentite di avere un legame, che desiderate conoscere meglio, le cui mail e telefonate illuminano la vostra giornata, un uomo che vi fa sentire felici, calme *e* che trovate anche fisicamente molto molto attraente. Talmente attraente che vorreste ritrovarvi sole e nude con lui in questo *preciso momento*.

Poi immaginate che quest'uomo provi esattamente lo stesso per voi. Godetevi la cosa per un istante o due.

Ora immaginatevi di fare sesso insieme.

Non è bellissimo?

Se fra due persone ci sono affetto ed entusiasmo, il lato sessuale dovrebbe funzionare automaticamente. Semplice vero? Perché gli esseri umani – *tutti* gli esseri umani, non solo gli uomini – sono creature semplici e a volte i nostri pensieri e i nostri desideri più complicati e confusi possono davvero essere smontati efficacemente con metodi diretti e comprensibili.

Come questo: per fare del buon sesso ci vogliono affetto ed entusiasmo.

Perché vi dico queste cose?

Il punto a cui voglio arrivare non è che il sesso dovrebbe essere sempre perfetto (so che non è vero e crederci è sbagliato) ma che da un punto di vista sessuale gli uomini e le donne *non* vengono da pianeti diversi.

Possono essere diversi – gli uomini hanno i piedi che puzzano di più, non si lavano moltissimo, mangiano più delle donne e guardano la televisione con una mano infilata nei pantaloni – ma non per quanto riguarda il sesso. I nostri bisogni elementari sono esattamente gli stessi.

Forse lo sapevate già. O lo sospettavate. Ma volevo che sapeste che anch'io lo so.

Quindi, partendo da questa lezione sull'affetto e sull'entusiasmo, qual è il sesso migliore?

Facile: quello che si fa con qualcuno che si ama.

E ricordatevi che a dirlo è un uomo.

I single e il sesso

Quando gli uomini sono single e non riescono a fare del buon sesso, o del sesso e basta, la maggior parte di loro si accontenta di quello che può. Brutto ma vero. Il fatto è che rimanere sessualmente a digiuno nuoce alla nostra autostima. Ci fa sentire infelici, depressi e soli. Perciò pensiamo che andare a letto con qualcuno ci farà stare meglio. E a volte è così, ma l'effetto non dura a lungo (proprio come l'atto sessuale in sé, se il digiuno dura ormai da un po').

In realtà non è solo il sesso a mancarci. Il vuoto che abbiamo nella nostra vita dipende anche dalla mancanza di affetto e di intimità emotiva. Il sesso rappresenta più il sintomo che la causa di quel vuoto. E quando un uomo è single, spesso non riesce a capirlo subito e quindi mette il sesso davanti a tutto.

La frustrazione sessuale può deviare la mente maschile.

Gli uomini e il sesso

Ecco due aforismi di Woody Allen sul sesso: «Il sesso senza amore è un'esperienza vuota, ma fra le esperienze vuote è una delle migliori»; «L'amore è la risposta. Ma mentre aspetti la risposta, il sesso fa nascere alcune buone domande».

E ora eccone uno del mio amico B: «È impossibile andare a letto con troppe donne».

Visto?

Adesso sentiamo cosa intende B con questa frase. «Per un uomo single il sesso non è mai troppo. È impossibile. Ed è impossibile che le donne con cui va a letto siano troppe. Lo so perché ci ho provato e quello che ho scoperto è che essere un po' imbarazzati la mattina dopo è meglio che trascorrere la notte da soli.»

Un punto di vista estremo ma utile, perché alcuni uomini si comportano sempre così.

Gli uomini vogliono solo fare sesso: non è vero

Per trovare la verità basta una parolina di meno. Eliminate quel "solo" e l'avrete: gli uomini vogliono fare sesso. E quando sono single e non ne fanno abbastanza, il sesso diventa una priorità.

Le ragazze, a meno che non cerchino solo un'avventura, non vogliono rientrare nella categoria "aiutiamolo a fare abbastanza sesso fino a quando non troverà qualcuno con cui fare sul serio". Non posso garantirvi che non capiterà mai, ma posso aiutarvi a ridurre le probabilità che accada.

Come?

La cosa più importante è che non andiate a letto con un uomo fino quando non siete sicure che non vi vede solo come un'avventura sessuale. Per approfondire la cosa tornate al capitolo precedente.

E ora lasciate che vi spieghi qualcosa in più.

Gli uomini sono molto bravi a fare sesso occasionale.

Un tipo di sesso che viene frequentemente descritto come "insignificante". Ma questa definizione è ingannevole. Il sesso non è mai insignificante, nemmeno per un uomo che non sta cercando altro che sesso. Come ormai sapete, per un uomo il sesso significa sempre qualcosa perché lo fa sentire bene e quindi ha effetti positivi su tutto il suo stato mentale. La parola "insignificante" può invece riferirsi alla *persona* con cui fa sesso. Un corpo caldo e disponibile, una bambola gonfiabile in carne e ossa. Che spesso non ha nemmeno un nome.

Crudele ma vero. E anche se esistono molte donne capaci di vedere gli uomini nello stesso modo e di fare sesso senza alcun coinvolgimento emotivo, non credo che la maggior parte di voi apprezzerebbe di venire considerata uno strumento di questo tipo. Non è carino, ma succede di continuo.

Anche le ragazze fanno sesso occasionale

Chiariamo una cosa. Non disapprovo le ragazze che fanno sesso occasionale, né penso che lo cerchino meno degli uomini. Quando sei single (uomo o donna, non importa), hai la possibilità di vivere con una spontaneità diversa rispetto a quando sei impegnato con qualcuno. E questo può essere divertente, eccitante, meraviglioso. Una cosa da godere fino in fondo. Certo, non vi sto suggerendo di andare a letto con chiunque mostri interesse nei vostri confronti. Ma se volete trascorre la notte con quel bel tipo che avete incontrato mezz'ora fa, sentitevi pure libere di farlo. Assicuratevi solo che le vostre aspettative siano realistiche e non cascateci troppo spesso.

Visto? Non sono per niente bacchettone.

In un raro momento di vulnerabilità, un ragazzo che conosco mi ha chiesto: «È possibile essere davvero felici con una ragazza che non ti soddisfa sessualmente?».

Questa è una cosa che preoccupa molto noi uomini perché sappiamo quanto sia orribile venire respinti dalla persona che amiamo. Fare sesso per un uomo non significa solo soddisfare dei bisogni, vuole dire molto di più. Ma ne riparleremo più avanti.

Nel frattempo, è possibile essere davvero felici con una ragazza che non ti soddisfa sessualmente?

La risposta non è né sì né no. E questo non è un tentativo di svicolare. In alcuni casi infatti la risposta può essere sì, e in alcuni casi no, ma non in tutti. Se un ragazzo ama una ragazza con cui non fa sesso abbastanza spesso, a volte si sentirà respinto, infelice e insoddisfatto. Ma sarà comunque felice? Se davvero la ama, forse sì. Ma – e su questo non vi è alcun dubbio – lo sarebbe molto di più se facessero sesso più spesso.

Il che non significa farlo strano dieci volte al giorno. Basta che lei gli faccia capire che lo *vuole*, poi troveranno insieme la frequenza che più li soddisfa come coppia, che siano due, tre volte alla settimana o cinque volte a notte. A noi uomini piace sentirci desiderati e essere gli amanti dei vostri sogni. Ecco tutto. Come ho già detto, gli uomini sono creature semplici.

Mi rendo conto che così sembriamo un po' ossessionati dal sesso. E infatti è vero. Il sesso è importantissimo per noi e poiché abbiamo un ego e proviamo emozioni, questo è un aspetto della nostra vita un po' complicato e a volte frustrante. D'altra parte mi rendo conto che anche le ragazze hanno altrettanti motivi per essere insoddisfatte.

Per esempio, conosco una ragazza che sta con un tizio da moltissimo tempo. Anni e anni. E so anche che con lui non ha mai avuto un orgasmo. Proprio mai. Nemmeno durante i primi mesi del loro rapporto, quando erano più giovani, lavoravano meno e quindi erano meno stressati e non avevano alcuna preoccupazione al mondo.

Il problema non è che lui non le piace, solo che quello che le fa non è giusto per lei. E il risultato è che da quando sono insieme non è venuta una sola volta.

È soddisfatta sessualmente? No. Ma si sono sposati, perciò è felice? Sì, penso che lo sia.

Un consiglio che vi prego caldamente di seguire

Una storia tragica. Lei è perfettamente in grado di avere un orgasmo e sono sicura che suo marito sarebbe capace di farglielo provare, ma lei non gli ha mai detto cosa vuole. Perciò ecco un piccolo, semplice consiglio per quelle fra voi che si trovano in una situazione simile. Se state con un ragazzo che vi piace e l'unico lato negativo è che non riesce a farvi avere un orgasmo, allora, dando per scontato che potrebbe riuscirci se facesse la cosa giusta, *ditegli voi cosa deve fare*. Mandatelo a scuola. Ditegli esattamente cosa vi piace e come vi piace. Voi vi divertirete di più e lui sarà felice, perché saprà che vi sta soddisfacendo. E vi prego, vi prego, vi prego, per il bene di entrambi non trattenetevi mai.

La mia risposta alla domanda scomoda

Lo so che non sta bene rispondere a una domanda con una domanda, ma a volte non ci sono alternative. Fare qualcosa di diverso sarebbe troppo indelicato. E quando ti chiedono se è possibile essere davvero felici con una ragazza che non ti soddisfa sessualmente non puoi che rispondere così. Ecco tutta la conversazione.

Lui: «È possibile essere davvero felici con chi non ti soddisfa sessualmente?».

Io (dopo averci riflettuto su e parlando con voce seria): «Tu la ami?».

Lui: «Sì».

Io: «Allora ti sei risposto da solo».

Lui è sembrato soddisfatto della cosa e io sono stato contento che la conversazione sia terminata lì.

La prima volta che fate sesso con un ragazzo che vi piace

Okay, basta con le osservazioni generali, basta con le teorie sulla sessualità maschile e femminile e con gli aneddoti. È ora di fare sul serio. Torniamo al momento in cui avete deciso di andare a letto con questo ragazzo. Può essere passato un intervallo di tempo ragionevole (almeno tre appuntamenti) oppure avete condiviso solo un paio di drink e già non vedete l'ora. Rotolarsi in fretta fra le lenzuola, come ho già detto, è del tutto comprensibile: non credo ci sia niente di male a cedere ai propri istinti primordiali ogni tanto. Siate però consapevoli dei rischi a cui andate incontro (e non parlo solo delle malattie sessualmente trasmissibili:

tutto quello che di sessuale può accadere prima del terzo appuntamento riduce in modo esponenziale le probabilità che la cosa diventi più di un'avventura passeggera).

In ogni caso, state per andare a letto la prima volta con un ragazzo che vi piace e a cui piacete. Cos'altro dovete sapere?

Prima di tutto, che anche lui è nervoso; ecco perché la prima volta non conta. Vi va già bene se la cosa non si rivela un disastro completo. E per disastro completo intendo che va tutto così storto che non riuscite più nemmeno a guardarvi in faccia, figurarsi ritrovarvi ancora da soli, nudi.

Piccoli incidenti in cui ci si fa male senza volere (con i denti, per esempio), prestazioni non proprio brillanti (lui che finisce troppo in fretta), funzioni corporee imbarazzanti (a tutti qualche volta scappa un po' d'aria) o anche una défaillance totale da parte sua non hanno poi questa grande importanza se non prendete le cose troppo sul serio. Sorridete, accoccolatevi vicino a lui e ditegli: «Andrà meglio la prossima volta». Soprattutto, siate contente di esservi lasciate alle spalle la famigerata prima volta.

Se lui è stato troppo veloce, lasciate che vi dica una cosa. Il motivo più comune – cioè novantanove volte su cento – per cui un ragazzo arriva al traguardo ancora prima che voi vi siate staccate dai blocchi di partenza è che nella sua mente qualcosa ha continuato a lavorare fino a quel momento.

Potrebbe trattarsi di eccitazione, specialmente se è la prima volta che fate sesso con lui. Se avete aspettato un po' e gli piacete, allora avrà atteso con ansia questo momento. La tensione è cresciuta dentro di lui e vi considera speciali. Si sentirà allo stesso tempo fortunato, orgoglioso e maledettamente eccitato. Molto probabilmente non avrà più fatto sesso con nessun'altra e quindi non vedrà l'ora di andare a letto con voi. Di conseguenza, più è eccitato e, be', più in fretta finirà tutto. Non c'è niente da fare.

Ma ricordate: non prendetela come un'offesa.

E comunque, nel giro di mezz'ora sarà di nuovo pronto e disponibile ad affrontare il secondo round.

La seconda causa di questa conclusione rapida è che oltre a essere eccitato, potrebbe anche essere nervoso (se gli piacete vorrà impressionarvi), cosa che rischia di esasperare gli effetti dell'eccitazione e portarlo ancora più rapidamente al traguardo. Di nuovo, non prendetela come un'offesa. Anzi, direi che è l'esatto contrario.

Non aspettatevi chissà cosa dalla prima volta. Se vi dimostrerete carine, la seconda andrà meglio e così la terza...

Ricordate: è tutta una questione di pratica.

E se siete già una coppia?

Una cosa del genere può accadere anche nei rapporti consolidati. Se una coppia non fa sesso da qualche giorno, da qualche settimana o anche da più tempo, probabilmente la prima volta che lo rifarà lui non riuscirà a dare il meglio di sé perché sarà molto sensibile, visto che è stato a digiuno per un po'. Perciò non aspettatevi troppo.

E ora un consiglio: se volete che duri di più, andate a letto con lui più regolarmente. No, questa frase non è frutto di una cospirazione maschile. È una verità biologica. Più lo facciamo e più duriamo. È un fatto.

Fondamentalmente, però, se dopo vi dimostrate carini l'uno con l'altra – vi scambiate due coccole e non prendete il sesso troppo seriamente – qualsiasi cosa sia andata storta (*se* è andata storta) non avrà alcuna importanza, anche se lui è durato meno di quanto impiegiate voi a leggere questa frase. O questa.

E ora sarò molto schietto

È molto difficile che una ragazza sia un disastro a letto. Per credere che sia andato tutto alla grande, un ragazzo ha solo bisogno di sapere che la ragazza che gli piace e con cui ha fatto sesso si è divertita. Se è così, lui si sente tutto orgoglioso e tronfio e considera la serata un successo.

E questo è un fatto.

Ora che lo sapete, potete davvero dire ancora che gli uomini sono unidimensionali riguardo al sesso?

Questo forse vi sorprenderà: la prima volta che andate a letto con un ragazzo per il quale volete rappresentare più di un'avventura non mostratevi subito troppo spregiudicate. A meno che non sia un tratto innato del vostro carattere, non esibitevi in acrobazie sessuali solo per impressionarlo. Se gli piacete sul serio, sarà così contento di fare sesso con voi che gli unici ingredienti necessari perché vi divertiate insieme sono i miei due vecchi amici preferiti: affetto ed entusiasmo. Per non esagerare vi basterà osservare le sue reazioni. Se si sta divertendo (e dovrebbe essere ovvio, questo è un campo in cui noi uomini non siamo affatto complicati), allora andate pure avanti. Non c'è bisogno di oltrepassare il limite per farsi desiderare di più. Se gli piacete, gli piacete. E se avete aspettato un po' prima di andare a letto con lui, sarà contentissimo di ritrovarsi nudo insieme a voi.

Fate però in modo che il divertimento sia reciproco. Non c'è niente di male a essere un po' egoisti a letto.

Troppo e subito?

Conosco un ragazzo che quando era single andava a letto con quante più poteva, facendo sesso nel modo più creativo e spregiudicato possibile. Ma quando ha incontrato la ragazza che in seguito sarebbe diventata sua moglie, i suoi gusti sessuali sono cambiati drasticamente e ora o lo fa nella posizione del missionario o niente. Il che è abbastanza giusto, immagino. Anche se non posso fare a meno di pensare che si perdano entrambi qualcosa.

Comunque, il motivo per cui ve l'ho raccontato è che non c'è bisogno di dimostrarsi sin da subito delle pantere del sesso per suscitare l'interesse di un uomo. Se gli piacete, non dovete fare altro che divertirvi. Conservate le mosse acrobatiche e i trucchetti maliziosi (se ne conoscete) per dopo. All'inizio non vi servono.

Parlate pure

Bisogna aggiungere un'altra parola ad "affetto ed entusiasmo", e questa parola è *comunicazione*.

Agli uomini, vedete, non dispiace sentirsi dire cosa devono fare. Se potete insegnarci qualcosa che ci aiuterà a farvi stare meglio, quelli più corretti e con più buon senso fra noi (do per scontato che anche l'uomo con cui state andando a letto voi lo sia) saranno ben contenti di seguire le vostre istruzioni.

Ciò che importa è come vengono comunicate queste istruzioni. Non dite «Mi piace quando un uomo fa questo…» ma «Mi piace quando tu…» o «Mi piacerebbe che tu…» o solo «Fai così…».

E se dite «Mi piace quando mi "cosano" la mia "cosa"» automaticamente lo farete pensare a tutte le volte in cui la vostra cosa è stata cosata da un altro ragazzo e che l'altro è stato più bravo di lui.

In momenti come questo il vostro passato non ci interessa minimamente. Diteci quello che volete così come vorreste che ve lo dicessimo noi.

Se il vostro nuovo ragazzo è un po' insicuro (e la maggior parte di noi ogni tanto lo è, specialmente con le ragazze che ci piacciono parecchio), si preoccuperà di sfigurare davanti ai vostri ex e lo tormenterà il pensiero che siate più esperte di lui. Ecco perché, quando gli date delle istruzioni, dovreste farlo nel modo giusto. Con sensibilità.

Ma non esagerate nemmeno nelle lodi. Capiamo quando volete lusingarci. Va benissimo sussurrare parole come "bello", "fantastico" e "meraviglioso". Gli urli teatrali non sono necessari. Rilassatevi e siate voi stesse. Vedrete che tutto andrà bene. Anzi, molto più che bene.

Il sesso nelle storie collaudate

Questo capitolo è dedicato alla prima volta, ma voglio lo stesso spendere qualche parola in più sul sesso delle coppie collaudate. In pratica, cosa pensiamo noi uomini quando stiamo con una ragazza che amiamo.

In un rapporto il sesso è importantissimo. Se la nostra ragazza o nostra moglie non vuole fare sesso, la frustrazione che proviamo non è solo sessuale, perché in gioco ci sono anche i sentimenti. «Se non vuole fare sesso, vuol dire che non mi ama più» è la conclusione a cui arriviamo di solito. E se la conclusione non è questa, ce ne sarà comunque un'altra non meno sgradevole (anche se in realtà potreste non voler fare sesso per un sacco di altri motivi), che è la devastante «non vuole fare sesso *con me*». Un pensiero davvero orribile per un uomo.

Se ne rende conto perfino B, il baluardo dell'insensibilità maschile. Ecco il suo punto di vista in proposito: «Gli uomini tradiscono per un motivo solo: il sesso. Ma la ragione di questa cosa non è che siamo creature unidimensionali. Il sesso è geneticamente radicato in noi per garantire la nostra sopravvivenza. Dopotutto siamo programmati per riprodurci. Perciò, se siamo single e non battiamo chiodo, la cosa ci infastidisce. Ma se frequentiamo una ragazza che amiamo e continuiamo a non fare sesso, la ferita è molto, molto più profonda. E ci arrabbiamo *davvero*».

Notate che B sta parlando di emozioni. Una cosa che non succede spesso. Ma ecco ancora qualche assaggio di questa sua inusuale onestà: «Contrariamente a quanto si crede, l'istinto sessuale di un uomo non è qualcosa di semplice come la fame e la sete. Noi uomini siamo molto più complicati di così. Fare sesso con la nostra ragazza ci rende felici perché l'amiamo e il fatto che anche lei desideri fare sesso con noi significa che prova la stessa cosa.

Perciò, se un uomo fa abbastanza sesso, è molto, molto improbabile che si guardi in giro. So che questo ci fa sembrare delle bestie incivili, il che è esattamente quello che siamo dentro. Per evitare che un uomo tradisca bisogna prendersi cura di lui emotivamente e fisicamente: quindi ascoltarlo, capirlo e fare sesso con lui abbastanza spesso da non fargli desiderare di andare a letto con nessun altro».

Vedete? Anche gli uomini all'apparenza più insensibili possono essere teneri dentro.

E ora una piccola confessione

Mi piace leggere le riviste femminili. Ecco, l'ho detto. Mi sono sempre piaciute. Sin da quando mia sorella ha portato a casa una copia di «Just Seventeen». I miei giornalini non erano così interessanti. Foto di ragazze e articoli sul sesso contro fumetti e classifiche calcistiche? Una scelta tutt'altro che difficile.

Oggi preferisco leggere riviste maschili, ma non esito a sfogliare le pubblicazioni femminili quando le vedo nella sala d'aspetto del dentista o la mia ragazza ne compra una. Sono per molti versi autentiche miniere d'oro.

E quest'abitudine mi ha permesso di trovare una vera gemma su un numero recente di «Glamour». In un articolo su come è cambiata la vita sessuale delle donne, la giornalista e autrice Rachel Johnson ha scritto: «Quello che avviene nella camera da letto è in sostanza un barometro del vostro rapporto: se lo fate come conigli, probabilmente fra voi le cose vanno benissimo. Ma come per il proverbiale canarino nelle miniere, se la vostra spinta sessuale langue probabilmente anche al vostro rapporto sta accadendo la stessa cosa... Come per il tennis e la cucina, anche il sesso è novanta per cento entusiasmo e dieci per cento tecnica... Il sesso è importantissimo nella vita degli uomini... Gli uomini ne hanno voglia tutto il tempo... Per quanto mi riguarda, anche se non ne ho voglia (a volte i miei mal di testa sembrano interminabili) una volta che ho spinto in acqua la barca e mi sono messa a remare finisco con il divertirmi sempre... Vale la pena rimanere alzate un po' più a lungo, la sera... e dopo si dorme come ghiri».

Non c'è molto da aggiungere. In un rapporto il sesso può trasformarsi in una faccenda molto complicata, sommersa da ferite emotive, dallo stress della vita quotidiana e dalle insicurezze personali che alzano barriere davanti a quello che dovrebbe essere solo un semplice piacere fra due persone che si amano. Rachel Johnson evidentemente lo ha capito, per questo ho riportato le sue parole.

La piccola guida di Humfrey per rendere felice il vostro uomo

Sfamatelo, ascoltatelo, parlategli, ridete con lui, fate sesso con lui e lo renderete felice.

Tutto qua. Questa è la formula magica. Il Santo Graal del Genere Maschile. In queste quattordici parole c'è tutto quello che vi serve sapere sugli uomini.

Un tipo speciale

La maggior parte degli uomini non vede l'ora di fare sesso con la ragazza che gli piace. Siamo programmati così, non riusciamo a razionalizzare o a controllare i nostri impulsi sessuali. È difficile che all'inizio di un rapporto Lei venga sessualmente respinta fino a quando Lui non si sente pronto a fare il grande passo.

Ma può accadere.

E infatti è capitato alla mia amica Wendy con un ragazzo di nome William.

La storia di Wendy e William.
Ovvero, quanta fatica ha fatto lei
per portarselo a letto

Wendy incontrò William e i due si piacquero molto. Erano entrambi sulla trentina e avevano abbastanza esperienza alle spalle per saper riconoscere una persona che valeva la pena non lasciarsi scappare. Infatti ognuno di loro pensò esattamente questo dell'altro.

Wendy e William uscirono insieme qualche volta. E cominciarono a piacersi sempre di più. A William piacevano la personalità frizzante e l'umorismo di Wendy. A Wendy piacevano l'umorismo di William, la sua tranquilla dignità e la sua intelligenza. A differenza di molti ragazzi rozzi e villani con cui aveva avuto la sfortuna di uscire in passato, William era riflessivo e premuroso. Soprattutto, Wendy si sentiva rispettata, una sensazione completamente nuova per lei.

Quattro settimane e otto appuntamenti dopo, lui la stava ancora trattando con rispetto. Cosa che Wendy apprezzava. Ma ormai desiderava anche che lui le strappasse di dosso i vestiti e le mostrasse il suo lato meno civilizzato.

William però non lo faceva. Voleva aspettare.

Passò un altro mese e Wendy cominciò a dare i numeri. Desiderava tantissimo William, ma lui continuava a trattenersi. E lei non sapeva cosa fare.

Poi lui le propose di andare a trascorrere il weekend nella casa di campagna di un amico.

Bingo! Il grande momento era arrivato.

Wendy tornò da quel weekend estremamente soddisfatta e due anni dopo lei e William stanno ancora insieme.

Perciò, vedete, non tutti i ragazzi sentono l'impulso irrefrenabile di fare sesso.

Anche se sembra troppo bello per essere vero...

...questa storia è vera al cento per cento. Devo però aggiungere una cosa: non conosco nessun altro che si sia comportato come William. Io no di sicuro e nemmeno tutti gli altri. William è l'eccezione e noi siamo la regola.

Se non altro sono onesto.

PAROLA DI HUMFREY

1. Quando andate a letto per la prima volta con un ragazzo che vi piace, sorridete, rilassatevi e divertitevi.
2. Nello schema generale delle cose (cioè voi due che iniziate una storia insieme) la prima volta che fate sesso non ha molta importanza. Perciò non preoccupatevi se qualcosa va storto. Concentratevi sui baci e guardatevi tanto negli occhi.

→

---

3. Considerate la vostra prima notte insieme come un modo per conoscervi meglio invece che come un'occasione per strabiliarlo con le vostre acrobazie sessuali.

4. Non abbiate paura di essere un po' egoiste. Ditegli cosa vi piace. Ma fatelo nello stesso modo in cui vorreste che *lui* vi dicesse cosa gli piace, cioè con sensibilità.

5. Convincetelo che vi state divertendo. L'ego maschile è molto fragile, ma se voi saprete come lusingarlo, i risultati saranno sbalorditivi.

7

SUPERARE CON DIGNITÀ
l'avventura
DI UNA NOTTE

*Cosa pensano davvero gli uomini
delle avventure di una notte*

•

*Perché non dovreste preoccuparvi
se ve ne concedete una ogni tanto*

•

Perché non dovreste collezionarne troppe

•

*Come mantenere il controllo
della situazione prima, durante e dopo*

A tutti piace il sesso. Se poi sei single e non sai dove o quando lo rifarai, perché non farlo ogni volta che capita con chiunque capiti e – purché sia sesso sicuro – al diavolo le conseguenze? Dopotutto siamo nel ventunesimo secolo.

Questo è un modo di vedere la cosa. Un altro modo è che gli esseri umani – maschi e femmine – sono essenzialmente uguali, indipendentemente dal secolo in cui vivono, il che significa che se un po' di sesso occasionale può andar bene (anzi, a volte benissimo) troppo è, be', troppo. In fondo tutti cerchiamo una persona da amare e che ci ami, e il sesso occasionale non aiuta a raggiungere questo obiettivo.

Anzi, i vantaggi delle avventure di una notte – il divertimento, la catarsi al termine di una relazione importante, l'aumento dell'autostima – si possono apprezzare soltanto se queste avventure sono, appunto, occasionali.

I motivi per cui la penso così sono due:

1. Chiunque abbia un sacco di avventure occasionali non è decisamente felice e ha dei problemi che non

si possono risolvere facendo sempre più sesso con sempre più persone.

2. È molto difficile che l'avventura di una notte si trasformi in un rapporto solido.

Chiariamo una cosa, non voglio fare del moralismo. Non giudico nessuno negativamente solo perché colleziona avventure. Sto solo dicendo che se le avventure diventano troppe, la felicità personale rischia di precipitare a grande velocità e che il sesso occasionale difficilmente è la soluzione del problema.

NOTA
In questo capitolo tratterò gli uomini e le donne allo stesso modo. Non ho intenzione di discutere le differenze genetiche fra noi e del perché gli uomini sono più portati alle avventure delle donne.

La questione dell'alcol: quante avventure in meno ci sarebbero se l'alcol non esistesse?

La cosa che non ho ancora capito nel rapporto fra le ragazze e l'alcol è se l'alcol annulla le loro inibizioni – cioè se fa fare loro cose che vorrebbero fare ma che da sobrie non farebbero mai per paura delle conseguenze – o se fa fare loro cose che non vorrebbero fare nemmeno da sobrie. Non credo che arriverò mai a capirlo fino in fondo. Per i ragazzi di solito la risposta giusta è la prima, anche se alcuni di noi non lo ammetterebbero mai. Uomini o donne che sia, è facile dare la colpa all'alcol per quello che si fa. Ma le sbronze rappresentano una scusa o un motivo?

Se sei single, vai a letto con qualcuno perché ti sei ubriacato e poi te ne penti – e intendo dire che te ne penti davvero, non quando cerchi di salvarti la faccia perché ti senti in imbarazzo – il mio consiglio è molto semplice: non ubriacarti più in futuro. Non è complicato.

E ora un'altra domanda (vagamente collegata alla precedente): l'alcol giustifica l'infedeltà?

No, penso di no. Prima di arrivare a essere realmente infedele, ubriaco o no, chiunque tradisca pensa al suo partner e prende una decisione: o non permetto che accada perché c'è lui/lei, oppure so che sto con lui/lei ma lo faccio lo stesso. Solo perché chi tradisce non si ricorda di questo processo decisionale non significa che sia scusabile. Dopotutto, è successo. E la regola vale sia per gli uomini sia per le donne.

Cosa pensano gli uomini delle avventure di una notte

Noi uomini siamo pigri. Ci piacciono le scorciatoie e le linee di minor resistenza. E, ovviamente, ci piace il sesso. Anzi, ci viene automatico cercarlo, e quindi ci rivolgiamo a donne disponibili spinti da forze interne che non capiamo e non riusciamo a controllare.

Per questo la maggior parte degli uomini considera un successo uscire, incontrare una ragazza e andare a letto con lei. Le avventure di una notte ci piacciono, perché riusciamo a fare sesso senza dover affrontare tutte le incertezze, la perdita di tempo e i costi imposti da tutta una serie di veri e propri appuntamenti. Siamo usciti, abbiamo ballato un po', bevuto un po', chiacchierato un po' e poi siamo arrivati al sodo.

Cosa potrebbe esserci di meglio?

In realtà qualcosa di meglio c'è: fare sesso con una ragazza che ci piace davvero. O che addirittura amiamo.

Cosa pensano gli uomini delle donne che accettano un'avventura

Se andiamo a letto con una ragazza una volta e poi non la rivediamo più, avremo solo un vago ricordo positivo di lei. Ma questa positività non ci porterà mai a considerarla una potenziale ragazza fissa (non conosco una sola coppia che si sia messa insieme dopo un'avventura di una notte senza che i due fossero già amici prima).

Detto questo, non pensiamo che lei sia una poco di buono o moralmente discutibile. Quello che un uomo pensa di solito è: "Chi può biasimarla se dopo avermi conosciuto da un paio di ore voleva già venire a letto con me?".

Nessun uomo criticherà mai qualcuno che ha voluto andare a letto con lui, a meno che non sia un omofobo che è stato appena abbordato da un altro uomo, nel qual caso la sua opinione non conta comunque. Perciò si tratta di un contesto in cui i giudizi e le moralizzazioni non trovano alcuno spazio.

Il rovescio della medaglia è quello che succede quando una ragazza che ci piace dice di aver avuto molte avventure in passato.

Questa è una cosa piuttosto sgradevole. Anzi, la odiamo proprio.

Ma prima di cominciare a pensare che gli uomini sono tutti degli ipocriti, lasciatemi aggiungere una cosa: sono pochi quelli fra noi che giudicherebbero negativamente una ragazza per questo. Faremmo gli scontrosi per un po', ma poi ci passerebbe. Vedete, nella maggior parte dei casi noi decidiamo razionalmente di trattare le ragazze come vorremmo essere trattati da loro. E questo significa che non le giudichiamo sulla base di quello che è successo prima che ci incontrassimo, a patto che anche loro non ci facciano pesare il nostro passato. Conta solo quello che succede da quando ci siamo conosciuti.

Certo, questo non cambia il fatto che comunque preferiamo non venire a sapere che la ragazza che ci piace si è data un bel po' da fare. Ma è un problema di ego maschile, voi non c'entrate.

Avventura n. 1

Una sera Eddie incontrò due ragazze, Elspeth ed Emily. Un amico di Eddie usciva con un'amica delle ragazze e il terzetto s'incontrò quando i due gruppi si ritrovarono nello stesso locale. Era tardi ed erano già tutti ubriachi.

Eddie si sentiva su di giri. Aveva finito una storia e aveva voglia di tentare di nuovo la fortuna con il gentil sesso (la sua non era stata una separazione traumatica).

Quando conobbe Elspeth ed Emily si fece subito un'idea su di loro. Emily era bellissima e di certo non avrebbe ceduto facilmente al suo fascino. Elspeth, per quanto graziosa, non poteva competere con Emily.

Ma Elspeth era molto più sfacciata di Emily.

Riuscite a indovinare con chi è andato a casa Eddie, alla fine?

Il mattino dopo

Il mattino dopo Eddie si svegliò in un letto che non gli era familiare. Il letto di Elspeth. E, detto con parole sue: «Ero ubriaco, okay? Emily era evidentemente più bella e stimolante, e in circostanze normali, se fossi stato sobrio, mi sarebbe interessata molto più di Elspeth. Ma Elspeth mi ha reso la vita facile. Avevamo appena iniziato a parlare che già mi stava a due centimetri dalla faccia. Ovvio che l'ho baciata. Ero troppo ubriaco per pensare ad altro. E ho scelto l'alternativa più facile».

Quel mattino Eddie uscì dalla casa di Elspeth un po' ammaccato. Non c'erano state scenate e da quello che ho potuto capire si erano divertiti tutti e due. Questo almeno è quello che mi ha detto lui. Più tardi, quel giorno, Eddie le scrisse un messaggio. «Non volevo uscire con lei» mi ha spiegato. «Ma era l'amica di un amico e si era dimostrata gentile, perciò volevo comportarmi in modo rispettoso. Inoltre era una ragazza spiritosa e pensavo che qualche battutina potesse starci.»

Mi sembra giusto.

Eddie scrisse a Elspeth quella sera stessa, raccontandole spiritosamente che si sentiva uno straccio. Elspeth gli rispose che avrebbe dovuto rimanere un po' di più a letto con lei invece di scappare via così presto. Eddie le scrisse di nuovo dicendo che forse aveva ragione e che prima o poi a letto con lei ci sarebbe tornato di sicuro (gli era venuta voglia di flirtare un po' dopo il messaggio di Elspeth).

E anche qui mi sembra tutto giusto, per entrambi.

Ma poi Elspeth fece qualcosa che Eddie non si aspettava. Ecco il suo messaggio seguente: «Ah, ah! Dovrai portami fuori per qualche appuntamento interessante prima di infilarti di nuovo nel mio letto».

Al che Eddie rispose: «Ah, ah! Peccato!» e la cosa finì lì. «Che cosa pensava?» mi ha detto in seguito. «Si aspettava davvero che la portassi fuori per poter fare ancora sesso con lei, quando eravamo già andati a letto insieme tre ore dopo esserci conosciuti? Figuriamoci. Che senso avrebbe avuto?»

Chiariamo una cosa. Eddie non stava criticando Elspeth per essere andata a letto con lui così in fretta. Quello che non capiva era con che logica fosse arrivata a pensare che quel tipo di primo incontro avrebbe potuto portare a "qualche appuntamento interessante". Se quella prima sera non avessero fatto altro che baciarsi, allora forse Elspeth avrebbe avuto ragione e Eddie sarebbe stato contento di uscire con lei. Ma non dopo l'avventura di una notte.

Avventura n. 2

Ed eccone un'altra. Questa me l'ha raccontata una ragazza: «Ho incontrato questo ragazzo in un locale un sabato sera, ci sono andata a letto e il mattino dopo lui ha preso il mio numero di telefono dicendo che mi avrebbe richiamata. Ma non ho avuto sue notizie fino alle undici di sera del venerdì successivo, quando mi ha scritto per sapere se ero nei paraggi. Perché ha aspettato tanto? Gli piacerò? Dovrei rivederlo? Dici che ha intenzione di mettersi con me?».

Io le ho risposto: «Non gli interessi come persona. Non starai mai con lui. Visto che ci sei andata a letto la prima sera, per lui sei solo qualcuno con cui fare sesso. E basta. Nella sua testa, qualsiasi rapporto fra voi si basa solo sul sesso. Sono sicuro che gli piaci, ma perché sei andata a letto con lui. Magari pensa che sei carina, ma la cosa è irrilevante. Perché non gli interessa chi sei? Semplice: non ti conosce e probabilmente non vuole conoscerti, visto che tanto siete già andati a letto insieme. Dovresti rivederlo? Solo se hai voglia di fare sesso, perché da lui non otterrai altro».

Il fatto è che quando il sesso entra in gioco troppo presto, non c'è modo di rendere la situazione più romantica e meno carnale. Non conosco nessuno che ha cominciato a uscire con una ragazza che ha fatto sesso con lui così in fretta. Certo, conosco coppie che sono andate a letto insieme al loro *primo appuntamento*, ma non la prima sera che si sono conosciute. Probabilmente esistono anche queste, è solo che io non ne conoscono nessuna.

Qualche indicazione di base

Per le avventure di una notte valgono le stesse regole di tutta la vostra vita sentimentale. E cioè: mostratevi sicure, decidete prima cosa volete, non siate timide o imbarazzate e rimanete fedeli a voi stesse. Se cominciate a sentirvi a disagio, cercate di superare questa sensazione o tornatevene a casa. Se non state tradendo nessuno e non state per andare a letto con un ragazzo che sta con una delle vostre amiche, non c'è niente di cui vergognarsi o di cui essere imbarazzate. Il che significa che potete fare quello che volete. Se volete andare a casa di un ragazzo, farci sesso e poi chiamare subito un taxi siete libere di farlo.

Il trucco per conservare la propria dignità prima, durante e dopo l'avventura di una notte è di non mostrarsi mai imbarazzati o a disagio. Non è semplicissimo riuscirci ma è a questo punto che un po' di alcol può rivelarsi utile per liberarvi delle inibizioni. Solo, non prendete l'abitudine di svegliarvi accanto a ragazzi che sembrano rospi e non principi.

Quando il troppo è troppo?

Non lo so, perché i numeri non contano. La risposta è personale e quindi solo voi potete darla. Se siete felici (intendo dire davvero felici, non solo capaci di convincere voi stesse e i vostri amici che è così) allora non c'è bisogno di cambiare niente. Ma se non siete felici, allora forse fareste meglio a modificare il vostro comportamento.

I ragazzi e le ragazze single dovrebbero darsi alla pazza gioia?

Certo che sì. Ma darsi alla pazza gioia non significa necessariamente andare a letto con chiunque capiti a tiro. Darsi alla pazza gioia significa concedersi qualche avventura, essere felici, fare quello che si vuole, scoprire qualcosa di nuovo su se stessi. Il che potrebbe significare scoprire qualcosa di nuovo riguardo i propri gusti e le proprie abitudini sessuali, o magari darsi all'arte drammatica, alle maratone, o ballare sulle spiagge dell'Asia al sorgere del sole. Qualsiasi cosa *vi* faccia felici.

Il galateo del mattino dopo

1. I *numeri di telefono*

Se non vi interessa avere il numero di telefono del ragazzo con cui avete trascorso la notte, va benissimo. E se non volete che lui abbia il vostro, nessun problema. Ma se è lui a non fare il gesto di chiedervi il numero di telefono o di darvi il suo, allora è un idiota. Perché è questione di buone maniere.

2. *Saluti e baci*

Se vi svegliate a casa di un ragazzo dopo aver trascorso la notte con lui, a meno che non sia una persona decisamente amichevole e vi offra la colazione, o una tazza di tè, è molto probabile che preferisca che ve ne andiate. Non dico che dovete andarvene se non siete ancora pronte a farlo (magari volete dormire un po' di più, nel qual caso sonnecchiate finché volete). Voglio solo sottolineare che la maggior parte degli uomini si sente a disagio in questa situazione e che la cosa non renderà felici nemmeno voi. Conosco un ragazzo che ha fatto finta di dover giocare a golf alla nove di mattina per indurre la ragazza con cui era stato a letto ad andarsene. Si è vestito, ha preparato la sacca da golf con le mazze e tutto il resto, ha infilato la sacca in macchina e se n'è andato. Il problema è che ha dovuto aspettare che passasse l'autobus prima di tornare indietro, perché la fermata era proprio davanti a casa sua. Perciò è rimasto seduto a guardare da dietro un cespuglio fino a quando lei non se n'è andata. Un vero gentiluomo. Conosco però un altro ragazzo che è andato a casa di una ragazza, ci ha fatto sesso e quando lei è andata in bagno ha raccolto tutti i vestiti ed è scappato via. Prima ancora che lei ritornasse in camera. Sono pochi quelli che si comportano così, la maggior parte di noi non lo fa. La maggior parte di noi, me incluso, considera un comportamento del genere molto, molto maleducato.

3. Niente imbarazzi

Siate tranquille e rilassate. Se lui è carino o vi siete divertiti insieme (o tutte e due le cose), non sentitevi imbarazzate o a disagio. Rilassatevi. Siete state a letto con un ragazzo che vi piaceva? E allora? Che problema c'è? Nessuno. Scambiate due chiacchiere il mattino dopo, salutate educatamente e archiviate la cosa alla voce esperienza.

Sono arrossito perfino io

Cominciare a scrivere la mia rubrica ha rappresentato la scusa perfetta per diventare l'uomo che non dice mai di no. Avevo giurato che avrei fatto qualsiasi cosa, in qualsiasi momento, ovunque, cascasse il mondo. Avevo puntato in alto. Ma alla fine non sono arrivato da nessuna parte. La cosa più folle che ho fatto, è stata farmi ipnotizzare, un gesto divertente ma non così teatrale. Prima però, lasciate che vi racconti del più grande "no" che io abbia mai detto.

Ero al bar durante una serata per giornalisti, quando cominciai a parlare con la donna seduta vicino a me. Era molto attraente – non bellissima, ma decisamente attraente – e curatissima, con i capelli scuri, il fisico asciutto e un tubino nero attillato.

Era anche molto civettuola e portava la fede.

"Nessun problema," pensai "che male può fare qualche battutina maliziosa?" Poi arrivò suo marito. Si presentò e continuammo a chiacchierare.

Se possibile, a quel punto la donna si mise a flirtare in modo ancora più sfacciato di prima, sfiorandomi la mano e guardandomi con insistenza. E per quanto strano, il marito non sembrava farci caso, così pensai che quello fosse il suo comportamento abituale.

La chiacchierata proseguì allegramente. Io raccontai loro della mia vita da single a Londra e loro risero degli aneddoti che avevo pubblicato nella mia rubrica in quel modo compiaciuto e condiscendente che usano le coppie felicemente sposate. Parlammo di lavoro e scoprii che gestivano un'attività vagamente collegata a quello che facevo io.

Poi il marito mi chiese: «Ti piacerebbe unirti a noi?».

La proposta mi colse di sorpresa. «Mi sembra un po' prematuro» risposi. «Ci siamo conosciuti solo venti minuti fa e non avete ancora visto il mio curriculum. Ma si potrebbe fare. Perché un giorno non ci vediamo nel vostro ufficio e continuiamo a parlarne?»

Loro si guardarono e sorrisero.

«No» disse la donna, premendomi il seno contro il braccio e accarezzandomi la nuca. «Mio marito non intendeva questo. Ti piacerebbe venire con noi stasera? A casa nostra?»

Poi mi baciò gentilmente su una guancia e a quel

punto capii. Arrossii quanto più umanamente possibile, ma per fortuna il locale era piuttosto buio e loro non poterono vedere la mia faccia scarlatta.

«Veramente, non è il mio genere» borbottai, cercando di ostentare sicurezza.

«Perché?» chiese la donna, premendosi ancora contro di me. «Non ti piaccio?»

«Certo che mi piaci» risposi. Non volevo offenderla ma avrei voluto disperatamente essere altrove. «Il fatto è che, tuo marito... ehm... è un po' troppo virile per i miei gusti.»

«Oh, ma lui è assolutamente etero» mi bisbigliò lei all'orecchio. «Sono io che ti voglio. Lui guarderà e basta.»

Non giudico quello che fanno le persone in privato. Affatto. Ma qualcosa in quella proposta mi ha messo davvero molto a disagio. Non volevo entrare a far parte dei giochi sessuali di quella coppia e mi sentivo un vero e proprio pesce fuor d'acqua. Dissi: «No, grazie» e scappai via come un bambino spaventato.

Quando trovai il coraggio di tornare alla festa, vidi che la coppia stava parlando con un altro ragazzo. Sembrava più felice che spaventato. Perciò gli augurai buona fortuna e me ne andai a casa.

Parola di Humfrey

1. Scegliete con cura le vostre avventure, il che significa che non dovete essere troppo ubriache quando decidete di concedervene una.
2. Siate realistiche. Stiamo parlando di sesso, non di un rapporto fisso.

→

3. Se a un certo punto volete andarvene, andatevene.

4. Se andate a casa sua, non dimenticate lì niente di importante. Che si tratti dell'orologio, dei trucchi o della giacca, sembrerà che lo avete fatto apposta.

5. Se è lui a lasciare qualcosa da voi, va bene. Se ve ne accorgete quando non se n'è ancora andato e vorreste rivederlo, non dite niente. Avrete un'ottima scusa per chiamarlo. In fondo cos'avete da perdere?

6. Non andatevene senza salutare. A voi non farebbe piacere se lo facesse lui, vero?

7. Se siete a casa vostra e volete che se ne vada, diteglielo. Ma con educazione, anche gli uomini hanno dei sentimenti.

8. Se siete a casa vostra, non preoccupatevi di quello che può pensare del vostro disordine. Non ha nessunissima importanza.

9. Non stupitevi se non si fa più vivo.

10. Se si rifà vivo a notte fonda sta solo cercando sesso. Tornate al consiglio numero 2.

11. Siate prudenti. Sempre.

8

AMICI
e amanti

Quando due amici dovrebbero mettersi insieme

•

*Quando due amici non dovrebbero
mettersi insieme*

•

Come gestire le aspettative dell'uno e dell'altro

•

Perché lui non è quello giusto per voi

•

*Come ottenere quello che volete
senza fare niente*

Quando due amici cercano di diventare più che amici le cose a volte vanno bene a volte male, a volte benissimo a volte malissimo, a volte una via di mezzo.

Un'osservazione profonda? Forse non a una prima lettura.

Ma corretta? Certo che sì.

Userò alcune storie vere per dimostrare il mio punto di vista. Con nomi fittizi in rigoroso ordine alfabetico.

Storia A: dove andò tutto bene

Alice e Andrew erano amici da anni. Facevano parte dello stesso gruppo e si vedevano con regolarità. Andavano d'accordo, ma anche se fra loro c'era un'innegabile alchimia non era mai capitato che entrambi fossero single nello stesso momento, perciò i sentimenti che provavano segretamente l'uno per l'altra erano sempre rimasti inespressi.

Alla fine però arrivò il momento in cui si ritrovarono entrambi single. Alice aveva rotto da diciotto mesi con il suo ragazzo storico e si stava godendo la ritrovata libertà quando anche la storia di Andrew finì.

All'improvviso la situazione cambiò e l'attrazione segreta che provavano non rimase più segreta. Non importa chi fece la prima mossa (io comunque non lo so). Conta solo che venne fatta.

E poi cosa accadde? Fra loro esplose una passione divorante le cui fiamme, estinguendosi, si lasciarono dietro le rovine carbonizzate dei loro sentimenti, come in un incidente aereo o qualcosa di altrettanto drammatico e devastante?

No.

Affatto.

Tutti e due (entrambi sulla trentina) erano abbastanza maturi e saggi da non permettere al desiderio di offuscare la logica. Tenevano molto l'uno all'altro e pensavano che i loro sentimenti potessero diventare qualcosa di importante. Ma Andrew era cauto, perché era appena uscito da un'altra storia. Non voleva che Alice rappresentasse solo un'avventura passeggera perché le voleva bene e la rispettava. E Alice era preoccupata esattamente per lo stesso motivo, perché sapeva tutto della recente relazione di Andrew.

Alice e Andrew furono onesti e parlarono apertamente della situazione. Lui le disse che anche se *pensava* di provare qualcosa di serio per lei, perché tutto gli diceva che era una persona molto speciale, non poteva essere sicuro che la recente rottura non stesse alterando le sue emozioni.

Alice sapeva di trovarsi in una posizione pericolosa ma nonostante ciò, e senza che andassero a letto insieme, accettò di trascorrere del tempo con Andrew lontano dagli altri, come coppia. Durante quel periodo, però, Alice cominciò a innamorarsi follemente di lui e circa un mese dopo gli disse che le cose non potevano andare avanti così, senza che lei sapesse se prima o poi si sarebbero davvero messi insieme o no. Doveva proteggere se stessa e quindi non voleva vederlo più per almeno un mese.

La reazione di Andrew, mi fa piacere poterlo dire, non fu quella di un uomo immaturo che decide di volere una cosa appena scopre che non può averla. Anzi, rispettò il desiderio di Alice e si fece da parte (cosa che anche i suoi amici apprezzarono, perché ovviamente, stava facendo la cosa giusta).

Ma nonostante le buone intenzioni di Andrew, Alice rimase in una sorta di orribile limbo emotivo. Sapeva di essere stata lei ad allontanare Andrew, così che potesse decidere se era davvero interessato o no. E sapeva che nel giro di qualche settimana lui avrebbe potuto tornare a braccia aperte o non tornare affatto. Nessuna via di mezzo. E, peggio di tutto, non poteva influenzare la decisione di Andrew in nessun modo.

In realtà un modo c'era. E quel modo era... non fare niente.

Niente?

Esatto, niente.

Vedete, non facendo niente non lo avrebbe messo sotto pressione e non avrebbe fatto la figura di quella appiccicosa o disperata, cosa che non aiuta mai. Così non fece niente perché è una ragazza saggia, onesta, emotivamente intelligente e sicura di sé, che non fa giochetti e che vuole mantenere intatta la propria dignità.

Ed è proprio per questo che, una volta finito il mese, Andrew moriva dalla voglia di rivederla.

Non fare niente in realtà non significa non fare davvero niente. Se capite cosa intendo. Nel caso di Alice, non fare niente si è rivelata una tattica intelligente. Ha lanciato la palla nel campo di Andrew e lo ha costretto a riflettere su quello che voleva. Probabilmente avrà anche gettato il seme del dubbio nella mente di Andrew, perché accettava la possibilità che lui non la volesse. Era pronta per quell'eventualità e una maturità di questo tipo fa molta impressione su noi semplici maschietti. Era stata chiara e adesso non gli stava facendo alcuna pressione perché si decidesse.

La cosa più importante da notare è questa: Alice stava esercitando il massimo controllo possibile sulla situazione. E si stava comportando in modo coerente, perché Andrew sapeva quello che provava per lui. Una cosa che richiede molta forza e, come ho già detto, saggezza. E noi uomini ammiriamo sia l'una sia l'altra.

A essere onesto, non so proprio come abbia fatto Alice a non chiamarlo e a tenersi dentro per un mese intero tutte le sue emozioni. Provo per lei un incredibile rispetto. Inoltre, se anche non fosse riuscita a trattenersi, Andrew probabilmente sarebbe corso comunque da lei (almeno mi piace pensarlo). Ma questo non lo sapremo mai. Quello che sappiamo è che Alice è una ragazza in gamba che ha fatto la cosa giusta al momento giusto.

Un'ultima considerazione: Alice può sembrare una specie di regina dei ghiacci, una ragazza calcolatrice e priva di emozioni. Ma io la conosco bene e so che non è affatto così. È affettuosa, piena di buon senso e dignità.

Andrew la tratta con rispetto e gentilezza e insieme sono molto felici.

MORALE DELLA STORIA
- *I bravi ragazzi esistono ancora (uno almeno sì).*
- *A volte la cosa giusta da fare è non fare niente.*

Storia B, prima parte: dove andò tutto male

Bob ha ventisette anni e un'amica, Beatrice, di ventisei. Hanno frequentato insieme l'università e sono molto amici. Escono in compagnia nel fine settimana, parlano in continuazione e sono molto, molto vicini.

Bob e Beatrice non si sono mai baciati. Bob è infatuato di Beatrice. Anzi, pensa addirittura di amarla. Ogni volta che la vede è una tortura. Come amici stanno bene insieme, ma lui vuole di più. Molto di più.

Beatrice gli ha mai lasciato intendere di provare la stessa cosa? Bob non ne è sicuro. Gli sembra sempre contenta di vederlo, vuole trascorrere il suo tempo con lui ed è chiaro che si diverte. Ma cosa significa questo? Bob non lo sa.

Povero Bob.

Bob agonizza per mesi, senza sapere cosa fare. Tutti i suoi amici conoscono la situazione e sospettano che lei non sia interessata. Anche gli amici di Beatrice probabilmente sanno quello che sta succedendo e la pensano allo stesso modo. Ma nessuno osa dargli un consiglio preciso su cosa sia meglio fare. Pensano che sia improbabile che lei ci stia e non vogliono che lui ci rimanga male, ma contemporaneamente non sopportano di vederlo tanto infelice, in quella specie di purgatorio emotivo senza apparente via di uscita. Anche per loro è difficile.

Nel frattempo Bob esce con altre ragazze, ma si tratta di storie tiepide, che finiscono in fretta, perché nessuna di loro è Beatrice.

Cosa dovrebbe fare allora Bob?

Bob si crogiola nel suo dolore più a lungo di quanto avrebbe dovuto, accumulando sempre più frustrazione e infelicità fino a quando – *finalmente* – decide di fare qualcosa di positivo. E confessa a Beatrice i suoi sentimenti. Il che, a mio parere, è la cosa più giusta da fare in assoluto. Deve scoprire cosa pensa Beatrice per poter iniziare un rapporto non platonico con lei o cominciare a guardare avanti.

Cos'accade a questo punto?

Beatrice non è interessata e Bob deve guardare avanti. Di nuovo... povero Bob.

Storia B, seconda parte: non tutto il male vien per nuocere

Cosa? Com'è possibile che di punto in bianco questa storia abbia un lieto fine? Bob non aveva forse il cuore spezzato?

Bella domanda.

Ma ecco una risposta ancora più bella.

Sì, Bob aveva il cuore spezzato. Ma i cuori spezzati guariscono, e confessando a Beatrice i suoi sentimenti, Bob ha aiutato il suo a farlo.

Prima di tutto è riuscito a mantenere tutto il controllo possibile sulla situazione (e riecco questa frase). Le emozioni non si possono controllare totalmente ma lui ha fatto la cosa giusta in una situazione molto difficile. E così ha potuto cominciare a dimenticare Beatrice, perché ormai aveva accettato il fatto che fra loro non sarebbe successo niente. Punto, fine della storia, cala il sipario, è un vicolo cieco, niente seconde possibilità, niente. Non si sarebbero mai messi insieme.

Per Bob deve essere stato difficile, lo so, ma preferibile al tormento infinito di prima.

E indovinate un po' cos'è successo qualche mese dopo, quando Bob aveva ormai cominciato a lasciarsi Beatrice alle spalle?

Esatto, ha incontrato una ragazza. Anzi, *la* ragazza giusta per lui.

Ed ecco perché non tutto il male viene per nuocere.

Bob è stato coraggioso, ha cercato di ottenere quello che voleva, ha saputo affrontare la realtà quando è stato respinto e poi è andato avanti con la sua vita in modo positivo.

MORALE DELLA STORIA
Se vi piace qualcuno ma non sapete se lui vi ricambia, molto meglio scoprire che non è così e cominciare a dimenticarlo piuttosto che vivere tormentate dai dubbi.

Storia C: dove andò tutto benissimo

Calvin e Clementine si erano incontrati sul lavoro. Per anni erano rimasti buoni amici. Lei era impegnata da una vita (nove anni, e tutto quello che dura più di un anno, per me, dura una vita) mentre lui aveva sempre avuto storie più brevi. Ma nonostante questo erano sempre stati molto vicini.

Un giorno però Clementine ruppe con il suo fidanzato e nel giro di poco si rese conto di provare per Calvin qualcosa di più forte di quello che aveva pensato. E visto che anche Calvin era single pensò che per loro ci fosse una possibilità. Così Clementine, da ragazza coraggiosa qual è, trovò la forza di rivelare a Calvin i suoi sentimenti (applausi da parte mia). Lo fece sedere, gli aprì il suo cuore e... venne respinta. Calvin le disse che non era interessato a lei in quel senso. Per lui era solo un'amica.

Comprensibilmente, Clementine ci rimase molto male e chiese a Calvin di non chiamarla per un po', perché sarebbe stato troppo doloroso per lei. «Certo» rispose Calvin. Teneva molto a Clementine e non voleva che stesse ancora più male (lui si sentiva terribilmente in colpa per averle causato tanto dispiacere).

Circa tre settimane dopo, Calvin passò con la macchina vicino a un parco dove due mesi prima aveva trascorso un pomeriggio divertente, godendosi il sole insieme a Clementine. Sorrise al ricordo e la sua mente lo riportò a quella giornata...

Poi il suo umore cambiò bruscamente quando l'immagine di loro due che chiacchieravano e sonnecchiavano al caldo venne sostituita dall'immagine di Clementine che gli mostrava la porta di casa, dopo che lui aveva infranto ogni sua speranza. Rivide il suo viso, il modo in cui lottava per trattenere le lacrime, incapace di guardarlo negli occhi.

Quei due ricordi cominciarono a turbinargli nella mente e quando si fermarono fu come se i pezzi di un puzzle fossero finalmente andati al loro posto.

"Che cos'ho fatto?" pensò Calvin. "Cosa diavolo ho fatto? E se fosse troppo tardi?" Quasi andò a sbattere con la macchina.

Non c'era tempo da perdere. Ne aveva già sprecato troppo.

Calvin chiamò Clementine e le chiese dov'era.

«A casa.»

Calvin le disse che era a dieci minuti di strada.

Ma infrangendo tutti i limiti di velocità ne impiegò solo tre per suonare alla sua porta.

Clementine aprì e... be', Calvin non mi ha raccontato cosa accadde dopo perché è un gentiluomo. Ma non è difficile indovinarlo, visto che nel giro di otto mesi si è dichiarato e adesso sono felicemente sposati.

Adoro questa storia.

MORALE DELLA STORIA
• *Le fiabe esistono.*
• *A volte vale la pena rischiare.*

Storia D: dove andò tutto malissimo

Derek e Doris si erano incontrati al lavoro. Doris aveva il ragazzo ed era una persona molto seria. Derek aveva due anni in meno ed era un burlone. Insieme andavano molto d'accordo e si volevano molto bene.

Poi Doris ruppe con il suo ragazzo e Derek cominciò a dedicarle molte più attenzioni. Attenzioni diverse. Attenzioni inequivocabili.

Doris si fece un esame di coscienza e poi cominciarono a uscire insieme. Lei sapeva di avere appena rotto con il suo ragazzo, ma Derek era un tipo piacevole. E poi erano amici, quindi poteva fidarsi di lui, giusto?

Sbagliato.

Passarono circa tre settimane, Doris e Derek andarono a letto insieme e a quel punto Derek decise di non essere poi così interessato. Doris si infuriò. Si sentiva ferita e tradita. Perché Derek si era comportato così?

Sfortunatamente, forse Derek era solo un po' immaturo o semplicemente era quel tipo di ragazzo che perde interesse una volta che è andato a letto con una ragazza. Forse lo faceva di proposito (corteggiava una ragazza fino a quando questa non cedeva alle sue avance e poi passava a quella successiva) oppure si comportava così senza rendersi ben conto nemmeno lui del perché. Io sospetto che la verità sia la seconda. Non mi sembrava una persona disonesta, solo un po' immatura. Forse non si rendeva conto di quello che faceva perché era giovane e aveva paura di impegnarsi troppo presto.

Temo che siano molti i ragazzi così e che Doris abbia solo avuto la sfortuna di cadere nella trappola.

Come evitare la trappola

È impossibile esserne sicuri al cento per cento, ma ecco alcuni indicatori da tenere in considerazione per decidere se un vostro amico potrebbe diventare qualcosa di più o no. Come ho detto, non si tratta di segnali certi, ma solo di utili indicatori.

Eccoli: l'età, il passato e l'istinto.

L'età: lui è giovane? Ha poco più di vent'anni o ha almeno due anni meno di voi? Se la risposta a queste due domande è sì, allora molto probabilmente rientra in una fascia d'età in cui i ragazzi tendono a non essere molto affidabili. Meglio che continui a esservi amico, non permettetegli di diventare il vostro amante.

Il passato: non ha mai avuto una ragazza fissa, o ne ha avuta una con cui ha rotto di recente, o prima d'ora non è mai rimasto single a lungo in vita sua? Se la risposta è sì, allora potrebbe non essere la persona giusta con cui iniziare un rapporto serio.

L'istinto: qui le cose si fanno difficili. Cosa vi dice il vostro istinto? È un bravo ragazzo? È sincero? Pensate di potervi fidare di lui? Se la risposta a queste domande è sì, allora *forse* non è il caso di girargli alla larga. Forse.

Cosa sarebbe successo se Doris si fosse fatta queste tre domande prima di mettersi con Derek? Avrebbe risposto sì tutte e tre le volte. Derek aveva ventiquattro anni, quindi due meno di lei, e non era single da quando ne aveva diciotto. Entrambi pessimi segnali. Sì, a lei piaceva e si fidava di lui, ma con due indicatori negativi su tre, Doris avrebbe fatto meglio a lasciare le cose come stavano.

Ecco perché non penso che Derek l'abbia trattata male di proposito. Lo definirei più uno sciocco che uno stronzo, qualcuno che non vuole davvero trattare male le ragazze ma che alla fine lo fa lo stesso. Derek pensava di sapere quello che voleva – cioè Doris – ma poi, quando ha avuto la sensazione che le cose si facessero serie, nella sua testa si è acceso un campanello di allarme ed è scappato via.

Un ragazzo della sua età, che non si è mai davvero goduto la vita da single, quando guardava Doris avrà sicuramente sentito una vocina nella testa che gli diceva: «Potrebbe esserci qualcosa di meglio in giro». Indipendentemente da quanto lei fosse carina. Derek sapeva che Doris era una ragazza splendida, ma nel suo subconscio sentiva qualcosa di indefinito che continuava a tormentarlo e che lo spingeva a non impegnarsi. E questo qualcosa di indefinito era il pensiero che da qualche parte, nel mondo, ci fosse una top model che lo aspettava.

Piccoli uomini crescono

Man mano che invecchiano, gli uomini imparano cos'è reale e cosa non lo è, il che significa che se Derek avesse avuto due anni più di Doris e di conseguenza quattro anni in più di esperienza, si sarebbe reso conto che una ragazza come lei non la si incontra spesso. E l'avrebbe fatta sua prima che qualcun altro potesse portargliela via.

Invece era troppo giovane e non poteva rendersi conto del valore di ciò che gli stava davanti.

Anche se Doris fosse stata *davvero* una top model, il risultato non sarebbe cambiato, perché in quel momento Derek non aveva ancora incontrato abbastanza ragazze per accorgersi di quanto lei fosse fantastica.

Succede in continuazione. È successo anche a me. Non voglio dire che ho dei rimpianti, ma semplicemente che mi sono messo con delle ragazze e poi, senza capire bene perché, sono scappato a gambe levate al primo segnale che le cose si stavano facendo serie. Ci capita spesso. Non possiamo farci niente e questo non ci rende delle cattive persone, ma è solo il segno che non siamo ancora cresciuti abbastanza.

Per le ragazze che hanno vissuto un'esperienza simile, tutto questo può non rappresentare una gran consolazione. Eppure è così che funzioniamo. A volte combiniamo dei disastri e non possiamo evitarlo.

Ricordate: *se vi capita qualcosa del genere, la colpa non è vostra e non avete fatto niente di sbagliato.* Anzi, se un ragazzo si comporta così con voi dovreste considerarlo quasi un complimento, perché in effetti, quello che vi sta dicendo è che con voi potrebbe stare a lungo, ma purtroppo non *adesso*.

(Però, se vi capita in continuazione, allora *sì* che è colpa vostra ed è il caso che cominciate a uscire con uomini diversi. Vi dirò io come fare in un altro capitolo.)

Torniamo a Doris

Doris non odiò Derek per quello che aveva fatto. Lo capiva. Ma questo non cambiò i suoi sentimenti: si sentiva ferita e tradita in un momento della sua vita in cui era molto vulnerabile e di conseguenza passò parecchio prima che abbassasse di nuovo la guardia con qualcun altro. Davvero, davvero parecchio. Il che è un peccato perché Doris è una ragazza fantastica.

Non penso che dovesse farsi condizionare tanto dal comportamento di Derek. Certo, lo ha capito. Quello che però non ha capito e che le ha impedito di superare più in fretta la cosa, è stato che non c'era niente di *personale*. In quel momento Derek avrebbe trattato così qualsiasi ragazza fosse entrata nella sua vita. Anzi, scommetto che Doris non è stata l'unica a soffrire tanto. Invece lei l'ha presa sul personale quando non avrebbe dovuto.

Nel novantanove per cento dei casi, un atteggiamento come quello di Derek ha molto più a che fare con il ragazzo in questione e con quello che gli passa per la testa. Ricordatevelo. Non siete voi, è lui.

E poi ci sono gli altri

Derek non aveva deliberatamente deciso di sedurre Doris e di mollarla dopo essersi divertito. Ma alcuni ragazzi lo fanno. Purtroppo è molto difficile individuarli e fermarli, specialmente quando le emozioni vi rendono più vulnerabili del solito.

Se avete dei dubbi sui motivi che spingono un ragazzo a cercarvi, fate attenzione ai segnali di cui vi ho parlato prima, prendete nota del suo passato sentimentale: gli uomini, come i lupi, perdono il pelo ma non il vizio. Inoltre fate caso se sono troppo disinvolti e sicuri (questo è un segnale pressoché infallibile).

Solo una cosa è vera, indipendentemente dal fatto che vi troviate davanti a un immaturo, come Derek, o a uno stronzo. E cioè: *non c'è niente di personale*. Perciò non biasimatevi. Alzatevi e andate avanti. Imparate dai vostri errori. E, in ogni caso, non permettete al comportamento di un idiota qualsiasi di impedirvi di incontrare qualcun altro, più maturo e sensibile. I bravi ragazzi in giro ci sono ancora.

Come ho già detto, cose del genere sono già successe e, mi spiace, continueranno a succedere. Ricordatevi solo dei miei consigli su come evitare che accadano a voi.

MORALE DELLA STORIA
Gli uomini sanno essere dei veri idioti a volte. Specialmente quando sono giovani. Perciò fate attenzione.

Ancora una cosa, quella che vi farà sempre sentire meglio

Ho raccontato la storia che segue a Doris per tirarla su di morale. Ha funzionato? Non molto. Ma se non altro sapeva che c'era qualcuno messo peggio di lei.

Comunque, la storia è questa.

Tutti hanno nel loro repertorio un appuntamento disastroso da raccontare e, sebbene io ne abbia sentite parecchie, non ne ricordo uno più disastroso di questo. Che fra l'altro dimostra come le ragazze, quando vogliono, sappiano comportarsi male tanto quanto gli uomini. Se non peggio, in realtà. Continuate a leggere e scoprirete perché.

Il mio amico Ben incontrò Beth attraverso amici comuni, e i due si piacquero subito. Uscirono insieme qualche volta e si divertirono moltissimo. Un paio di settimane dopo avevano già cominciato a passare regolarmente la notte insieme e sembrava proprio che la cosa potesse trasformarsi in una bellissima storia d'amore.

Poi Ben portò Beth alla festa di un suo caro amico. Non conosceva molti degli invitati, ma era gente divertente e lui voleva rivedere il suo amico e trascorrere la serata con la sua ragazza (perché ormai lo era diventata).

La festa cominciò bene; bevvero qualcosa e incontrarono alcune persone interessanti. Beth sembrava un po' troppo attaccata alla bottiglia, ma Ben non era particolarmente preoccupato. Prima o poi capita a tutti di ubriacarsi davanti al proprio ragazzo o alla propria ragazza. E lui sorrideva al pensiero che, fra loro, la prima a cacciarsi in quella situazione imbarazzante sarebbe stata Beth.

Verso le undici, Ben andò a prendere altri drink, lasciando Beth a chiacchierare con i loro nuovi amici. E quando tornò la trovò che si baciava con un ragazzo appena conosciuto. Ben reagì con calma, dando la colpa all'alcol. Le picchiò su una spalla e le porse il bicchiere. Beth lo ringraziò educatamente, appoggiò il bicchiere e riprese a baciare l'altro ragazzo. A quel punto Ben era così esterrefatto che rimase lì imbambolato, a guardare. Qualche minuto dopo i due andarono a casa insieme.

Non Ben e Beth, ma Beth e l'altro.

Non oso immaginare cosa provasse Ben. Alla fine Beth passò la notte con questo ragazzo e Ben tornò a casa solo e umiliato. Ma la storia non finisce qui. Per tutta la settimana seguente Beth continuò a chiamare Ben, chiedendogli scusa, dicendo che era mortificata e che la cosa non si sarebbe mai più ripetuta. Ben giustamente le disse di infilarsi le sue scuse dove non batte il sole. Davvero si aspettava che le desse una seconda possibilità dopo quello che aveva fatto?

L'unico lato positivo di questa squallida storia – e quindi l'unico lato positivo di cui posso fare tesoro – è che per fortuna non è capitata a me. Perciò, la prossima volta che le cose finiscono da schifo, pensate a Ben e siate contente che una cosa simile non sia capitata a voi. Se nemmeno questo vi fa sentire meglio, non ci riuscirà nient'altro.

Il resto

Avrei potuto scrivere un libro intero sulle storie d'amore fra amici che non hanno funzionato. Ma potrei scriverne milioni su quelle finite allo stesso modo fra due estranei. Il principio è il medesimo: due persone cominciano a vedersi e la cosa o funziona o non funziona. Semplice.

A cosa mi sono serviti gli amici quando ero single?

A essere onesto, fintanto che non ho incontrato Charlotte al matrimonio di un amico mi sono serviti a ben poco. Anzi, in alcuni casi hanno solo peggiorato la situazione.

Certo, a volte ho pensato che essere single fosse meraviglioso: l'indipendenza, l'eccitazione di non sapere cosa sarebbe successo, chi avrei potuto incontrare e dove...

Ma a volte la cosa non era tanto divertente. Anzi, c'è stata una settimana in particolare in cui essere single non lo è stato per niente. Tutto è cominciato con la telefonata di un'amica, Anne, anche lei single.

Stavamo chiacchierando, quando a un certo punto lei saltò fuori a dirmi: «Humfrey, vorresti farmi da riserva? Ho appena visto una puntata di *Friends* in cui tutti si mettono d'accordo per sposarsi fra loro se saranno ancora single fra dieci anni. E siccome io non mi sono ancora messa d'accordo con nessuno, ho pensato a te».

Stranamente, era convinta che la cosa mi avrebbe lusingato.

Sbagliato.

In realtà mi sentii ferito nell'orgoglio per due motivi. Innanzitutto perché ai suoi occhi potevo andare bene solo come riserva. E secondo, perché Anne pensava che fra dieci anni sarei stato ancora single. Carino sapere che un'amica riponeva tanta fiducia in me. Perciò rifiutai: non voglio essere la riserva di nessuno.

Un paio di giorni dopo ero alla festa di compleanno di un amico e mi stavo divertendo, quando una ragazza si avvicinò e mi disse: «Ho sentito che sei l'ultimo single del gruppo, perciò, visto che sono single anch'io, ho pensato di venire a scambiare due chiacchiere con te».

Era una ragazza attraente – alta e bionda – perciò in teoria avrei dovuto essere contento di conoscerla. Nutro sempre molto rispetto per le ragazze che hanno il coraggio di attaccare bottone con un ragazzo che non conoscono. Ma non quella volta.

Mi stava parlando solo perché ero single, e non ero dell'umore giusto per portare avanti una conversazione basata su una premessa dal genere: voglio dire, non poteva farsi venire in mente qualcos'altro da dire? In altre circostanze avrei potuto accogliere diversamente le sue parole, ma così il suo tempismo era stato terribile.

Come non incontrai la futura Mrs Hunter

Vi ricordate di B, l'uomo peggiore del mondo? Okay, visto com'ero giù di morale dopo questi due episodi, pensai di uscire una sera con lui. Non mi aspettavo di conoscere qualcuno (non nutrivo molta fiducia nelle mie doti di conquistatore in quel momento) ma sapevo che se non altro mi sarei fatto quattro risate.

Dopo un paio di drink B abbordò due bionde palestrate che chiamerò Ragazza Uno e Ragazza Due. B era ovviamente interessato alla Ragazza Uno e si aspettava che io intrattenessi la Ragazza Due mentre lui si dava da fare. Io non avevo la minima voglia di chiacchierare, ma ero disposto a fargli da spalla, perché lui avrebbe fatto lo stesso per me.

E chiacchierando – sorpresa, sorpresa – scoprii che la Ragazza Due era fidanzata, il che ci permise di parlare tranquillamente, senza l'ansia che si prova quando due persone si studiano per capire che probabilità ci sono di uscire/andare a letto insieme/sposarsi o quello che è.

Poiché fra B e la Ragazza Uno le cose stavano andando alla grande, io e la Ragazza Due chiacchierammo parecchio, tanto che arrivai perfino a chiederle del suo fidanzato e lei mi raccontò come si erano conosciuti e via dicendo.

La faccio breve e arrivo al momento in cui le cose cominciarono a diventare interessanti. A un certo punto lei mi disse: «Il nostro problema è che il lavoro lo porta lontano per intere settimane».

«Non dev'essere facile per voi.»

«Infatti. Parlare al telefono rende le cose meno difficili. Ma quello che mi manca davvero non si può fare al telefono.»

Ed ecco la parte interessante...

Lei mi guardò negli occhi e mi disse: «Tu però potresti aiutarmi. Cosa ne diresti di passare un po' di tempo insieme, senza impegno? Per fare sesso e nient'altro».

Ora, se avete letto il resto del libro sapete che ho una regola per quanto riguarda chi è già impegnato: mai farsi coinvolgere. Mai. In nessun caso.

Tornate alle storie che vi ho raccontato nel capitolo

del Grande Sbaglio se volete sapere perché. Avevo deciso da tempo che una cosa del genere non sarebbe più successa perciò non avevo intenzione di accettare la proposta di quella ragazza. Glielo dissi e lei rimase sconcertata. A quanto pareva nessuno l'aveva mai respinta prima.

E da quel momento la nostra conversazione si fece un po' impacciata. Per fortuna però B e la Ragazza Uno decisero di andare in un locale insieme, così io e la Ragazza Due ce ne andammo a casa senza creare problemi. Solo che la Ragazza Due non si era arresa.

Il giorno dopo, infatti, mi scrisse su Facebook per dirmi che se volevo, la sua offerta era ancora valida. E io, di nuovo, non accettai.

Giochiamo a "e se...?"

Il motivo per cui non ho accettato l'offerta della Ragazza Due mi sembra ovvio: non volevo rimanere invischiato un'altra volta in una situazione complicata. Ormai sapevo che è meglio trovarsi una ragazza senza troppa zavorra alle spalle. E un fidanzato è una zavorra *pesantissima*.

Ma, ripensandoci, non posso fare a meno di domandarmi cosa sarebbe successo se avessi incontrato la Ragazza Due solo qualche mese prima, quando ancora non disdegnavo questo tipo di incontri occasionali. L'avrei respinta altrettanto in fretta? Una ragazza che mi offriva sesso senza legami?

Forse no. Anzi, probabilmente no. E poi? Io e la Ragazza Due saremmo vissuti per sempre felici e contenti? O il suo fidanzato mi avrebbe rintracciato e mi avreb-

be strappato via le unghie con un paio di pinze arrug-
ginite? Non ne ho idea. In ogni caso sono abbastanza
certo che la cosa non sarebbe filata via liscia.

Perciò sono contento di averla respinta.

Conclusioni

È nella natura delle cose (le ragazze/i ragazzi devono
baciare molti rospi prima di trovare il loro principe/la
loro principessa) che da un punto di vista statistico siano di più le avventure che finiscono male rispetto alle
storie di amore eterno. E questo vale sia per gli amici-
che-si-conoscono-sin-da-quando-erano-bambini, sia per
le coppie che si baciano per la prima volta a notte fonda, su una pista da ballo semibuia, dopo aver bevuto
qualche vodka e qualche Red Bull di troppo.

In generale, quando due persone cominciano a uscire
insieme, il loro background non ha molta importanza.
Gli esiti possibili sono sempre due: le cose o funzionano o non funzionano.

Ecco perché non vi sconsiglierei mai di uscire con un
amico. Però vi direi di farlo solo se pensate che le cose
fra voi possano davvero farsi serie. Mettersi con un
amico sapendo in partenza che sarà solo un'avventura
occasionale è senza dubbio una pessima idea, semplicemente perché uno dei due finirà con il volere di più.
Voi o lui accetterete che la cosa cominci perché vi sentite soli o annoiati, o pensate che sia la soluzione più
facile per fare sesso (questo di solito è quello che penserà lui, a meno che non sia segretamente innamorato
da anni). Se avete motivo di sospettare che la situazione
sia questa, metteteci una pietra sopra il prima possibile.

Più andrà avanti, più lui penserà di potersela cavare e più voi soffrirete quando le cose finiranno. Perché finiranno. E se invece a considerarlo solo un modo facile per fare sesso siete voi, smettetela di approfittarvi del vostro amico. Non è corretto.

Ma se la situazione ha le potenzialità per diventare qualcosa di serio, allora potreste ritrovarvi fra le mani qualcosa di bellissimo. Se il premio è questo, correte pure il rischio.

Tirando le somme, in due casi su quattro l'esito non è stato completamente negativo. Questo cosa significa? Che la mia banalissima frase di apertura, all'inizio del capitolo, era giusta: a volte l'amicizia può diventare qualcosa di più, a volte no.

Se a tutto questo aggiungete il Grande Sbaglio che vi ho raccontato nel secondo capitolo, allora le probabilità penderanno più verso la seconda ipotesi. Ma come vi ho già detto, questo è il rischio che si corre ogni volta che si esce con qualcuno.

Un'ultima parola

Mentre scrivevo la mia rubrica, ogni tanto capitava che i lettori mi chiedessero consigli sulla loro vita sentimentale. Così una settimana decisi di offrirmi come consulente per vedere cosa mi avrebbero scritto. Mi arrivarono dozzine di mail di ogni genere (un poveretto mi scrisse chiedendomi perfino un parere legale su come impedire alla ex moglie di trasferirsi dall'altra parte del mondo con suo figlio). La domanda più comune però – circa l'ottanta per cento delle mail – suonava più o meno così: «Caro Humfrey, mi piace un ragazzo/una ragazza ma non so se io gli/le piaccio. Cosa devo fare?».

Prese nel loro complesso, tutte le storie che vi ho raccontato o alle quali ho assistito di persona mi inducono a credere che dovreste confidare i vostri sentimenti alla persona che vi interessa (a meno che non sia sposata e con figli).

Il punto è questo: non abbiate paura di correre dei rischi. Certo, potrebbe non funzionare. Potreste ritrovarvi con il cuore a pezzi se chi vi piace da una vita vi respinge. Ma non è meglio che rimanere nel dubbio? Non è meglio provarci e fallire, invece che non provarci affatto?

Certo che è meglio.

Abbiate il coraggio di prendere quello che desiderate, perché se le cose funzionano, e voi e il vostro amico trascorrerete una lunga e felice vita insieme, sarà una ricompensa meravigliosa, per cui vale la pena rischiare.

E se le cose non dovessero funzionare, almeno ci avete provato. Non fate come quelli che non ci provano per paura di fallire. Non è così che si vive, né in amore né in nessun altro campo.

Avvertenza
(cioè un'ultima parola, parte seconda)

Questo non significa che dovete andarvene in giro a dichiarare il vostro imperituro amore a qualsiasi ragazzo vi interessi. Ricordatevi che anche non fare niente è un'ottima tattica. Usate il buon senso per decidere quale delle due è il caso di adottare.

Parola di Humfrey

1. Scegliete attentamente gli amici con cui avere un'avventura.
2. Non comportatevi male con i vostri amici.
3. Siate oneste.
4. Siate coraggiose e osate: la ricompensa potrebbe essere enorme.
5. Se le cose non funzionano, fate del vostro meglio per salvare l'amicizia.

9

L'UOMO DEI SOGNI
non esiste

*Perché l'uomo dei sogni non si rivela
mai all'altezza delle aspettative*

•

*Come si dipingono e come sono veramente
gli uomini*

•

*Perché un vero uomo non finge mai
di essere quello che non è*

•

Come smascherare un impostore

Cominciando a leggere il prossimo paragrafo forse avrete l'impressione che mi sia dimenticato lo scopo di questo libro. Non preoccupatevi, non è così. C'è un motivo per cui ho deciso di partire per la tangente. E fra poco vi sarà tutto chiaro.

Circa quattro anni fa, mi capitò un'occasione professionale apparentemente straordinaria. Un tizio, che stava aprendo una società, aveva bisogno del mio aiuto e in cambio mi avrebbe dato una quota delle sue azioni. Se le proiezioni che aveva fatto erano accurate, queste azioni mi avrebbero trasformato in un multimilionario in meno di dodici mesi. Allora ero alla ricerca disperata di un lavoro che mi garantisse dei guadagni a lungo termine e quindi colsi al volo l'occasione.

Per fare breve una storia penosamente lunga, alla fine non guadagnai proprio niente. Neanche un centesimo. Anzi, ci persi, proprio come tutta la società, e l'"impresa" fallì miseramente.

La prima volta che mi avevano parlato di questa fantastica occasione ero inesperto (non avevo mai visto niente di simile prima) e desideravo con tutto me stesso che nella mia vita accadesse qualcosa di eccezionale.

217

Quindi mi sono buttato troppo in fretta, anima e corpo, senza analizzare a sufficienza la situazione e senza notare i segnali di pericolo che c'erano.

Ora, trasferiamo questo scenario dall'ambito professionale a quello sentimentale. Ci siete? Sto parlando di comportamento umano e, in particolare, di come reagiamo nei momenti più delicati della nostra vita.

Questo cosa c'entra con la ricerca dell'uomo giusto?

Quell'occasione professionale mi era stata "venduta" come qualcosa di irripetibile. E di solito anche i ragazzi e le ragazze tendono a vendersi allo stesso modo, spacciandosi per quello che non sono. Così chi esce con loro abbocca, pensando di aver trovato la persona giusta al momento giusto.

Succede in continuazione e se c'è un consiglio adatto sia per la vita sentimentale sia per quella professionale, è quello che hanno dato a me dopo il fallimento di quella società: se qualcosa (o qualcuno) sembra troppo bello per essere vero, probabilmente lo è.

Ma ricordate, nella maggior parte dei casi non si tratta di un inganno volontario e al mondo sono molte di più le persone oneste che gli imbroglioni.

Ecco un esempio.

Anzi, prima vi faccio una confessione. Mi spiace, ma anch'io qualche volta mi sbaglio. Con tutta l'esperienza che ho accumulato in prima persona (più quella dei miei amici), non riesco comunque ad avere sempre ragione.

So cosa state pensando: se nemmeno lo scrittore di un libro che dovrebbe svelare tutti i misteri della mente maschile riesce a capire le motivazioni dei suoi colleghi uomini, che speranze abbiamo di riuscirci noi?

Nessuna? Be', no, non nessuna. In realtà ne avete parecchie.

Il fatto è che quando ci sono di mezzo gli esseri umani e le emozioni non si può mai essere sicuri al cento per cento di qualcosa. Io posso solo raccontarvi degli aneddoti e darvi la mia opinione, sperando che vi servano di lezione. Perché la vita è una scommessa, per la quale posso solo cercare di prepararvi il più possibile.

Quindi, qual è l'esempio che volevo farvi? Perché mi sono sbagliato? E perché la cosa è così importante?

Quella volta in cui mi sono sbagliato: okay, ce n'è stata più d'una

La mia amica Chloe aveva un appuntamento al buio con un ragazzo che usciva da una lunga storia con un'altra. Chloe aveva deciso di ignorare questo segnale per tutta una serie di motivi. Primo, era da mesi che non frequentava nessuno e, secondo, l'amica che aveva organizzato l'incontro le aveva detto che si trattava di un ragazzo carino che ormai non pensava più alla sua ex. Chloe si fidava di quest'amica e quando mi chiese di darle un punto di vista maschile io le dissi di andare pure (sapevo che non usciva da secoli e pensavo che vedersi con qualcuno – un qualcuno qualunque – le avrebbe fatto di sicuro bene).

Così Chloe cominciò a uscire con lui. Io le avevo consigliato di essere prudente e di non buttarsi subito a peso morto nella storia, perché sapevo che tendeva a innamorarsi un po' troppo in fretta. «Cerca di scoprire che persona è e lascia che anche lui ti conosca meglio» fu quello che saggiamente le dissi. E a modo suo lei fu prudente, perché non andò a letto con lui prima del quarto appuntamento.

Andare a letto con qualcuno al quarto appuntamento non è un'imprudenza, né in senso generale né per quanto riguardava questo caso specifico. Tutt'altro. Anche perché il ragazzo era premuroso, gentile, e lei sembrava piacergli davvero.

Solo che Chloe aveva commesso un errore.

Lui aveva cercato di portarsela a letto al secondo appuntamento. Il che non è necessariamente un cattivo segno. Poteva significare che era interessato solo a fare sesso o, cosa apparentemente più probabile, che Chloe gli piaceva tanto da non riuscire a resistere (era pur sempre un uomo, ricordiamocelo). Quella volta Chloe gli aveva detto di no e aveva aggiunto: «Non ancora. Dovrai aspettare il quarto appuntamento». E il suo errore era stato proprio aggiungere quest'ultima frase. Avrebbe dovuto dire solo "non ancora". Aggiungendo un termine entro il quale avrebbero fatto sesso per la prima volta, si era tradita. Lui adesso sapeva che sarebbe bastato uscire ancora due volte con lei e poi sarebbero andati a letto insieme. E così, che ne fosse consapevole o no (la sua avrebbe comunque potuto essere una reazione inconscia), tutto il mistero e l'eccitazione della caccia svanirono.

Solo che Chloe non se n'era resa conto.

Dopo ogni appuntamento mi raccontava com'erano andate le cose e io ero d'accordo che sembrava un ragazzo per bene. La chiamava regolarmente, si dimostrava premuroso, le scriveva in continuazione dicendo che non vedeva l'ora di uscire di nuovo, e questo anche se non avevano ancora fatto sesso. Se stava giocando, il suo era un gioco perfetto.

O così pensavamo.

Dopo il quarto appuntamento andarono finalmente a letto insieme e a quanto pare fu fantastico. Uscirono un giovedì sera e il giorno dopo si presero addirittura una mattina di permesso per poter stare a letto ancora qualche ora. Chloe era entusiasta e felice e io ero contento e felice per lei al pensiero di averle dato i consigli giusti e di averla guidata verso qualcosa di bello.

Invece mi ero completamente sbagliato, perché a parte qualche messaggino nei due giorni seguenti, Chloe non ebbe più notizie di questo tizio.

Si era trattato del classico ragazzo che ti gira intorno fino a quando non ottiene quello che vuole – sesso – e poi sparisce? All'inizio pensai di sì e fra me e me lo rimproverai per aver trattato in quel modo Chloe che, insieme alle sue amiche, lo definì il tipico bastardo egoista, ossessionato dal sesso. E io non potei obiettare niente: è colpa di quelli come lui se noi uomini godiamo di una reputazione così cattiva.

In realtà le cose non erano tanto semplici. Qualche settimana dopo Chloe andò a guardare la sua pagina di Facebook (inspiegabilmente lui non le aveva ancora tolto l'amicizia) e lo vide in alcune foto insieme alla sua ex, durante un pranzo domenicale tre giorni dopo il fatidico quarto appuntamento. E stando a quello che diceva il suo stato, la ex non era più ex. Erano tornati insieme.

Con il senno di poi, i segnali erano evidenti. Chloe era sola e voleva un ragazzo (non dico che ne cercava disperatamente uno perché le farei un torto, ma di sicuro non stava vivendo un momento felice e credeva che con un ragazzo le cose sarebbero cambiate, un pensiero sempre molto pericoloso), e lui aveva dentro di sé l'enorme vuoto che gli aveva lasciato la sua ex. Chloe aveva riempito facilmente quel vuoto: lei voleva diventare la ragazza di qualcuno e lui cercava qualcuno che recitasse quel ruolo. Le attenzioni di lui e la solitudine di lei li avevano portati ad appoggiarsi l'uno all'altra nel modo sbagliato e troppo presto (come in una relazione vera, ancora prima che arrivassero a conoscersi davvero). E quando la ex lo aveva richiamato, lui si era reso conto che Chloe non aveva rappresentato altro che un rimpiazzo temporaneo. Era la ex quella che voleva e quindi era tornato con lei.

E così il mio primo pensiero – cioè che per lui era troppo presto per uscire con qualcun altro – che era stata anche la preoccupazione iniziale di Chloe, si rivelò assolutamente esatto.

Ricordate cosa vi ho detto a proposito dell'istinto? In questo caso il nostro istinto aveva avuto ragione ma entrambi lo avevamo ignorato perché lui sembrava davvero perfetto. Errore.

Era uno stronzo?

Qualcuno direbbe di sì, era davvero uno stronzo, ma io non ne sono del tutto convinto. Questo ragazzo non ha ingannato Chloe di proposito, perciò non me la sento di giudicarlo tanto severamente. Non intendeva approfittarsi di lei (non aveva pianificato di portarsela a letto e poi piantarla). Tutto quello che ha detto e fatto era sincero: pensava davvero che Chloe gli piacesse e che fra loro stesse nascendo qualcosa. Le sue intenzioni erano indubbiamente buone. Ma alla fine l'ha ferita comunque e quindi che fosse uno stronzo o no è irrilevante.

Ma mettiamo che fosse davvero uno stronzo...

Per amore di discussione, mettiamo che un ragazzo che si comporta così sia *davvero* uno stronzo. A questo punto qualsiasi ragazzo sulla faccia della terra, me compreso, può comportarsi da stronzo. E se sono tutti stronzi, allora che senso ha uscire con dei soggetti del genere? Nessuno.

Perciò non diciamo che era uno stronzo. Diciamo che era un bravo ragazzo che ha incontrato la mia amica nel momento sbagliato, perché è così che sono andate le cose. Riconosciamo che gli uomini dei sogni raramente si rivelano all'altezza delle aspettative e guardiamo ciò che di buono c'era in lui, come anche in tutti gli altri. Perché c'è, anche se non sempre si vede.

A un passo da quello giusto

Più o meno nello stesso periodo, sono venuto a sapere di un'altra storia finita in delusione. La mia amica Catherine aveva conosciuto un ragazzo che le piaceva e ci era uscita per un paio di mesi. Stavano bene insieme ma lui sembrava non avere alcuna intenzione di impegnarsi in modo più serio e ufficiale. Così alla fine Catherine aveva deciso di averne abbastanza e aveva rotto.

Ricordo ancora con esattezza quello che mi disse: lui «non voleva mettere tutte le sue uova nello stesso paniere». La sua faccia, la tristezza, la delusione, l'orgoglio ferito per non essere stata considerata il paniere giusto mi colpirono molto, perché pensavo che in una situazione simile, con una ragazza diversa, avrei potuto essere facilmente io il ragazzo che stava facendo soffrire Catherine.

Magari non lo avrei fatto di proposito, proprio come di sicuro non lo aveva fatto il ragazzo con cui era uscita lei, ma il risultato non cambiava: Catherine era ferita.

So benissimo che non sono sempre le ragazze a soffrire (anche a moltissimi uomini capita), ma questo libro è scritto da un punto di vista maschile. E come uomo, io mi ricordo ancora la sua espressione.

Perché vi racconto queste storie tristi?

Per chiarire un punto. La domanda chiave è: cosa avrebbero dovuto fare di diverso Chloe e Catherine? E la risposta è: assolutamente niente.

Questa, mi spiace, è la dura verità. Nessuno ha fatto qualcosa di sbagliato, o ha commesso qualche errore imperdonabile, o si è comportato di proposito in modo egoista e cattivo, eppure c'è chi ha sofferto comunque. L'amore è una cosa seria, sia per le ragazze sia per i ragazzi. E può capitare di rimanere delusi.

Quello che posso dirvi, se dovesse capitare a voi, è che se questa volta vi è andata male siete un passo più vicine alla volta che vi andrà bene.

Perché sarete un po' più sagge ed esperte. Non diventate ciniche e pessimiste, perché in giro ci sono tanti bravi ragazzi e prima o poi anche voi ne troverete uno. Siate pazienti e non demordete.

Vi ho già detto che gli uomini sono degli imbranati?

Sì, ve l'ho già detto. E molto probabilmente lo sapevate già, ma volevo solo che sapeste che anche io lo so

224

e che, soprattutto, non ho nessun problema ad ammetterlo.

Eccovi un altro esempio. E questa volta si tratta di una cosa pazzesca.

Fra l'altro, ho pubblicato questa storia nella mia rubrica fingendo che fosse mia (al mio editor piaceva che le cose accadessero a me, non ai miei amici), perciò adesso sono contento di poter chiarire la situazione.

Certo, di cose stupide nella mia vita ne ho fatte tante anch'io. Ma mai di *così* stupide...

Un giorno un mio amico, che chiamerò Tom, si imbatté in Teresa, con cui era stato quando frequentava l'università. Dopo cinque anni pensava che fosse ancora fantastica, perciò le propose di uscire a bere qualcosa. Due parole su Tom: è molto intelligente, affascinante e divertente. Insomma, un tipo in gamba, non uno che farebbe qualcosa di stupido.

O almeno così sembrerebbe.

Voglio raccontarvi questa storia per farvi capire che anche i ragazzi che sulla carta sembrano perfetti possono commettere idiozie monumentali. Il che significa che l'uomo perfetto non esiste. Non può esistere, perché siamo tutti esseri umani. Abbiamo i nostri difetti e i nostri momenti di debolezza e/o stupidità. Perfino Tom.

Perciò andiamo avanti veloce di una settimana a quando Tom e Teresa si ritrovarono a bere qualcosa in un locale a sud di Londra. Tom viveva nelle vicinanze ma quella sera era un po' in ritardo e decise di andare all'appuntamento in bicicletta. Con l'aiuto delle due ruote arrivò puntuale e tutto andò bene.

In realtà andò tutto più che bene, perché lui e Teresa si divertirono moltissimo. Lei era single e la vecchia alchimia fra loro c'era ancora. Bevvero parecchio e si baciarono. Poi Tom propose di andare insieme da qualche altra parte e Teresa lo invitò a casa sua. Uscirono dal locale e Teresa fermò un taxi. Il suo appartamento era a soli dieci minuti di distanza. Una bazzecola.

Be', non proprio.

Perché fu a questo punto che la stupidità di Tom fece il suo ingresso in scena. Invece di salire sul taxi con Teresa, baciarla per tutto il tragitto e infilarsi a letto con lei una volta a casa, Tom decise che non poteva lasciare la bicicletta fuori dal locale per tutta la notte. Aveva il lucchetto e la zona era tranquilla ma lui non se la sentiva di lasciarla lì. Davvero? A cosa stava pensando?

Quello che fece dopo è contrario a qualsiasi logica. L'unica spiegazione possibile è che si sia attivato il famoso gene della stupidità a cui accennavo prima.

Tom decise che avrebbe portato la bicicletta a casa di Teresa, anche se non sapeva dove viveva. Quindi cosa fece? Caricò la bicicletta nel bagagliaio del taxi? O no, sarebbe stato troppo stupido. Lui aveva un'idea molto, molto migliore. Avrebbe seguito – esatto *seguito* – il taxi in bicicletta, fino a casa di Teresa.

Immaginate cosa successe? Vi do un piccolo indizio: un taxi viaggia più veloce di un ubriaco in bicicletta.

Teresa salì sul taxi mentre Tom correva verso la bicicletta. Armeggiò con il lucchetto e finalmente salì in sella. Poi si fermò dietro al taxi facendogli cenno di partire.

Meno di un minuto dopo Tom aveva perso ogni traccia del taxi. La macchina aveva svoltato un angolo, ma anche se Tom gli stava alle calcagna all'angolo successivo si ritrovò davanti due taxi uguali, senza sapere quale fosse quello di Teresa (era buio e lui era ubriaco). Ma anche se l'avesse saputo, quando entrambi si allontanarono a tutto gas la cosa non avrebbe avuto alcuna importanza.

Non tutto era perduto, però. Tom aveva ancora il cellulare con il numero di Teresa.

Per questo pezzo lascerò che sia Tom stesso a raccontarvi com'è andata. «Mentre pedalavo senza sapere bene dove andare, tirai fuori dalla tasca il cellulare. Stavo per comporre il numero di Teresa, quando finii in una buca e persi l'equilibrio. Visto che avevo bevuto parecchio e stavo guidando la bicicletta con una mano sola, cominciai a sbandare sempre di più.

Allora, per evitare di cadere, lasciai andare il cellulare e mi aggrappai al manubrio con entrambe le mani. Una volta ripreso il controllo della bicicletta mi voltai a cercare il cellulare. E proprio in quel momento un altro taxi passò rombando e lo investì in pieno con la ruota anteriore. Addio telefono e numero di Teresa.»

Proprio così. Il momento di ritrovata passione fra Tom e Teresa andò a farsi benedire e Tom tornò a casa da solo, avvolto nella sua alcolica infelicità. Sì, gli uomini sanno essere davvero stupidi.

Tom e Teresa: come andò a finire

Tom ebbe di nuovo notizie di Teresa tre anni dopo, grazie a delle conoscenze comuni.

Si era sposata da poco con un giocatore di rugby.

Povero Tom.

Mr Big non esiste

Questo è un messaggio per tutte le ragazze che aspettano un vero Mr Big come quello di *Sex and the Ci-*

ty: smettetela, perché state sprecando il vostro tempo. Quell'uomo non esiste. Anche se non facciamo che vederlo in televisione e sulle riviste, quelle immagini sono solo fantasie. Non è un uomo reale. Lo stereotipo del maschio Alfa che ha sempre il controllo della situazione è falso.

Spiacente di deludervi.

Anzi, in realtà non mi spiace per niente. La mia critica nei confronti di chi cerca Mister Perfezione nasconde un fatto importante: le ragazze si lamentano di doversi sempre dimostrare diverse da quello che sono e oggigiorno non posso davvero biasimarle. Il mondo è pieno di aspiranti Wonder Woman: madri incredibili, mogli fantastiche, donne in carriera, impacchettate in una confezione femminile e curata.

Ma, proprio come Mr Big, anche Wonder Woman non esiste. Non credo che la percezione che abbiamo di queste donne corrisponda alla realtà. Anche nella loro vita devono per forza trascurare qualcosa o qualcuno. Magari il marito, o i figli, o molto più probabilmente sono loro stesse a non avere il tempo e le energie per godersi le persone a cui vogliono bene o per essere le donne che vogliono essere, invece di quelle che pensano di dover essere. In ogni caso, nessuno è perfetto e quindi potete indovinare come questa immagine di Wonder Woman renda la vita difficile alle donne del ventunesimo secolo.

E questo è un punto importante: anche noi uomini avvertiamo il peso di così tante aspettative irrealistiche. Siamo bombardati da immagini di perfezione maschile completamente fuori dalla nostra portata. Che si tratti di un modello con la tartaruga o dell'amore di Carrie Bradshaw, anche noi dobbiamo fare i conti con immagini di quello che non siamo e che non riusciremo mai a essere.

Perciò, la conclusione è questa: come non esiste quella perfezione patinata femminile, così non esiste nemmeno la perfezione maschile. Se siete single, smettete di cercarla. E se state uscendo con un tipo che sembra perfetto, fareste meglio a ricredervi, perché non lo è affatto. Potrà essere un uomo attraente, buono e onesto, ma non perfetto. Nessuno lo è. Questo non vuol dire che in giro non ci siano persone speciali. Ce ne sono tantissime e anche voi prima o poi ne incontrerete una. Ma la perfezione di Mr Big e di Wonder Woman è un'illusione. Non esiste.

Prima che cominciate a pensare che sono un pessimista perché credo che la perfezione sia un mito, voglio dirvi un'altra cosa: le persone perfette non esistono, ma le persone perfette le une per le altre sì. Le coppie in cui le qualità e i difetti reciproci sono complementari, che sanno rendere l'altro una persona più forte e migliore e che insieme diventano qualcosa di davvero speciale. Perciò, chiunque cerchi il ragazzo perfetto in assoluto dovrebbe ripensarci e cominciare invece a cercare quello perfetto per sé.

I soldi non sono poi così divertenti...

Nonostante ciò, molte persone continuano comunque a credere nell'esistenza di queste creature superiori. Creature immaginarie spesso ricchissime, così il denaro diventa motivo di ulteriore infelicità perché le aspirazioni finanziarie di una persona non si accordano con il conto in banca dell'altra.

Ecco l'esperienza di un mio amico che aveva una ragazza ossessionata dai soldi: «Quando ci siamo messi insieme, ero agli inizi della mia carriera e non guadagnavo moltissimo. Lavoravo per una rivista, in uno di quegli ambienti divertenti e creativi dove tutti amano il loro lavoro ma dove non si comincia a guadagnare bene fino a quando non si sale di qualche gradino.

Perciò, a poco più di vent'anni, saltavo contento giù dal letto tutte le mattine. Avevo trovato il lavoro dei miei sogni e da un punto di vista professionale non avrei potuto essere più felice. Ero stato incredibilmente fortunato e lo sapevo. Sono poche le persone che possono essere così soddisfatte del loro lavoro. Ma non ero ricco.

Finita l'università la mia ragazza aveva cominciato a lavorare nell'ufficio pubblicitario di una banca di investimento. Non aveva in mente una carriera particolare, perciò si era semplicemente cercata un lavoro che le permettesse di pagarsi da vivere. Ma siccome era intelligente, ne aveva trovato uno buono e se la stava cavando alla grande, il che era fantastico.

I problemi fra noi sono cominciati perché lei si è ritrovata immediatamente circondata da personaggi molto ricchi, che guadagnavano soldi a palate o che cercavano di farsi impalmare da qualcuno che li guadagnava.

Il primo segnale che c'erano guai in vista arrivò durante una conversazione sulle vacanze, quando le dissi che non potevo permettermi di andare nei posti in cui andavano i suoi colleghi. E lei mi rispose: "Come vorrei che lavorassi anche tu in banca". Allora non mi resi conto del significato di quel commento. Pensavo che fosse solo una di quelle cose che si dicono quando si è frustrati. Era capitato anche a me.

Man mano che il tempo passava, però, accaddero altre cose. Ogni tanto mi diceva che la banca assumeva ancora tirocinanti della mia età (ormai avevo ventisei anni), perciò non era troppo tardi per intraprendere una carriera diversa. Ma io non volevo una carriera diversa. Amavo quello che facevo e guadagnavo bene, anche se non avevo ancora fatto il salto per diventare uno dei Paperoni del mio settore. Ero ancora giovane e in mia difesa (sto sempre un po' sulla difensiva su questo argomento anche se è passato parecchio tempo) bisogna dire che sono pochi quelli che diventano ricchi prima dei trent'anni.

Alla fine mi resi conto di quello che stava succedendo. Lei cominciava a provare risentimento per il mio lavoro e per tutti i soldi che non guadagnavo. Non capiva perché mi piacesse tanto o perché volessi dedicargli la mia vita. A lei interessava solamente il mio stipendio.

Ricordo che una volta pubblicarono un mio articolo su una rivista molto famosa – un successo enorme per me e uno dei momenti più importanti della mia carriera – e la prima cosa che lei mi chiese fu quanto mi avrebbero pagato. Quando glielo dissi fece una risatina sarcastica: "Non vedo cosa ci sia da essere tanto orgogliosi". Per me erano un sacco di soldi ma per chi lavora in banca probabilmente non rappresentavano più di un paio di giri di birra al bar. E io avevo sputato sangue su quell'articolo.

Fu in quel momento che qualcosa scattò nella mia testa, perché non appena lei pronunciò quelle parole, tutta la mia eccitazione si sgonfiò come un palloncino bucato. Perché aveva voluto farmi sentire così? Ero felice del mio lavoro, lo svolgevo bene e avevo sempre aneddoti divertenti da raccontare, eppure non era contenta perché voleva solo che diventassi ricco. E mi resi conto che per lei i miei sentimenti e le mie ambizioni venivano al secondo posto.

Alla fine ne ebbi abbastanza. Mi aveva chiesto una volta di troppo quando avrei cominciato a guadagnare cifre a sei zeri. Mi sentivo incompreso, avevo la sensazione che non capisse quello che stavo cercando di ottenere nella vita e, soprattutto, che non le importasse di quello che volevo per me stesso. Le interessava solo avere un uomo ricco da ostentare e che si prendesse cura di lei.

Il fatto che io non fossi abbastanza mi rendeva terribilmente infelice. Mi sentivo solo e poco apprezzato, come se quello che volevo io non avesse alcuna importanza. Così la lasciai senza provare il minimo rimpianto.

Oggi, dopo qualche anno, la mia carriera sta andando proprio come avevo sperato. Amo ancora moltissimo il mio lavoro e le mie fatiche sono state ricompensate. Dopo un paio di colpi di fortuna che mi hanno fatto incontrare la persona giusta al momento giusto, sono riuscito a farmi un nome e i soldi hanno cominciato ad arrivare.

Vorrei mettermi in contatto con la mia ex per dirle quanto guadagno bene adesso e come sono felice? Un pochino, sì. Ma non lo farò perché la cosa più bella è che sto con una ragazza che mi fa sentire davvero bene. Farei qualsiasi cosa per lei, perché capisce quello che ho passato per arrivare dove sono oggi. E sono convinto che continuerebbe ad amarmi anche se un domani tutto dovesse andare male.

Questo è il tipo di amore che ho sempre cercato».

L'epilogo

La sua ex voleva Mr Big di *Sex and the City*. Invece le era toccato Mr Bravo Ragazzo di Londra. Ma nonostante fosse un tipo ambizioso e brillante, non era abbastanza per lei e lo aveva allontanato. Penso che con il tempo se ne sia pentita.

Tutto questo cos'ha a che fare con l'uomo dei sogni?

Noi capiamo che le ragazze desiderino una vita agiata. Nessuno vuole vivere in povertà. Ma non ci piace venire trattati come un libretto degli assegni con il pene. Siamo molto di più.

Troppe ragazze dicono che l'uomo dei loro sogni deve essere ricco, come se il denaro fosse già di per sé un obiettivo nella ricerca della felicità (so che per molte di voi questo non vale, ma per molte altre sì). E a loro dico: capisco che desideriate la sicurezza economica, godervi le cose belle della vita e via dicendo, ma per favore non lasciate che il denaro diventi così importante da rendervi cieche davanti alle altre qualità di un uomo, come la gentilezza, l'umorismo, l'immaginazione.

Inoltre, volete davvero farvi comprare? Se un uomo ha la sensazione di dovervi impressionare con i suoi soldi, non credo che la vostra relazione comincerà nel migliore dei modi. Quanto può essere vero quello che vi unisce se si basa sui soldi che lui è disposto a spendere per voi? E quanto rispetto potrà provare nei vostri confronti o per se stesso, se pensa che sia questo ciò che serve per conquistarvi?

Pressioni maschili

Mettiamo in chiaro una cosa, non sono solo le donne a mettere sotto pressione gli uomini. Lo facciamo anche fra di noi. Non so se dipende dalla nostra competitività o dal nostro ego. Il fatto è che alcuni uomini si danno un gran daffare per conquistare il benessere economico, senza che questo li renda più felici o renda più felici le persone che hanno attorno, cioè quelle più importanti.

Per esempio, ho un amico che ha una moglie che adora, un figlio bellissimo, un ottimo lavoro e una splendida casa. Ma non è felice come dovrebbe. Qual è il problema? Che sente di dover guadagnare tanto quanto guadagnava suo padre per dare a sua moglie e ai suoi figli tutto quello che desiderano, non solo quello di cui hanno bisogno. Suo padre era un uomo ricchissimo, quindi il suo è un compito arduo. La cosa lo angustia e non è giusto.

Io sono cresciuto senza padre (è morto di cancro quando ero ancora molto piccolo) e non faccio che ripetere al mio amico che sua moglie, suo figlio, e tutti gli altri piccoli che arriveranno in futuro, desiderano solo che lui ci sia e che li ami. Niente di più.

Nel corso degli anni questa cosa è diventata sempre più chiara, perché ho visto tanti dei miei amici sposarsi e avere dei figli. Io stesso sono diventato padrino (due volte, di Noah e Oliver), e mi sono reso conto di quello che deve aver provato mio padre quando ha scoperto che sarebbe sparito dalla nostra vita (allora io e le mie sorelle avevamo solo cinque anni, quattro anni e un anno). E quando di recente, al matrimonio di mia sorella Rachel, io, mia madre e mia sorella Sarah abbiamo percorso la navata con lei e io ho tenuto un piccolo discorso, ho cominciato a capire non solo cosa ci eravamo persi noi, ma anche quello che si era perso lui. Si è perso quel giorno e tantissimi altri giorni della nostra vita: tutto lo stress, le preoccupazioni, le risate, le lacrime, il sollievo, la soddisfazione, l'orgoglio. Mentre scrivo, Noah ha quattro anni, un arco di tempo che mi sembra volato. Il che mi fa vedere in prospettiva i cinque anni che mio padre ha vissuto con Rachel.

Quello che sto cercando di dire è che con il tempo noi uomini cresciamo e impariamo. Per quanto mi riguarda, i miei obiettivi e i miei programmi per il futuro sono semplici: voglio una famiglia felice. Tutto il resto è secondario.

Perciò, vedete, noi uomini ci mettiamo sotto pressione da soli. Vogliamo essere buoni mariti e buoni padri. Vogliamo sostenere la nostra famiglia, proteggerla e dimostrarci emotivamente forti (anche se oggi come oggi anche noi possiamo permetterci di piangere, qualche volta). Forse non saremo "perfetti" ma la maggior parte di noi cerca di fare del suo meglio per la sua futura famiglia.

Si tratta di una prospettiva che ci spaventa un po' ma che nello stesso tempo aspettiamo con ansia. Questo almeno è quello che provo io. E anche la maggior parte dei single.

Parola di Humfrey

1. L'uomo perfetto non esiste.
2. Esiste l'uomo perfetto per voi.
3. I soldi non hanno importanza, a meno che viviate al di sotto della soglia di povertà.
4. Anche gli uomini pensano al futuro.
5. Gli stronzi non rimangono stronzi per sempre.

10

EVITARE
gli stronzi

*Smettere di essere l'ennesima
della collezione*

•

Perché non è impossibile redimere uno stronzo

•

Come presentarsi

•

Come trattarlo

Sconcertato. Irritato. Confuso.

Questi sono solo tre degli aggettivi che userei per descrivere quello che provo quando sento parlare di ragazze che non riescono a girare alla larga dagli stronzi. Aggiungeteci anche "disorientato" e vi sarete fatte un'idea: non capisco davvero perché le ragazze si sentano tanto attratte da chi le tratta male.

Pare ci sia una spiegazione psicologica dietro (che varrebbe anche per i ragazzi che si lasciano ripetutamente calpestare dalle ragazze), ma non sono uno psicologo perciò non mi impantanerò in spiegazioni sul funzionamento della mente femminile. Vi racconterò, invece, come noi uomini giudichiamo questa incapacità di resistere a uno stronzo.

Conosco una ragazza molto carina e intelligente che ha sprecato due anni della sua vita uscendo con un tipo che era un vero e proprio idiota. Era inaffidabile, egoista e senza ambizioni. Era villano, maleducato, la trattava malissimo (e molto probabilmente la tradiva) eppure si considerava un fenomeno. Anzi, credeva di essere *il* miglior partito al mondo. Che illuso.

Nonostante tutto, però, nella mente di questa ragazza qualcosa la spingeva a condividere la visione idealizzata che quella sottospecie di uomo aveva di se stesso. Non ne capisco la ragione e mai la capirò. Non la capivo quando stavano insieme e continuo a non capirla anche adesso. Per darvi un'idea di come mi sentissi (e no, non ero interessato a lei) ecco qualche ulteriore informazione su questo tizio.

Era fisicamente attraente?

No.

Era gentile?

No.

Era divertente?

No.

Era interessante?

No.

Piaceva agli amici di lei?

No.

Piaceva ai *suoi* amici?

No.

Le rendeva la vita più bella in un modo qualsiasi?

No (anche se forse era bravo a letto: questo a lei non l'ho mai chiesto).

Perciò, vi prego, ditemi perché stava con lui? Anche se fosse stato il più grande amante della storia, non riuscirei comunque a capire. Ed è per questo che all'inizio del capitolo ho scelto le parole "sconcertato" e "confuso".

È una vera fortuna, perciò, che questo libro parli di ragazzi e non di ragazze e che io non debba far altro che accettare il fatto che alcune di loro si sentono attratte da soggetti che le trattano male e, per il vostro bene, cercare di rispondere a queste due domande: perché gli stronzi sono stronzi? E che cosa potete farci?

Nel corso delle ricerche per questo libro ho rivolto a un gruppo selezionatissimo di amici alcune domande un po' difficili e insidiose (agli uomini non piace aprirsi, perciò le domande sono sempre difficili per noi). Ho già usato le loro risposte in diversi punti ma ce n'è una che si è rivelata così totalmente sincera e ben scritta, che ho voluto stamparla per intero, con la domanda che l'ha provocata. La risposta arriva dal mio amico Dan C, che per un certo periodo è stato davvero un grandissimo stronzo con le ragazze. La domanda era: *hai mai trattato male una ragazza e poi te ne sei pentito?*

E la risposta è stata: «Penso che a un certo punto, attorno ai venticinque anni, tutti noi inspiegabilmente cominciamo a stancarci di uscire. Io a quell'età ero ormai stato mollato (innumerevoli volte), mi ero innamorato (più di una volta), avevo vissuto rapporti belli e brutti, lunghi e corti, ero uscito con ragazze di tutti i tipi, e all'improvviso il mio comportamento è cambiato. Ero sempre più sprezzante o, a essere onesti, noncurante.

Pensa che che ho provato ad avere anche due ragazze contemporaneamente. Una cosa tutt'altro che virile e intrigante. Anzi, alquanto patetica e solo occasionalmente divertente, come quando i ragazzini sbirciano di nascosto un fumetto per adulti in edicola. Le due mi chiamavano in contemporanea, una sul cellulare e l'altra sul fisso, io chiacchieravo con loro simultaneamente e poi mi vantavo della cosa con i miei amici, dopo la partita. C'è voluto il commento acido di un tizio di Sheffield per farmi capire che invece di fare la figura del figo mi stavo comportando come un vero stronzo.

Un commento che però non mi ha cambiato di una virgola. Continuavo a comportarmi sempre peggio. Rimorchiavo una ragazza, ci uscivo e quando la serata si avviava verso una promettente conclusione cominciavo a sussurrarle all'orecchio quello che pensavo di lei. E non erano complimenti, mettiamola così.

La situazione ha toccato il fondo un sabato sera. Ero uscito con degli amici e avevo attaccato bottone con una ragazza dolcissima. Aveva ventun anni e quell'espressione tipica delle matricole all'università: grandi occhioni color fiordaliso che osservano il mondo con finto cinismo. Abbiamo bevuto, ballato e bevuto di nuovo. Poi lei ha proposto di ordinare della tequila, che è sempre un buon indicatore di come finirà la serata: in un disastro.

Nel mio caso il disastro è avvenuto alle sei della mattina dopo, quando ansioso di liberarmi della compagnia di questa ragazza mi sono trascinato giù dal letto e le ho chiamato un taxi. Alle sei e venti l'ho svegliata e le ho detto che fuori c'era una macchina ad aspettarla. Non vedevo l'ora di restare ancora un po' da solo sotto le coperte, godermi una bella colazione e fare due chiacchiere con gli amici. Non mi importava minimamente di aver costretto quella poveretta ad affrontare l'imbarazzo del mattino dopo a quell'ora antelucana.

Ma mentre si vestiva, l'ho sentita tirare su con il naso. Si è voltata e mi ha lanciato un lungo sguardo pieno di compatimento. Sul suo volto non c'era traccia di rabbia, cosa che invece mi sarei aspettato di trovare e per la quale onestamente non avrei potuto biasimarla. Solo quello sguardo *dispiaciuto* per me. Poi la ragazza, di cui non ricordavo nemmeno il nome, ha scritto qualcosa su un pezzo di carta che ha lasciato vicino al mio computer. L'ho letto dopo che se n'era andata senza dire ciao. Né addio.

Aveva scritto: "Spero che prima di incontrare la prossima ragazza avrai smesso di odiarti". Stavo per far leggere il biglietto a chi viveva con me, quando qualcosa è scattato nella mia mente. Aveva ragione. L'avevo trattata da schifo.

E quella frase mi ha fatto riflettere molto, sia quel giorno sia in seguito. Aveva toccato un nervo scoperto, perché era vera. Avevo una bassa autostima. In un certo senso ce l'ho ancora, ma allora la situazione era mille volte peggio. E cercavo di nascondere la cosa ubriacandomi e trattando le ragazze come rasoi usa e getta. Ma all'improvviso è diventato tutto chiaro: il motivo per cui odiavo le ragazze con cui uscivo era che in realtà odiavo me stesso.

Oggi cerco di impegnarmi per essere più carino. Sono tutto fuorché perfetto e a volte sono ancora sgarbato e villano. Ma se non altro adesso so perché mi comporto così. E ogni volta che vedo un ragazzo che sparla della sua compagna, capisco subito cosa sta succedendo.

Una ragazza dovrebbe cercare di capire che opinione ha un uomo di se stesso prima che le cose fra loro vadano avanti. Il che non è facile, perché noi uomini sappiamo nascondere molto bene il disprezzo che proviamo per noi stessi. Fidatevi, io ne so qualcosa».

Le radici della cattiveria di Dan C

Quando ho letto questa risposta, la cosa che più mi ha colpito è stata l'autoconsapevolezza di Dan C. Non sono molti gli uomini in grado di analizzarsi e di parlare di se stessi con tanta accuratezza e candore. Inoltre Dan C è un mio caro amico, una persona che mi piace e rispetto, e ho faticato a credere che abbia potuto comportarsi così. Perciò, come ha fatto questo bravo ragazzo a diventare uno stronzo? O, meglio ancora, come ha fatto questo stronzo a diventare un bravo ragazzo?

In quel periodo nella mente di Dan C frullavano molti pensieri. Poco tempo prima era stato ferito e umiliato da un paio di ragazze e questo lo aveva reso diffidente. Inoltre a quell'epoca non aveva ancora ben chiara la direzione da dare alla sua vita professionale e anche in famiglia le cose erano un po' complicate, perciò era pieno di dubbi e insicurezze. Una situazione angosciante e pericolosa per chi la vive e per tutti quelli che gli stanno attorno (date retta a uno che sa di cosa parla).

Come risultato Dan C aveva una pessima opinione di sé. Non guadagnava granché, non stava realizzando i suoi sogni professionali e non riusciva a conquistare la ragazza giusta. Così ha trovato sfogo nell'alcol e nelle donne. E sfogandosi è diventato, per sua stessa ammissione, il peggior stronzo possibile.

Ma oggi non è più uno stronzo. Oggi sta cercando davvero di comportarsi bene e di mettersi con una ragazza solo se gli piace sul serio. Ha qualche anno in più, è un po' più saggio e realizzato. Sta diventando un uomo.

Gli uomini sono come il vino, migliorano con gli anni

Proprio come Dan C, anch'io per un certo periodo di tempo sono stato assillato da preoccupazioni lavorative, mi domandavo dove stesse andando la mia vita e che cosa ne avrei fatto. Temevo di sprecare il mio tempo, di non riuscire a realizzare niente, di deludere le persone che tenevano a me. Temevo che non sarei mai stato in grado di mantenere una famiglia e che sarei diventato un poveraccio ridicolo e solo. Penso che sia proprio in periodi del genere che una persona impara cosa significa davvero avere paura e per me è stato il momento più stressante di tutti.

Per tirarmi su non facevo che ripetermi le parole di Baz Luhrmann: «*Non sentirti in colpa se non sai cosa fare della tua vita. Le persone più interessanti che conosco, a ventidue anni non sapevano che fare della loro vita. I quarantenni più intelligenti che conosco ancora non lo sanno*».

E poi guardavo *Entourage* (la cosa migliore che sia mai apparsa su uno schermo televisivo). Questi erano i due strumenti con cui mantenevo vagamente positivo il mio stato mentale.

A quell'epoca non volevo avvicinarmi a nessuno. Certo, avevo degli amici. Senza di loro e senza la mia famiglia onestamente non so dove sarei finito. Ma mentre la mia famiglia e gli amici erano più importanti di quanto riuscissi a esprimere (e lo sono ancora oggi), sentivo che nella mia testa e nella mia vita non c'era spazio per il romanticismo. Forse perché non volevo diventare più vulnerabile di quanto fossi già. Il mio futuro era a rischio, perché mettere a repentaglio anche il mio cuore?

Qualche volta uscivo, ma sapevo che non sarebbe mai successo niente di serio perché non ero felice, sicuro e rilassato. Purtroppo, però, anche se ammettevo esplicitamente che non volevo impegnarmi, mi rendevo conto che le ragazze non potevano evitare di farsi coinvolgere emotivamente, il che rendeva tutto molto più complicato. Nonostante la mia onestà, mi sentivo lo stesso in colpa perché le facevo soffrire.

All'epoca – avevo da poco compiuto trent'anni – non mi sentivo ancora completo, arrivato. Non ingannavo nessuno, ma ero egoista ed emotivamente non disponibile.

Però stavo maturando e alla fine ho avuto l'impressione di aver imboccato la strada giusta. Ho cominciato a essere più sicuro e felice. Gran parte di questa soddisfazione arrivava dal lavoro. Per me lavorare ha sempre significato qualcosa in più che guadagnare abbastanza per pagarsi il prossimo mese di birre. Dopo aver lasciato l'università non sono mai riuscito a impegnarmi davvero solo per fare soldi, ma dovevo dedicarmi a qualcosa che mi appassionasse davvero.

Per fortuna però, alla fine ho trovato il mio posto, ho cominciato a fare qualcosa che mi appassionava moltissimo e mi sono sentito più felice che mai.

E nel giro di poco ho smesso di fare lo stronzo.

Dan C e io abbiamo imparato a volerci bene

Scherzi a parte, queste due esperienze mi hanno insegnato che c'è qualcosa di vero nel detto "prima di amare gli altri bisogna amare se stessi". Più avanti ne riparlerò, per ora sappiate che questo processo mentale avviene sia negli uomini sia nelle donne.

Tuttavia, anche se è indubbiamente positivo che una persona impari ad amarsi, meglio non farsi coinvolgere sentimentalmente da lei fino a quando non ci è riuscita.

Lo stronzo numero tre, o l'ex bravo ragazzo

Gordon era stato un bravo ragazzo per anni. Aveva avuto delle ragazze fisse, moltissime amiche e non si divertiva a saltare la cavallina. Era un ragazzo felice.

Poi le cose sono cambiate.

Un paio di storie sono finite male e Gordon si è sentito maltrattato. Questo ha minato la sua sicurezza e data la sua età – aveva circa venticinque anni e stava cercando di costruirsi una carriera – è diventato in breve tempo uno stronzo. Ha cominciato ad andare a letto con chi capitava, ad avere avventure occasionali con qualsiasi ragazza incontrasse (è una persona molto intelligente e affascinante, perciò una volta entrato in modalità "stronzo" mieteva successi a destra e a manca).

Esattamente come avevamo fatto io e Dan C, anche Gordon ha eretto delle barriere fra sé e gli altri, con il risultato che nessuno riusciva più ad avvicinarsi. E grazie a questo atteggiamento distante aveva un grande successo: le ragazze non sanno resistere a uno stronzo, ricordate?

Per loro, accalappiare Gordon era come mettere sotto assedio le mura di un castello, cioè il suo cuore. Peccato che Gordon non avesse alcuna intenzione di aprire i cancelli.

Vedete, uno stronzo è proprio questo: un castello con mura molto alte e resistenti. L'unico modo per entrarci è che qualcuno al suo interno decida di aprire i cancelli. Le probabilità di *convincere* questo qualcuno a farlo sono molto, molto scarse. Prima o poi i cancelli si apriranno, ma al momento giusto, e la decisione, conscia o inconscia, dipende da chi vive nel castello.

Non c'è nessuna speranza di riuscire ad aprire i cancelli quando volete voi. Niente di personale in questo – sono sicuro che siete tutte ragazze incantevoli – dipende solo da come sono fatti gli uomini. In alcuni periodi della nostra vita siamo inaccessibili, indipendentemente da chi viene a bussare ai nostri cancelli. Non può entrare nessuno.

Un fatto: la maggior parte degli stronzi prima o poi cresce e smette di esserlo. Ma non li si può costringere con la forza.

Quando i cancelli finalmente si aprono

Come Dan C, anche Gordon è un ragazzo intelligente e simpatico che sta crescendo, e quando finalmente i suoi cancelli si riapriranno, qualunque ragazza accoglierà fra le sue mura sarà fortunata.

Dan C, Gordon e io siamo stati degli stronzi, ma in realtà siamo dei bravi ragazzi e il tempo lo dimostrerà.

Okay, adesso basta parlare di castelli.

Diamo invece un'occhiata all'ultimo paragrafo della storia di Dan C. In quelle righe Dan consiglia alle ragazze di evitare gli uomini che hanno una bassa autostima. Che è una cosa di per sé molto intelligente.

Ma come si fa a capire se un ragazzo rientra in questa categoria? Se la cosa non dipende solo dall'età (e se un uomo si comporta ancora da stronzo una volta superati i trent'anni l'età non c'entra più niente), gli altri segnali da tenere d'occhio sono due.

1. È insicurissimo.

Oppure

2. È troppo sicuro.

Un ragazzo insicuro va evitato perché potrebbe rivelarsi uno stronzo come Dan C, mentre un ragazzo che è troppo sicuro probabilmente sta cercando di compensare qualcosa, il che significa che la sua sicurezza è solo una messinscena. E voi non volete certo stare con un attore.

Gli stronzi davvero stronzi

Non è sempre facile osservare qualcuno e stabilire se è una persona sicura di sé o meno. Anzi, a volte è impossibile. Perciò ecco un altro criterio di valutazione. E gli uomini che rientrano nella categoria andrebbero evitati a tutti i costi.

Sto parlando dei ragazzi che manipolano le ragazze per divertirsi, che vogliono solo fare sesso per alimentare il loro ego, senza alcun riguardo per l'impatto emotivo che questo ha sugli altri. Ragazzi che fanno innamorare di sé le ragazze solo per divertimento, e per i quali le donne non sono altro che conquiste.

Ma prima che andiate nel panico e decidiate di rimanere single per sempre o diventare lesbiche, sappiate che non ce ne sono poi così tanti. Però esistono. E saprete di averne incontrato uno dal modo in cui vi tratta.

I segnali di pericolo: come riconoscere uno stronzo davvero stronzo

Sembra indeciso? A volte ignora i vostri messaggi, lasciandovi tese e ansiose a domandarvi quando risponderà? E a volte risponde immediatamente chiedendo di vedervi prima possibile? In questo caso è uno stronzo e sta giocando con voi. Ma non perché non vi scrive per un giorno intero (questo è un tipo diverso), quanto perché si dimostra deliberatamente riservato e distante. Se un ragazzo dimostra di fare questi calcoli, infatti, allora meglio che non entri a far parte della vostra vita. Non porterebbe niente di buono.

Allo stesso modo, se comincia a dirvi che siete fantastiche ma contemporaneamente mette in chiaro di non volere una ragazza fissa, trattatelo come se fosse una sostanza tossica. Perché il risultato sarebbe lo stesso: vi farebbe stare male.

Cosa potete fare?

Semplice: non accettate un comportamento di questo tipo perché vi meritate di più. Un ragazzo deve rispettarvi e se non lo fa smettete di stare al gioco. Non vedetelo più, non scrivetegli, non telefonategli e non rispondete quando è lui a chiamarvi. Cosa più importante, non fate sesso con lui. Non sareste altro che una sorta di coperta di Linus, per quanto calda, morbida e profumata.

E ricordate: a meno che non sia un vero idiota, un ragazzo che tiene davvero a voi vi tratterà con rispetto.

Gli stronzi e le stronzate che fanno

Se vi è mai capitato di incappare in uno stronzo, spero non fosse stronzo come uno di questi cinque:

Stronzo n. 1: si è svegliato una mattina con un gran mal di testa e ben pochi ricordi di quello che era successo la sera prima, ed è andato in cucina, dove i suoi coinquilini stavano facendo colazione. Mentre chiacchierava con loro, sulla porta è comparsa una ragazza. Lui si è presentato gentilmente, deciso a mostrarsi educato nonostante il mal di testa. Lei l'ha guardato scandalizzata. «Siamo andati a letto insieme ieri» sono state le sue uniche parole, prima di afferrare la borsetta e scappare via.

Stronzo n. 2: è andato a un appuntamento al buio con una ragazza che si è ubriacata di brutto, al punto da dover chiamare la sua coinquilina per farsi riaccompagnare a casa. La coinquilina ha avuto bisogno dell'aiuto dello Stronzo n. 2, e quando sono arrivati nell'appartamento, lo Stronzo n. 2 ha pensato di tentare la sua fortuna con lei. E gli è andata bene. Il mattino seguente stava sgattaiolando fuori dall'appartamento, quando la Ragazza Ubriaca è uscita dalla sua stanza e lo ha visto. «Dove sei stato?» gli ha chiesto. Lui ha pensato in fretta. «Siccome non era giusto infilarmi nel tuo letto, ho dormito sul divano.» La Ragazza Ubriaca gli ha sorriso, colpita dal suo comportamento cavalleresco. «Perché non vieni con me adesso?» gli ha chiesto. Un'ora dopo lo Stronzo n. 2 è scappato via dall'appartamento sperando di non venire beccato dalla coinquilina.

Stronzo n. 3: mentre era in vacanza con la sua ignara ragazza, lo Stronzo n. 3 non riusciva a tenere gli occhi a posto. Avere attorno così tante ragazze in bikini senza potersi dare da fare era troppo per lui. Così una sera ha tritato un paio di sonniferi e li ha rovesciati nella cena della sua ragazza, che due ore dopo ha cominciato a sentirsi un po' assonnata. Non appena si è addormentata, lui è corso nel bar più vicino e ha cominciato a fare il cascamorto con una delle ragazze presenti. Dopo un animato incontro in una stanza di un altro albergo, è tornato dalla sua ragazza prima che lei si rendesse conto che era stato via. E ha fatto la stessa cosa la notte seguente. E quella dopo ancora.

Stronzo n. 4: vivere con la sua ragazza non ha impedito allo Stronzo n. 4 di dedicarsi a due dei suoi hobby preferiti: tenersi in forma e andare a letto con le altre. Aveva conosciuto una ragazza che viveva a cinque minuti di corsa da lui e quando voleva passare del tempo con lei diceva alla sua ragazza che andava a correre per un'ora, correva cinque minuti fino a casa dell'altra, stava lì per cinquanta minuti e poi tornava indietro, e a quel punto aveva decisamente bisogno di un po' di riposo.

Stronzo n. 5: lo Stronzo n. 5 e la sua ragazza dovevano partire per un viaggio e per risparmiare avevano deciso di trasferirsi a casa dei genitori di lei. Lo Stronzo n. 5 cominciava a lavorare all'ora di pranzo mentre la sua ragazza e il padre uscivano di casa parecchie ore prima. La madre invece non lavorava, così lei e lo Stronzo n. 5 restavano da soli tutte le mattine. E hanno trovato il modo di ingannare il tempo.

Un altro tipo di stronzo... e la mia amica ha il coraggio di dare la colpa a me

Una mia amica mi aveva inviato una mail per raccontarmi di un ragazzo che aveva conosciuto. Ecco cosa c'era scritto nella mail: «Stavo andando al lavoro in metropolitana una mattina e c'era questo tipo in completo (in stile City) seduto davanti a me. La ragazza vicino a lui si è alzata per scendere, ma la metropolitana ha sbandato e lei gli è caduta in braccio. All'inizio sono rimasti entrambi senza parole, poi lui si è dimostrato molto gentile e ha cercato di rassicurarla perché la vedeva tutta mortificata.

Poi una donna incinta ha fatto la stessa cosa, si è alzata e gli è caduta in braccio. Io mi sono messa a ridere e i nostri sguardi si sono incontrati. Allora ho detto qualcosa tipo: "Wow... le donne non fanno che caderti fra le braccia!". Lui ha sorriso e mi ha risposto: "Cosa posso farci?". Dopo abbiamo cominciato a sorriderci un po' impacciati.

Quando la metropolitana è arrivata alla mia fermata, lui mi ha dato la mano e mi ha aiutata a scendere, "per evitare che cadessi". Poi mi ha accompagnata fuori dalla stazione e mi ha chiesto se poteva... pensa un po', "rapirmi per un drink". Qualche giorno dopo siamo usciti a bere, abbiamo trascorso una bella serata, ci siamo scambiati un sacco di messaggi e telefonate e poi... più niente. Come se fosse sparito dalla faccia della terra.

Probabilmente ha già cinque figli, o forse non gli interessavo davvero, visto che sono due settimane che non lo sento. Si è presentato da gentiluomo e se n'è andato come uno stronzo. Tipico.

E il bello è che gli avevo rivolto la parola solo perché l'avevo letto su una delle tue rubriche. Perciò alla fine è tutta colpa tua».

Era davvero colpa mia?

Forse un po'. La mia amica non avrebbe flirtato con lui se non le avessi raccontato la storia del mio abbordaggio fallito in metropolitana (ricordate? Quella nel primo capitolo). Quindi mi prendo parte della responsabilità.

La cosa interessante però è l'interpretazione che la mia amica ha dato del comportamento del ragazzo, perché si tratta di un'analisi azzeccatissima. I casi infatti sono due: o si era accorto che lei non gli interessava davvero e aveva cambiato idea, oppure era già impegnato (più che cinque figli, forse aveva una ragazza nascosta da qualche parte).

La seconda spiegazione era molto, molto più probabile. Dopo un primo appuntamento piacevole, l'unico motivo per cui un ragazzo non ne organizza un secondo è che tiene qualcuno nascosto dietro le quinte.

Quindi forse aveva incontrato la mia amica in un momento in cui nutriva dei dubbi sul suo rapporto. Magari era rimasto affascinato dal modo in cui si erano incontrati. Da come la mia amica, che è una bella ragazza, gli aveva dimostrato il suo interesse, e la cosa lo aveva lusingato. Perciò aveva deciso di rivederla.

Quanto all'appuntamento in sé, penso che si fosse divertito, ma quando la serata è finita ed è arrivato il momento di baciare la mia amica, ha deciso di non spingersi oltre. Sì, è stato stupido a uscire con lei, ma bisogna lodarlo per non aver trasformato la cosa in una relazione vera e propria.

Quanto alla mia amica? Avrebbe dovuto chiamarla e spiegarle qual era il problema? Forse. Ma la soluzione più facile (e agli uomini piacciono le soluzioni facili) era interrompere ogni contatto. Immagino che abbia persino cancellato il suo numero di telefono, perché lei non ha mai più avuto sue notizie.

Questo fa di lui uno stronzo?

Certo non ne fa la persona migliore del mondo, ma se la mia interpretazione dell'accaduto è esatta, allora avrebbe potuto comportarsi molto, molto peggio.

Ora, io non sono un ingenuo e riconosco che quasi tutti gli uomini, se sono onesti, possono citare almeno un'occasione in cui hanno avuto un atteggiamento un po' discutibile. Per esempio, poco dopo aver rotto con la sua ragazza, il mio amico Robbie è uscito per un po' con Rona. Si sono visti tre, quattro volte e a quel punto Robbie ha deciso che tutto sommato Rona non gli piaceva poi così tanto. E ha smesso di cercarla.

Questo fa di lui un codardo? Forse. Ma uno stronzo? Non credo, perché ha smesso di chiamarla prima che le cose si facessero troppo serie, in altre parole, prima che andassero a letto insieme.

«Tipico maschio codardo» vi sento gridare comunque. Ma le cose non sono così semplici. Se dopo quattro appuntamenti lui avesse detto a Rona: «Lasciamo perdere perché non mi piaci» non sarebbe stato un po' crudele? Io penso di sì. Meno codardo, certo, ma crudele. E lui ha deciso di essere codardo, invece che crudele. Inoltre, ricordatevi che avrebbe potuto andare a letto con lei ma non l'ha fatto.

Comunque, due mesi dopo Rona gli ha telefonato per rimproverarlo di come erano finite le cose. Durante la conversazione gli ha chiesto perché avesse smesso di chiamarla e di scriverle. «Non eri pronto per iniziare un'altra relazione?»

«No» ha risposto Robbie, sollevato, cogliendo al volo quella via di fuga. «Non ero pronto. E mi spiace di essermi comportato male.»

«D'accordo, ti capisco» ha detto Rona. «Ma avresti dovuto dirmelo.»

Alla fine della telefonata lei era felice, anche se Robbie aveva mentito. Quindi questo fa di Robbie uno stronzo e un codardo? Ha smesso di chiamarla e poi ha mentito sul perché, quindi immagino di sì. Ma come il ragazzo che ha incontrato la mia amica sulla metropolitana, avrebbe potuto comportarsi peggio, molto peggio.

E, stranamente, se invece di smettere di chiamarla e basta avesse mentito *prima*, dicendo a Rona che non si sarebbero più visti perché lui non era pronto per un'altra storia, in realtà avrebbe fatto la cosa giusta. Quindi, il suo unico sbaglio è stato di mentire troppo tardi. Che è una logica strana, eppure molto sensata.

Non è impossibile correggere uno stronzo

No, non è impossibile, ma è molto, molto difficile. Richiede la pazienza di Giobbe e la capacità di negarsi qualcosa che si desidera tantissimo: trascorrere del tempo con lui. E ovviamente richiede fortuna, perché la vostra campagna di correzione deve coincidere con la sua decisione di cambiare.

Quindi, se state soccombendo al fascino di uno stronzo (e se la cosa vi preoccupa è perché con tutta probabilità è proprio quello che sta accadendo), allora sparite in fretta dalla circolazione. Non rimanete lì ad aspettare di capire se il vostro istinto si è sbagliato. Fidatevi del vostro istinto, è il vostro subconscio che valuta la situazione in un battito di ciglia e vi trasmette le conclusioni a cui è arrivato sottoforma di impulso. Ecco cos'è l'istinto, la somma totale delle conoscenze e della ragione che avete sviluppato nella vostra vita. Perciò ascoltatelo. È molto più potente di quello che pensate (e se non mi credete, andate a leggervi *In un batter di ciglia* di Malcolm Gladwell).

Comunque, torniamo ai nostri stronzi. Come dicevo, fidatevi del vostro istinto. Se vi dice di stare attente, fatevi furbe. Lasciate che sia lui a corrervi dietro, a proporre di vedervi, e non permettete che le cose vadano oltre l'amicizia fino a quando il vostro istinto non vi dice che è il momento. Potrebbero volerci mesi o potrebbe addirittura non accadere mai. Ma è l'unico modo per addomesticare uno stronzo. Concentratevi sulle cose fondamentali. Negategli quello che vuole (dovrebbe venirvi facile), perché negargli qualcosa è l'unico modo per far capire a un uomo il valore di ciò che gli negate.

Il che non significa che non dovete dimostrarvi amichevoli, divertenti e carine con lui. Ma non accettate di farvi coinvolgere in una sorta di semi-relazione. Voi volete frequentare questo ragazzo una volta che avrà superato questa fase, non mentre ci sta dentro fino al collo. E qualsiasi cosa facciate, non fidatevi mai di lui. Perché con ogni probabilità uno stronzo finirà con il deludervi.

La regola aurea

La regola aurea da seguire quando si ha a che fare con un quasi-ex-stronzo o con uno stronzo-fatto-e-finito è: se non dimostra di volersi comportare bene con voi, allora trattatelo da stronzo. Buttatelo fuori dalla vostra vita. E se non potete, almeno buttatelo fuori dal vostro letto.

Zerbino una volta, zerbino per sempre (almeno per lui)

Vi ho già spiegato che lo stesso ragazzo può cambiare completamente da una settimana all'altra (cioè dimostrarsi un vero stronzo e trasformarsi in bravo ragazzo con la sua successiva conquista).

Ma c'è una cosa che non vi ho ancora detto degli stronzi: se un ragazzo comincia a trattarvi male è molto improbabile, quasi impossibile, che vi tratti diversamente. Quindi non potrà mai nascere niente di importante fra voi. Non avrete mai una seconda possibilità. So che è una cosa sgradevole, ma voglio essere onesto. Il fatto è che se avete permesso a uno stronzo di calpestarvi, scordatevi pure che se sparite dalla circolazione lui tornerà e si dimostrerà il ragazzo perfetto. Non accadrà mai.

Mi spiace se questo infrange i vostri sogni ma le cose stanno così. Una volta che una ragazza ha perso il suo fascino, non lo riacquista più.

È sempre la solita vecchia storia

La regola è sempre la stessa. C'è solo un modo per convincere uno stronzo a cambiare e a dimostrarsi carino con voi: procedete con calma. Prendetevi tutto il tempo necessario per conoscerlo come amico e non fate sesso con lui fino a quando non si sentirà pronto per una storia vera. Se quello che vuole è solo sesso senza legami, allora girategli alla larga. Non scattate sull'attenti quando vi chiama. Fatevi furbe, non dimostratevi fredde ma non correte da lui ogni volta che vuole. Non diventate una scopamica, perché state certe che non sareste le uniche.

Certo, se da lui non volete altro che del sesso occasionale, allora correte tutte le volte che vi chiama e divertitevi. Non c'è niente di male. Ma così ridurrete ancora di più le già scarse possibilità che questo stronzo si trasformi nel vostro fidanzato.

Anche gli uomini hanno dei sentimenti

L'amicizia con uno stronzo può essere molto divertente. Come sapete, gli stronzi non sono sempre delle brutte persone. E spesso uno stronzo è solo un bravo ragazzo che sta attraversando una fase, il che significa che fra voi può facilmente nascere un'amicizia platonica. Ma fate attenzione, perché se comincia a parlarvi dei suoi problemi – quelli che gli impediscono di desiderare una storia seria con qualcuno – nella sua mente assumerete il ruolo sbagliato. Non trasformatevi nella sua confidente, l'amica che lo aiuta a superare un momento difficile. Se siete quella che lo ascolta e che lo fa sentire meglio (e *non* perché ogni tanto andate a letto con lui), difficilmente diventerete la sua ragazza. Vi assocerà sempre con quel periodo della sua vita, farete sempre parte della fase di transizione.

Se avete l'impressione che questo sia esattamente ciò che sta accadendo con un ragazzo che vi interessa davvero, prendete le distanze da lui. Non lasciatevi trascinare in questa sorta di pseudo-romanzo.

B

Non posso scrivere un capitolo sugli stronzi senza parlare di B. Lui è il ritratto dello stronzo. Sempre in

259

cerca di una nuova fiamma con cui uscire. Quando la trova, ci va a letto una o due volte per poi passare a quella successiva. In passato il suo comportamento era divertente (tipo quando è andato a fare un test sulle malattie sessualmente trasmissibili e ha rimorchiato una ragazza alla fermata dell'autobus), ma con l'andare del tempo lo è sempre meno, sia per lui sia per le ragazze che incontra. Io, comunque, sono convinto che prima o poi cambierà, perché è un ragazzo come tutti gli altri.

Anzi, ho una teoria su di lui. In realtà è molto insicuro e rimorchia ragazze a getto continuo non solo per divertirsi (anche per questo, certo), ma soprattutto per dimostrare a se stesso che ci riesce. Una volta gli ho parlato di questa mia teoria. La sua risposta? «Forse hai ragione, ma non mi interessa. Sono felice.»

Lui è l'uomo che volete

Voi volete un ragazzo che non riesca a starvi lontano. Un ragazzo che voglia parlare con voi e vedervi ogni volta che può. Che non si sognerebbe mai di dimostrarsi distante di proposito, perché vuole che sappiate cosa prova. Vuole che siate sicure dei suoi sentimenti e che siate anche certe di provare lo stesso per lui. Un ragazzo che vuole comportarsi bene con voi perché lo fate sentire felice, ottimista, positivo nei confronti della vita. Che vi ama come volete essere amate. Questo è il ragazzo che volete. E vi garantisco che esiste.

Lo so perché nonostante tutto il mio cinismo e il fatto che ogni tanto mi sono comportato da stronzo, io sono diventato quel tipo di ragazzo.

Perché i bravi ragazzi non "acchiappano"? Perché? Avanti, ditemelo, perché?

Una delle peggiori spiegazioni che una ragazza può dare a un ragazzo che non le interessa è che è troppo "carino" per lei. Cercate di vedere la cosa dal nostro punto di vista: incontriamo una ragazza che ci piace e proprio perché ci piace decidiamo di comportarci bene, il che significa che la chiamiamo regolarmente, le facciamo i complimenti per le sue scarpe e per i suoi capelli, e ci sforziamo persino di ascoltarla: insomma, facciamo esattamente quello che tutte le donne dicono di volere.

Cioè abbandoniamo i comportamenti che ci vengono spontanei, tipo ignorarla per i classici quindici giorni, chiamarla a notte fonda mezzi sbronzi per portarcela a letto e credere di poter ancora rimorchiare le altre con il flebile pretesto che "non stiamo davvero insieme". Non si tratta allora di una che ci interessa sul serio. Quindi quando ne incontriamo una speciale, facciamo i carini.

Ma questo ci aiuta a conquistarla?

Col cavolo.

Esempio: proprio quando stava cercando un fidanzato, Steph, una mia amica, ha cominciato a frequentare un ragazzo bello e intelligente, un vero gentiluomo. Tutto perfetto, quindi. Non proprio. Al quarto appuntamento lui stava ancora facendo tutte quelle cose carine di cui abbiamo parlato prima. Chiamava quando diceva che avrebbe chiamato e proponeva degli appuntamenti. In breve, non faceva giochetti di nessun tipo. Steph gli piaceva e voleva che lei lo capisse. Ma all'improvviso Steph ha cominciato a considerarlo un po' troppo sollecito e invece di vederlo come un bravo ragazzo, ai suoi occhi è diventato una specie di rompiscatole.

Il colpo finale è arrivato quando lui è partito per un weekend a Praga e ha cominciato a inviarle messaggi raccontandole quanto fosse bella l'architettura della città e quanto fossero spettacolari i suoi ponti. Una pessima mossa. Steph mi ha spiegato che avrebbe preferito che lui le mandasse la foto di qualche spogliarellista ceca raccontandole come ballava bene la lapdance.

A quanto pare questo lo avrebbe reso un po' più "grintoso" e gli sarebbe piaciuto di più.

«Scusami Steph, ma queste sono delle vere e proprie fesserie. Che cos'avrebbe dovuto fare?» le ho domandato. «Trattarti male di proposito per piacerti? Perché?» La sua risposta mi ha fatto infuriare anche per conto di quel ragazzo. «Se una cosa è tanto facile da ottenere, allora non ha tutto questo gran valore» mi ha detto. Seria. Chissà quante possibili storie devono essere naufragate per motivi patetici come questo. O forse un ragazzo così rappresenta l'equivalente maschile del cervo asfaltato. Chissà.

Comunque, ragazze, per favore, smettete di dire una cosa e farne un'altra. Non dite che volete essere trattate bene e poi quando capita vi lamentate. Date una possibilità anche ai bravi ragazzi. Siete voi che ci perdete.

Ma anche gli stronzi prima o poi si innamorano. E quando succede, perdono la testa esattamente come gli altri. Esattamente come ho fatto io, dopo un lungo periodo in cui non ero interessato o pronto per qualcosa di serio, quando ho incontrato qualcuno che ha cambiato completamente il mio atteggiamento.

Uno stronzo che fa lo stronzo rischia di lasciarsi scappare la ragazza giusta?

Non penso. Io non credo proprio di "essermi lasciato scappare" qualcuno. Se mi guardo indietro e ripenso ai miei anni da single mi rendo conto che non avrei voluto una storia più seria con nessuna delle ragazze che ho conosciuto.

A essere del tutto onesto, l'unico rimpianto che ho per quanto riguarda la mia vita sentimentale è di non aver avuto una storia seria, di quelle che durano uno o due anni, fino a quando non ho incontrato la Ragazza X alla fine dell'università. Ripensandoci, mi sarebbe davvero piaciuto averne una prima, perché sono storie che lasciano ricordi bellissimi. Ma per qualche motivo – e la colpa penso sia mia – non sono mai riuscito a superare il limite dei tre mesi.

Quanto a B, sospetto che se ne sia davvero lasciata scappare una: la sua primissima ragazza. Hanno rotto prima di cominciare l'università, perché lì lui si aspettava di trovare migliaia di ragazze come lei. Io non l'ho mai conosciuta, ma secondo B era dolcissima e bellissima. E da allora non ha fatto che cercare una ragazza così. Interessante.

Tutto il capitolo in una frase

Se temete di diventare soltanto un'altra da aggiungere alla collezione, sta a voi fare in modo che non succeda.

Parola di Humfrey

1. Se un uomo è inaffidabile, allora è a tutti gli effetti uno stronzo.
2. Se sospettate che sia uno stronzo, muovetevi con prudenza.
3. Gli stronzi non rimangono stronzi per sempre.
4. Non accettate mai che un ragazzo si comporti da stronzo con voi.
5. Gli stronzi possono rivelarsi ottimi amici.

11

IL PASSATO
è passato

*Perché un uomo con un passato
non è sempre da evitare*

•

*Perché lui non vuole sapere niente del vostro passato
ma non riesce a evitare di farvi domande*

•

Cosa dovreste e non dovreste raccontargli

•

*Come impedire che il vostro passato condizioni
il vostro presente e il vostro futuro*

Alcuni uomini sono molto sicuri e non battono ciglio davanti al passato della loro compagna. Sono quegli uomini che sanno tutto e ai quali la cosa non interessa (anzi, ci ridono su), oppure uomini che non chiedono perché pensano che niente di quello che è successo prima abbia importanza. Sono gli uomini tranquilli e padroni di sé che si posizionano su uno dei due limiti dello spettro.

All'opposto esatto ci sono quegli uomini ossessionati da chi avete frequentato e da cosa avete fatto prima, e che si torturano con le immagini della loro amata in estatico abbandono fra le braccia degli altri. Questa ossessione li rende gelosi e li fa sentire minacciati, il che rischia di provocare conseguenze negative per tutti.

Per fortuna, la maggior parte di noi si posiziona in qualche imprecisato punto nel mezzo. Di norma, il vostro passato non ci disturba. Ma in qualche caso sì, e questa sensazione di fastidio può venire innescata da moltissimi fattori che ci fanno sentire insicuri e infelici. Fattori che non hanno necessariamente a che fare con voi.

Il fatto è che consideriamo la nostra ragazza qualcosa di prezioso e odiamo il pensiero che altri uomini abbiano avuto un incontro intimo – non importa se insignificante – con lei. Perciò ci sentiamo insicuri, minacciati e diventiamo gelosi. I più ossessionati possono arrivare a pensare in che modo ha fatto sesso con loro, torturandosi con tutti i dettagli del caso. Se le è piaciuto, le è piaciuto più di quanto le piaccia adesso?

E a questo punto un uomo insicuro comincia a domandarsi se per questa ragazza fare sesso con lui è davvero appagante. E cosa proverà quando staranno ormai insieme da un po' e cominceranno a fare "sesso coniugale"? Le basterà? Gli altri a letto erano più bravi di lui? Considererà noiosa la loro vita sessuale? Vorrà stare con qualcun altro?

Ovviamente questo è un esempio limite (siamo a un passo dalla pazzia) e sono pochi i ragazzi che ragionano così, a meno che non siano ubriachi e in vena di autocompatirsi. Anzi, la maggior parte di noi pensa che ragionamenti di questo tipo siano del tutto inutili, perché se lei sta con noi è perché ha scelto di farlo. Inoltre abbiamo tutti un passato, e qualsiasi cosa sia accaduta, quel passato è ciò che rende la nostra ragazza quella che è. Perciò a chi importa?

Ricordatevi un dettaglio importante sulla gelosia e sull'insicurezza maschile: l'insicurezza di un uomo non dipende dal numero di persone con cui siete state a letto. Che siano quattro o quattrocento, un uomo può sentirsi geloso e insicuro per il semplice fatto che avete voluto bene a qualcun altro.

Perciò, se avete un passato vivace che il vostro uomo vi rimprovera, non angustiatevi e non rimpiangete quello che avete fatto, perché *non siete responsabili* dei suoi sentimenti. L'importante è come vi comportate dopo che vi siete incontrati, e lui dovrebbe saperlo. Certo, se gli volete bene e lo vedete turbato cercate di aiutarlo a sentirsi meglio. Ditegli che adesso state con lui, che lo amate, che tutto è più bello, che siete felici e che non vorreste per nessun motivo tornare ai tempi in cui vi facevate tutta la squadra di rugby (se è questo quello che facevate). Rassicuratelo. In breve, trattatelo come vorreste che trattasse voi se foste al suo posto e provaste quello che prova lui.

Cosa succede nella sua testa

Noi uomini sappiamo che una ragazza può aver avuto altri amanti prima di noi (non siamo stupidi). Il difficile è capire come questo si concilia con il concetto di "ragazza ideale" che abbiamo in mente. Da una parte il pensiero che la nostra ragazza – o colei che vorremmo lo diventasse – sia stata a letto con un altro è orribile anche se la cosa è avvenuta prima che ci incontrassimo. Dall'altra la prospettiva di uscire con una ragazza vergine non alletta nessuno. Anzi, se ha una certa esperienza e prova interesse per la sessualità la cosa ci piace molto, non da ultimo perché è probabile che potremo approfittare del suo appetito. Perciò la situazione non è semplice, perché si tratta di conciliare due posizioni contrastanti: volere una ragazza senza troppa esperienza e una dea del sesso racchiuse nella stessa forma femminile.

Tutto considerato, però, alla fine preferiamo sempre la dea del sesso.

A volte ci facciamo condizionare

Mi spiace dirlo, ma a volte giudichiamo le ragazze per quello che hanno fatto in passato. Anche se non accade spesso. Io ho in mente solo due esempi, uno dei quali è capitato a me.

Quella volta che non è capitato a me

Il mio amico Bill aveva incontrato una ragazza che gli era piaciuta subito moltissimo. Sembravano perfetti l'uno per l'altra e dopo qualche settimana lui era felicissimo di come stavano andando le cose fra loro. Aveva la sensazione che fosse l'inizio di qualcosa di importante.

Poi, una sera, mentre parlava di lei, un amico gli chiese come si chiamava.

Bill gli disse il nome della ragazza.

L'amico di Bill si fece improvvisamente silenzioso.

Bill gli chiese qual era il problema.

L'amico gli disse che non c'era nessun problema.

Bill obiettò che ovviamente c'era.

L'amico insistette che non importava.

Bill disse che stava a lui giudicare se la cosa importava o no.

L'amico allora prese un bel respiro e gli raccontò qual era il problema: un paio di anni prima due dei suoi amici avevano avuto un rapporto a tre con questa ragazza.

Ma, aggiunse, la cosa non aveva alcuna importanza.

Bill non era d'accordo. La cosa aveva moltissima importanza.

E ruppe con la ragazza.

Mi è spiaciuto moltissimo per Bill. Questa situazione si è rivelata un vero incubo per lui. La Dea Bendata quel giorno gli ha davvero assestato un calcio nelle palle. Questa ragazza gli piaceva da pazzi, ma non riusciva più a guardarla senza immaginarla con i suoi due amici. Non la giudicava per aver avuto un rapporto a tre. Solo non voleva stare con una ragazza che gli evocava nella mente immagini di quel tipo ogni volta che la guardava.

Se Bill lo avesse scoperto un paio di mesi dopo, quando fosse già stato innamorato cotto di lei, forse l'esito sarebbe stato diverso. Forse avrebbe pensato che quello che aveva – una storia d'amore con la ragazza che amava – era più importante di una serata di follie che risaliva a secoli prima. Conoscendo Bill come lo conosco, sarebbe andata proprio così. Ma poiché l'ha scoperto all'inizio, questa rivelazione è bastata a stroncare sul nascere qualsiasi cosa ci fosse fra loro. Il che è stato un vero peccato.

«Come potevo dimenticare quello che aveva fatto?» mi ha detto Bill. «Non mi aveva tradito, è vero, perciò non dovevo perdonarle niente, ma ero lo stesso arrabbiato con lei, anche se sapevo che non era giusto. La odiavo e odiavo i miei amici. Poi ho odiato me stesso per averli odiati, visto che nessuno di loro aveva fatto qualcosa di sbagliato.

Eppure non ce la facevo più a uscire con lei. Non sarei stato contento di sapere che lo aveva fatto con due ragazzi qualunque, ma avrei potuto passarci sopra perché era single e io non potevo certo arrabbiarmi per una cosa che risaliva a prima che ci incontrassimo. Sarei stato un idiota a prendermela con lei.

Ma sapere che lo aveva fatto con due dei miei amici è diverso. Ti immagini come mi sarei sentito se una sera fossimo usciti tutti insieme? O alla mia festa di compleanno? O se alla fine ci fossimo sposati? Era insopportabile.»

Mi è molto difficile dire cos'avrei fatto io al posto di

Bill. Anche se mi considero una persona aperta, un uomo del ventunesimo secolo che non giudica gli altri, se avessi scoperto che la ragazza con cui avevo appena cominciato a uscire due anni prima aveva avuto un rapporto a tre con un paio dei miei più cari amici, non credo che sarei riuscito a passarci sopra, perché come Bill non avrei fatto che pensarci ogni volta che la vedevo.

Se non avessi conosciuto gli altri ragazzi coinvolti sarebbe stato diverso. Certo, la cosa non mi avrebbe reso felice, ma forse non sarei arrivato a lasciarla.

Con due dei miei amici, però, be', è tutta un'altra storia. Anche se mi piace pensare che se fossi stato innamorato di lei non avrei voluto perderla per qualcosa di così insignificante, rispetto al sentimento che ci univa.

Comunque, basta ipotesi. Il fatto è che non ho mai sentito una storia come questa. È stata davvero una sfortuna per entrambi. A essere onesto, mi spiace soprattutto per lei. Cos'aveva fatto di male? Niente. Si era solo concessa una piccola follia una sera. Ecco tutto. Eppure ha perso l'occasione di vivere una storia potenzialmente fantastica. A volte la vita non è per niente giusta.

Quella volta che è capitato a me

Quando sono rimasto single per qualche mese, le mie amiche hanno subito cominciato a darsi da fare per sistemarmi. Non c'erano molti single della mia età in giro (avevo trent'anni) e volevano vedermi felice. Io apprezzavo le loro intenzioni ma dopo un po' ho iniziato a sentirmi una specie di caso umano (quando sei uno dei pochi single in circolazione, tutti vogliono parlare

272

della tua vita sentimentale o del fatto che *non* hai una vita sentimentale). La storia che sto per raccontarvi riguarda un appuntamento in cui non sono nemmeno arrivato a incontrare la ragazza in questione.

Prima, due veloci consigli per tutte le aspiranti paraninfe

1. Se state cercando di piazzare una vostra amica a un ragazzo, non descrivetegliela *mai* come "sensibile e con un fisico a pera". A me è capitato e non ci siamo mai incontrati.

2. Se un ragazzo chiede di vedere una foto della ragazza che volete presentargli, non fate marcia indietro dandogli del superficiale. Sarà ridicolo, ma a me è successo. Certo che vogliamo vedere com'è. Voi no?

Torniamo alla mia storia

Una mia amica (sono quasi sempre le ragazze a voler fare le paraninfe) mi disse che conosceva la ragazza "perfetta" per me.

Mi sembrava un po' esagerata. E le esagerazioni di solito non portano lontano. Ma ero disposto ad ascoltare.

A quanto pareva lei era davvero divertente, intelligente e via dicendo... cioè esattamente come vengono descritte tutte le ragazze (tranne nel caso di quella "sensibile e con un fisico a pera").

Ma la mia amica mi disse che questa era anche «un po' spregiudicata».

"Mmm, strano," pensai "e interessante." «Raccontami qualcosa in più.»

Mi disse che usciva molto.

Bene.

Che era appariscente.

Bene.

Che era molto vivace e allegra.

Benissimo.

Che era molto spiritosa.

Di nuovo benissimo.

Alla fine la mia amica mi mandò anche una foto via mail che mi conquistò: volevo decisamente incontrare questa ragazza. Forse un incontro combinato con lei non era affatto una cattiva idea.

Ma poi, quasi come un ripensamento, via mail arrivò un secondo messaggio: «Oh, e qualche mese fa è andata nel backstage del concerto di [inserite voi il nome di un famoso rapper americano che io non posso stampare per motivi legali] e gli ha fatto un pompino».

Cosa? Vuoi piazzarmela e mi racconti una cosa *del genere*? Sei matta?

«Pensavo che ai ragazzi piacesse» replicò la mia amica. «Sai, un pizzico di spregiudicatezza e via dicendo.»

Un po' di spregiudicatezza ci piace, certo. Ma non di questo tipo.

Invece di allettarmi, questa scoperta fece crollare il mio interesse come un'incudine lanciata da una scogliera. Fare un servizietto a un rapper poteva anche rappresentare il suo concetto di serata divertente e moralmente non mi sentivo di giudicarla, perché se fossi stato anch'io famoso e single sarei stato ben contento di avere eserciti di ragazze che entravano e uscivano dal mio camper ogni giorno.

Ma non sono lui e quest'informazione mi smontò parecchio. Volevo davvero uscire con una ragazza che, come avrebbero detto i giornali, aveva concesso favori sessuali a un rapper?

No.

Come Bill e il rapporto a tre dei suoi amici, ogni volta che l'avrei vista avrei pensato al rapper. Già *dal primo appuntamento*.

Avrebbe mai potuto nascere qualcosa fra noi?

No.

Ma se anche la vostra storia sessuale rappresenta una lettura lunga e avvincente, non preoccupatevi. Questi aneddoti significano che giudichiamo una ragazza dal suo passato solo se le circostanze sono eccezionali. Se non mi credete, ecco cosa mi ha detto un amico a proposito della sua ragazza dal passato piccante. «A volte ne sono geloso ma non ho intenzione di permettere al passato della ragazza che amo di condizionare la mia vita oggi, perché non ha niente a che fare con noi e con me.

Ha fatto qualche pazzia, e allora? Adesso stiamo benissimo insieme. Mi fido e voglio trascorrere il resto della mia vita con lei. È stato il suo passato a renderla la persona che è e io la amo. Certo, i suoi trascorsi folli non sono il mio argomento di conversazione preferito, ma non permetterei mai a una cosa tanto irrilevante di condizionare la mia felicità o il mio rapporto con lei. Sono sicuro che quelle notti si sarà divertita parecchio, ma è quello che c'è fra noi che conta. Il nostro futuro è molto più importante di quello che è successo prima che ci incontrassimo.»

La cosa divertente, è che il passato del mio amico è molto più tranquillo del suo.

Ma vale anche il contrario. Conosco una ragazza la cui sorella ha cominciato a uscire con un ragazzo che le ha detto piuttosto apertamente di essere andato a letto con novanta donne prima di lei, anche due o tre alla volta. All'inizio la cosa l'ha un po' infastidita. Ma tre anni dopo, quando si sono sposati, il fastidio si era parecchio attenuato.

Perciò non dovete assolutamente preoccuparvi che il vostro passato possa condizionare il vostro futuro.

Questo però non è un buon motivo per andare a letto con chiunque capiti, perché non penso che saltare la cavallina possa davvero rendere felici. Anzi, sono convinto che il sesso occasionale spesso rappresenti un sostituto dell'affetto quando siamo infelici, ubriachi o soli, o un po' tutte e tre queste cose.

Il domandone: cosa dovreste raccontargli?

Sarò un idealista ma se qualcuno a cui tenete sentimentalmente vi fa delle domande, voi dovreste rispondere con onestà. Siate sincere. Conosco il detto per cui la verità non ferisce mai chi la dice, ma secondo me una coppia non dovrebbe mai raccontarsi bugie. Anche se entrambi potrebbero sentire cose sgradevoli, l'onestà è molto più importante del fastidio che si prova sapendo con quante persone ha fatto sesso il proprio ragazzo o la propria ragazza. Se uno non riesce ad accettare il passato dell'altro, il problema è suo. E se c'è qualcosa che non volete sapere, allora non fate domande.

Una volta ho sentito dire che a nessuno piace venire a sapere che una ragazza ha avuto più di dieci amanti prima di lui e che le ragazze dovrebbero mentire in proposito. Stupidaggini. Voi limitatevi a dire la verità. Nessun ragazzo dotato di un po' di buon senso respingerà mai una ragazza meravigliosa sotto ogni punto di vista semplicemente perché è andata a letto con troppa gente prima di lui. E se lo fa, allora non se la merita comunque.

Ecco allora la regola: nel dubbio, dite la verità.

E ora un'altra storia su un argomento simile. Rebecca al lavoro incontra Mr Right. Lui le chiede di uscire e cominciano a frequentarsi. Un paio di mesi dopo, quando le cose stanno ormai andando alla grande, Rebecca vede una foto di Mr Right insieme a un amico. Rebecca pensa di riconoscere l'amico. Gli chiede di lui e scopre di conoscerlo davvero: sono usciti insieme un paio di anni prima. Il suo nome è Mr Wrong.

Mr Right vede la faccia di Rebecca. Capisce che c'è sotto qualcosa e non resiste alla tentazione di chiederle se conosce Mr Wrong. Rebecca gli dice la verità: lei e Mr Wrong si sono frequentati per circa sei mesi e la storia tra loro è finita circa un anno e mezzo prima.

Mr Right ci rimane malissimo perché Mr Wrong è il suo più vecchio amico. Sono cresciuti insieme. E anche Rebecca ci rimane malissimo. Non solo perché vede la reazione di Mr Right, l'uomo migliore che lei abbia mai conosciuto, ma anche perché scopre che Mr Wrong non gli ha mai parlato di lei. Nonostante fossero usciti insieme per sei mesi, Rebecca per lui non era abbastanza importante da parlarne con il suo più vecchio amico. Mr Wrong era, ormai l'avrete capito, uno stronzo. E mi spiace per Rebecca, perché il suo orgoglio deve aver subito un brutto colpo. Fra l'altro non posso nemmeno giustificare il comportamento di Mr Wrong. A volte gli uomini, quando sono felici di essere single e non vo-

277

gliono impegnarsi, fanno così. Probabilmente avrà pensato che quello che c'era fra lui e Rebecca non fosse importante e che non era il caso di parlarne al suo migliore amico. (Voi però prendete nota: se uscite con un ragazzo da sei mesi e non avete ancora conosciuto il suo migliore amico, fate scattare un piccolo campanello d'allarme nella testa.)

Come si è sentito Mr Right quando ha scoperto che Mr Wrong conosceva in senso biblico la sua amata Rebecca?

Si è sentito malissimo. Non doveva convivere solo con la consapevolezza che Rebecca era stata a letto con il suo migliore amico (anche se non era un problema di tradimento o di mancanza di fiducia), ma anche con il fatto che per lui aveva significato così poco. Per Mr Right Rebecca era la ragazza con cui voleva trascorrere tutta la vita. Per Mr Wrong era stata solo un'avventura occasionale. Deve essere stato terribile, e da uomo non posso che essere molto dispiaciuto anche per lui.

Quindi cosa ne è stato di Rebecca e Mr Right?

Questa è la parte che preferisco. Mr Right si è rivelato davvero un ragazzo speciale. Era forte, aveva dei principi sani e si è reso conto in fretta che, per quanto fosse ammaccato il suo ego, Rebecca era una ragazza fantastica. Anzi, riflettendo sul sentimento che li univa si è accorto di amarla ancora di più.

Di certo si sarà chiesto se poteva stare con lei nonostante tutto e di conseguenza avrà pensato a come sarebbe stata la sua vita senza. E sono convinto che non abbia impiegato più di un nanosecondo per capire cosa doveva fare, e cioè che non solo poteva ma *doveva* fare il possibile per stare con lei perché fra loro c'era qualcosa di speciale. Quello che era successo prima che si incontrassero era del tutto irrilevante.

Una storia che ancora mi sconcerta

Penso che nessuno dovrebbe aver nulla da dire sul passato dell'altro, su quanto accaduto prima di conoscersi e di mettersi insieme. Ma se la persona con cui sto mi tradisse, come la maggior parte delle persone non penso che riuscirei a superare la cosa.

È il motivo per cui la storia che segue mi ha lasciato letteralmente a bocca aperta. E riesce ancora a sconcertarmi. La ritengo assurda a tal punto che ho bisogno di raccontarla e condividerla. I temi sono il passato, l'infedeltà e il perdono, nelle più improbabili e surreali circostanze.

Ma ora basta preamboli, veniamo alla storia.

La storia

Sharon e Shaun si sono messi insieme quando avevano entrambi ventisette anni. Due anni dopo, Sharon sospetta che Shaun l'abbia tradita e lo affronta. Lui confessa che sì, l'ha tradita. Più di una volta. E viene fuori che nel corso della loro relazione è andato a letto con sei ragazze diverse. Sharon è comprensibilmente sconvolta.

Dunque, è stata la fine della loro storia?

Quasi.

Sharon, per ragioni che ai miei occhi ancora adesso non hanno alcun senso, gli concede due opzioni.

La prima, lasciarsi immediatamente.

La seconda, raccontare a suo padre esattamente per filo e per segno quanto appena rivelato, cioè confessare tutte le infedeltà al padre della fidanzata ripetutamente tradita.

È una soluzione originale, ho pensato. E una bella punizione. Ero impressionato. Ma Shaun l'avrebbe fatto davvero? Quanta umiliazione avrebbe sopportato per rimanere con una ragazza cui teneva così poco al punto di portarsi a letto altre sei ragazze? No, non l'avrebbe mai fatto, pensavo.

Mi sbagliavo.

Invece l'ha fatto.

Ha telefonato al papà di Sharon e gli ha detto che voleva vederlo: è arrivato a casa dei genitori, si è seduto e ha raccontato ogni cosa.

Ora, se io fossi stato il papà di Sharon, mi sarei aspettato un discorso ben diverso dal fidanzato di mia figlia che, dopo due anni, per la prima volta chiede un incontro privato. Qualcosa come una proposta di matrimonio, per essere esatti. Non avrei mai immaginato di ascoltare la confessione di una simile barbarie ai danni della mia piccolina. Addirittura sei volte. Mi ha sorpreso che non abbia afferrato al volo il suo fucile da caccia. Invece ascoltò e riuscì a non aggredire Shaun.

Oggi Sharon e Shaun sono sposati e, per quanto se ne sa, lui è sempre rimasto fedele.

In questi tempi di infedeltà diffusa, è un tema caldo. Non so davvero come Sharon sia riuscita a passare sopra ai ripetuti affronti di Shaun. Per un uomo non credo che sarebbe stato possibile. Se la mia fidanzata mi rivelasse che è andata a letto con altri sei uomini non credo che riuscirei a superarlo, e penso che non sarei nemmeno il solo. Suppongo che Sharon sia un'eccezione.

A essere sincero, non riesco a capire perché entrambi hanno agito in questo modo. Perché diamine non si sono semplicemente lasciati? Ma io fortunatamente non ho mai vissuto una situazione del genere, e spero che non mi capiti mai.

Io e la gelosia, ovvero essere gelosi di chi è geloso (loro almeno possono esserlo)

Dopo essere stato single per due anni, a un certo punto ho cominciato a pensare a quanto sarebbe stato bello essere geloso di qualcuno. Era Capodanno e io l'avrei trascorso da solo. Peggio ancora, essere single era praticamente diventato un mio tratto distintivo.

I miei amici erano tutti sistemati e io non ne potevo più di sentirmi chiedere come andava la mia vita sentimentale. So che sembro un ingrato (loro si interessavano a me perché mi vogliono bene e volevano vedermi felice) ma a volte avevo l'impressione di non essere altro che Humfrey "quello single".

D'altra parte era stata una mia scelta quella di rimanere single e per di più scrivevo anche una rubrica in cui celebravo quel tipo di vita, quindi non potevo incolpare i miei amici se si preoccupavano per me. Il responsabile ero solo io.

Ma torniamo a quella vita da single. Che è molto più divertente.

Anno nuovo, vita nuova

Quel Capodanno decisi di cominciare a pensare positivo. Decisi che il passaggio al nuovo anno avrebbe rappresentato l'inizio di un nuovo capitolo della mia vita, in cui mi sarei comportato in modo diverso. La parola chiave sarebbe stata "ottimismo", insieme alla convinzione che là fuori, da qualche parte, c'era la ragazza giusta per me e che prima o poi l'avrei incontrata.

C'era solo una cosa che dovevo evitare: di accontentarmi.

Perché un uomo single è come un taxi

Mia sorella Sarah pensa che gli uomini single siano come dei taxi che non riescono a controllare le luci. Una ragazza è come il possibile passeggero, che fa cenno al taxi di fermarsi. A volte la luce del taxi è accesa e a volte è spenta, il che significa che a volte il taxi è libero e a volte occupato. Ma, attenzione, non è detto che se il taxi non si ferma è perché c'è già dentro qualcuno.

In altre parole, se un uomo single ha la luce accesa può darsi che sia disponibile a cominciare qualcosa di serio con una ragazza che gli piace. Se la luce è spenta, non c'è niente da fare. Non è disponibile. Punto e basta.

Penso che la teoria di Sarah contenga qualcosa di vero, perché quel Capodanno io non pensavo più come un uomo con la luce spenta. Guardavo una ragazza e mi domandavo: «Riesco a vedermi con lei?». In questa fase la risposta era sempre no, ma dovevo comunque stare attento, perché non volevo diventare uno di quei ragazzi che si accontentano o sono arrivati al punto di desiderare tanto una ragazza fissa da convincersi che la prima che incontrano sia quella giusta.

Anno nuovo, seconda parte

Ricapitolando, era Capodanno e mi sentivo ottimista, anche se non mi illudevo di rimorchiare. Il mio unico Capodanno da single dell'ultimo decennio risaliva a dodici mesi prima ed era stato un fiasco totale. L'unica ragazza disponibile aveva inspiegabilmente cominciato a piangere alle nove di sera e se n'era andata un'ora dopo, ancora in lacrime. E no, non era colpa mia. Non ci eravamo scambiati nemmeno una parola.

Perciò ecco il resoconto del mio secondo Capodanno Single.

Quella sera andai in un pub con mio cugino Max e sua moglie Mareike. C'era un sacco da bere, musica e un paio di ragazze niente male. Ma una spiccava su tutte le altre: aveva i capelli corti e scuri, indossava un vestitino viola e, ai miei occhi appannati dall'alcol ed emotivamente vulnerabili, sembrava piuttosto attraente.

Siccome andavano spesso lì, Max e Mareike conoscevano parecchia gente, così Mareike mi chiese se volevo che mi presentasse qualcuno. Io le dissi che la ragazza vestita di viola era l'unica che mi interessava e visto che avevamo già ballato vicini e ci eravamo già scambiati qualche occhiata pensavo di avere una possibilità. Ma Mareike mi disse: «Assolutamente no, è lesbica». Non era quello che avrei voluto sentire ma poiché mi stavo divertendo comunque non aveva importanza.

Una volta usciti dal pub finii a dormire sul divano di Max e Mareike e il mattino seguente lei mi chiese perché non ci avessi provato con la ragazza in viola. Io scoppiai a ridere.

«Perché è lesbica, ovvio.»

«Non capisco di cosa parli.»

«Mi hai detto tu che è lesbica e io ho lasciato perdere» replicai.

Mareike sembrava confusa. «Certo che no. Ho detto che secondo me ci stava.»

E a quel punto divenne tutto chiaro: la sera prima ero così ubriaco che avevo sentito «È lesbica» invece di «Ci sta» e mi ero giocato ogni chance con lei. Mi sentii immediatamente un cretino, cosa che peggiorò i postumi della sbornia.

In seguito raccontai tutto a B e lui mi disse che ero stato un idiota e che non avrei rimorchiato nemmeno in un bordello, il che non mi fece esattamente piacere. Inoltre era pronto a scommettere che non avrei riportato la storia, con tanto di nome del locale, nella mia rubrica chiedendo che la ragazza in viola si mettesse in contatto con me.

Be', io raccontai la storia nella mia rubrica e B perse la scommessa. Perché lo feci? Fondamentalmente per chiudere la bocca a B.

Se ho più avuto notizie della ragazza in viola?

No.

E ho dovuto ammettere il fallimento nella rubrica, così qualche giorno dopo seicentomila copie del quotidiano riportavano l'esito della mia triste storia.

Di certo non era stato un Buon Capodanno.

Ma torniamo alla gelosia

In generale penso che un po' di gelosia non guasti. Una fitta ogni tanto, cioè, è del tutto normale. Può perfino impedirci di dare per scontati i nostri (rispettivi) compagni, a patto che ogni volta la fitta sia seguita dalla confortevole consapevolezza che possiamo fidarci di quella persona e che lei prova la stessa cosa per noi. Il risultato è che siamo felici di stare con qualcuno che anche gli altri desiderano. E sorridiamo. In questo senso la gelosia non è poi così brutta.

Due parole sull'insicurezza maschile

Jimmy Soul cantava una canzone intitolata *If You Wanna Be Happy* nella quale dava ai suoi amici qualche consiglio su come vivere felici. La sua lezione può riassumersi in due frasi: «Non sposare mai una bella ragazza» e: «Sposane una brutta». Jimmy voleva che gli uomini si risparmiassero lo stress di avere una bella moglie che attira l'attenzione degli altri.

Era un uomo e immagino che stesse dalla parte degli uomini, ma se era davvero questo che credeva, allora penso che Jimmy Soul fosse un cretino. Dire di no a una ragazza perché è troppo bella? Non conosco nessuno che farebbe mai una cosa del genere o che l'abbia fatta.

La canzone però era carina. Molto orecchiabile.

Un'ultima parola sulla gelosia

Se un ragazzo ama una ragazza (e intendo dire se la ama davvero), quando la guarderà penserà che è stupenda. E sarà convinto che anche tutti gli altri pensino la stessa cosa. Quindi a volte si sentirà minacciato. Prendetelo come un complimento. Non arrabbiatevi con lui per questo perché è la dimostrazione di quanto tiene a voi. E cosa c'è di male? Niente.

PAROLA DI HUMFREY

1. La gelosia non è sempre negativa.
2. Se un ragazzo è troppo geloso e voi non avete fatto niente per tradirlo o essere sleali nei suoi confronti, la colpa non è vostra. Il problema è solo suo.
3. Non vergognatevi se avete un passato piccante.
4. Non vergognatevi se avete un passato da monaca di clausura.
5. Essere onesti è sempre la tattica migliore.

12

TRASFORMARE UN'AVVENTURA
in una storia vera

Come aumentare le probabilità
di iniziare una storia seria con lui

•

Perché è meglio non insistere troppo

•

Come spaventarlo a morte
con una sola semplice mossa

•

Non abbiate paura di ammettere che vorreste
stare con lui per il resto della vostra vita

•

Perché vuole un matrimonio,
non solo una cerimonia nuziale

Una volta arrivate a questo capitolo, ormai dovreste già immaginare che consigli sto per darvi. Dovreste sapere che credo nelle tattiche dirette, come ascoltare il proprio istinto, usare il buon senso, non fare le preziose ma nemmeno correre troppo, insomma, cose semplici che però funzionano solo quando si è sicure di se stesse e di quello che si pensa.

Perciò, a che punto siamo? Per quanto riguarda quello che ho da dirvi, siamo quasi alla fine. Mettiamo che stiate con un ragazzo che vi piace e volete che la cosa si trasformi in una storia seria. Se quello che c'è fra voi è bello, tutto procede bene e il momento per lui è quello giusto, con ogni probabilità questo avverrà spontaneamente, perché anche lui lo vuole. Forse ci vorrà più tempo di quanto piacerebbe a voi (magari è timido, per esempio) ma non avete niente di cui preoccuparvi.

Ecco alcuni esempi di cosa fare ma, prima di tutto, di cosa non fare.

Miss A-Tutto-Gas

Conosco una ragazza che va a letto con un sacco di uomini. Ne frequenta anche tre o quattro alla volta (non nello stesso momento, attenzione) ma non con un atteggiamento da donna-emancipata-che-si-gira-attorno-al-dito-tutti-gli-uomini-che-vuole. Il suo approccio "chi capita capita" nasconde il desiderio di trovare un ragazzo fisso e considera tutti questi tizi delle potenziali conquiste a lungo termine.

La sua teoria è che più ragazzi incontra, più rapidamente troverà quello giusto. La cosa però sta andando avanti ormai da anni senza alcun risultato apprezzabile. Siccome è attraente, divertente, amichevole, intelligente e di buon cuore non ha problemi a rimorchiare, ma qualcosa in lei allontana tutti prima che queste piccole avventure possano trasformarsi in qualcosa di più.

I motivi per cui Miss A-Tutto-Gas spaventa sono due.

Primo, è molto diretta nel dichiarare quello che cerca – cioè un ragazzo fisso – sin dal primo appuntamento. E la cosa ha due conseguenze: innanzitutto i ragazzi hanno l'impressione di partecipare a un'audizione, e questo è sgradevole. Inoltre si sentono forzati, come se ci fosse già un piano pronto per loro. Anche se questo può sembrare un esempio estremo, la soluzione al problema è valida per qualsiasi ragazza cerchi di convincere un ragazzo a impegnarsi già dopo due ore, due settimane o due mesi che si sono conosciuti. E la soluzione è questa: all'inizio di un rapporto di solito i ragazzi sono felici di vivere il momento. Non pensano al futuro, a dove porterà la storia. Questo non significa che non pensiamo *mai* al futuro, ma lo facciamo con i nostri tempi, a modo nostro. E non significa nemmeno che non potete influenzare le nostre decisioni. Se state con un ragazzo che non sembra avere intenzione di impegnarsi, infatti, potete fare due cose. Primo, renderlo felice nel momento presente, nel qui e ora, senza fargli pressioni e, secondo, essere indipendenti. Fate un po' le preziose. Tiratevi indietro senza essere aggressive o polemiche. E in entrambi i casi, mi raccomando, *non ditegli che cosa state facendo*. Se capirà le vostre intenzioni, penserà che lo volete manipolare e si metterà sulla difensiva. Ma se lo renderete felice, anche se non vi si inginocchierà davanti con la rapidità che vorreste, non potrà più vivere senza di voi. E questo è il risultato che cercate. Se però le due tattiche che vi consiglio non funzionano, allora sparite completamente dalla circolazione. Ditegli che volete qualcosa in più di un'avventura occasionale e buttatelo fuori dalla vostra vita. Rimanete fedeli a voi stesse.

Il secondo problema di Miss A-Tutto-Gas è che la sua insicurezza la rende troppo insistente, troppo presto. E questa è una cosa che spaventa i ragazzi. Cerca in tutti i modi di dimostrarsi sicura e il suo sforzo si nota. La sicurezza forzata è indice di insicurezza e noi ce ne accorgiamo.

Miss A-Tutto-Gas: il verdetto

Sarebbe facile dire che Miss A-Tutto-Gas deve solo incontrare il ragazzo giusto. E fino a un certo punto è vero. Ma la vita non è così semplice o magnanima. Per dare una mano al destino, Miss A-Tutto-Gas deve cambiare mentalità e atteggiamento, perché le probabilità che un ragazzo incontrandola pensi che sia un diamante grezzo (e lo è) e decida che sarà lui a levigarlo sono minime. I ragazzi non funzionano così. Siamo diversi dalle ragazze, che amano trovare un ragazzo con del potenziale... e renderlo perfetto. Noi non vogliamo cambiarvi. Ci piacete così come siete. Vi guardiamo e pensiamo: "Questa *è* perfetta" non: "Questa *potrebbe* essere perfetta".

Ecco perché quando una ragazza dice al suo compagno che vuole cambiare pettinatura, la sua reazione immediata è di andare nel panico e dirle: «Non farlo, mi piaci così!». Vedete, non vogliamo che le cose che ci piacciono cambino. Ma nel novantanove per cento dei casi, questo stesso ragazzo vedrà la nuova pettinatura e gli piacerà. Anzi, potrebbe non notarla nemmeno. Siamo davvero gente strana.

E c'è un'altra cosa che Miss A-Tutto-Gas fa e su cui dovrebbe riflettere: così attira solamente stronzi e sciupafemmine. Il suo comportamento e le sue insicurezze non l'aiuteranno a trovare un ragazzo serio molto presto.

Entriamo nello specifico di quello che Miss A-Tutto-Gas fa e che voi dovreste evitare: scrive regolarmente messaggini (spesso per prima), cerca di organizzare appuntamenti quando gli altri non hanno espresso nessun desiderio di vederla, manda messaggi a tarda sera quando è fuori e poi – e questo è un campanello d'allarme importantissimo – si giustifica dicendo che «non le piace fare giochetti». Lasciare che sia lui a corrervi dietro non significa fare giochetti. Significa dimostrarsi intelligenti e assennate. Detto questo, seguire *Le Regole* significa decisamente fare giochetti e sapete già come la penso.

L'ovvia verità sui messaggini a tarda sera

Se un ragazzo con cui non uscite regolarmente (e con questo intendo che vi siete visti meno di tre o quattro volte in un arco di tempo limitato o qualche volta in più in un arco di tempo più lungo) vi manda un messaggio a tarda sera – e prima o poi lo abbiamo fatto tutti – posso garantirvi una cosa: non gli passa neanche per l'anticamera del cervello di diventare il vostro ragazzo. Vuole che andiate da lui e vi spogliate, o magari cerca solo una reazione da parte vostra, qualcosa che lo faccia sentire meno solo e annoiato. E se voi siete sulla sua stessa lunghezza d'onda, cioè vi interessa solo fare sesso e scambiarvi qualche messaggino piccante, allora state pure al gioco. Ma non aspettatevi che questo tipo di comunicazione sia il preludio a qualcosa di più.

Sì, sto generalizzando. Ma è vero. Ed è per questo che la mia affermazione è così categorica. La lezione in questo caso è semplice: non analizzate troppo profondamente ciò che un ragazzo vi scrive a tarda sera. Se vi ha scritto un messaggio a quell'ora significa che si sente solo, è annoiato o ha voglia di fare sesso, o un po' tutte e tre queste cose insieme. In ogni caso, *non* sta cercando un rapporto serio con voi, quindi siate prudenti.

Certo, se anche voi vi sentite sole, annoiate o avete voglia di fare sesso, correte pure a divertirvi con lui.

Il Discorso

I messaggini a tarda sera hanno un significato del tutto diverso se avete già fatto Il Discorso, cioè vi siete già detti che il vostro è un rapporto esclusivo.

Tre settimane dopo aver cominciato a uscire con Steve, Sally controllò il suo telefono e scoprì che era andato a letto con un'altra un paio di giorni prima. Non stava curiosando, era stato lui a dirle di cercare qualcosa. In ogni caso, trovò un messaggio inequivocabile che non le fece minimamente piacere. Lo disse a Steve e lui le rispose che la capiva, ma ancora non avevano fatto Il Discorso. Voleva che smettesse di andare a letto con le altre?

«Sì» gli rispose Sally cominciando a calmarsi un po'. «E c'è un'altra cosa.»

Anche Sally era andata a letto con un altro solo pochi giorni prima. Dopo aver scoperto quello che aveva fatto Steve, pensò che fosse meglio dirglielo invece di tacere. Il che le rende onore. Ma come reagì Steve?

Scoppiò a ridere e le disse che era matta per essersela presa tanto con lui, però le promise che non sarebbe più andato a letto con nessun'altra, Sally ricambiò la promessa e andò a finire tutto bene.

La cosa interessante di questa storia è che Sally e Steve si sono comportati allo stesso modo. Cioè, hanno deciso entrambi di andare a letto con altre persone perché il loro non era ancora un rapporto ufficiale e non avevano ancora fatto Il Discorso. I casi sono due (e io non posso dirvi qual è quello vero perché non so ancora come andrà a finire):

1. Sally e Steve non si piacciono poi così tanto e la loro storia si esaurirà nel giro di poco,

oppure

2. Continueranno a stare bene insieme perché all'inizio hanno dimostrato di pensarla allo stesso modo.

Se al posto di Steve ci fossi stato io – non sognerei mai di sfiorare un'altra ragazza dopo averne incontrata una che mi piace davvero, Discorso o non Discorso – allora le cose sarebbero state un po' più difficili. Ma siccome si sono comportati allo stesso modo, allora erano pari.

Il che è un po' come dire che due torti fanno una ragione. Non sempre è giusto ma qualche volta sì. Se Sally e Steve fossero andati a letto con un'altra persona dopo due anni che stavano insieme, probabilmente si sarebbero lasciati, ma a quel punto, visto che si erano appena incontrati, hanno razionalizzato la cosa e hanno capito, perché il comportamento dell'uno si è riflesso in quello dell'altro. Buon per loro. Sono curioso di vedere come andrà a finire.

✓ SEGRETO N. 8

Se siete andate a letto per la prima volta con un ragazzo (o state per farlo) e la questione dell'esclusività vi preoccupa, non c'è niente di male nel dirgli: «Non voglio farti pressioni ma sappi che comunque andranno le cose io non ho intenzione di fare sesso con nessun altro, e perciò spero che anche tu faccia lo stesso». Se gli piacete penserà: "Che ragazza in gamba, vuole solo me!" e sarà molto contento. Se invece comincia a farvi storie perché non vuole sentirsi vincolato, almeno saprete qual è la situazione.

Un'altra cosa: quando gli fate questo discorsetto, non usate mai la parola "ragazzo", nemmeno in senso generico tipo "non sto dicendo che sei il mio ragazzo...". La maggior parte di noi non batterebbe ciglio ma qualcuno sì, quindi evitate. Meglio non rischiare.

Niente Discorsi

Conosco due ragazzi che si sono incontrati, hanno cominciato a uscire e nove mesi dopo vivevano insieme senza che nessuno di loro dicesse una sola parola su quello che stava succedendo: se si stavano solo divertendo o se fra loro c'era qualcosa di più serio. Niente. Non una singola parola.

Perché?

Perché la Ragazza-Niente-Discorsi era intelligente.

La Ragazza-Niente-Discorsi ha capito che il Ragazzo-Niente-Discorsi non era tipo da farsi condizionare. Sapeva che era testardo e che non gli piaceva sentirsi dire che cosa doveva fare. Così la Ragazza-Niente-Discorsi non glielo ha detto. Si sono visti regolarmente per nove mesi, sempre un po' di più, e la Ragazza-Niente-Discorsi ha giocato molto bene le sue carte. Ha trascorso un sacco di tempo con lui, comportandosi come la ragazza perfetta ma senza mai etichettare quello che c'era fra loro. Era rilassata. Niente pressioni. E nel frattempo nessuno dei due ha provato il minimo interesse per qualcun altro. Non come è accaduto a Sally e Steve.

Quindi

Se due persone si piacciono davvero, avranno lo stesso obiettivo – impegnarsi in un rapporto esclusivo – e questo significa che se si dimostrano oneste e aperte, la loro vita insieme andrà avanti senza problemi.

Non è stupendo come le cose complicate in realtà possano rivelarsi tanto semplici?

L'Impegno con la "i" maiuscola

Non dovete aver paura di ammettere che il vostro scopo ultimo è di stare con una persona per tutta la vita. Perché questo significa essere fedeli a voi stesse. Inoltre anche la maggior parte dei ragazzi la pensa così. Perciò se state uscendo con qualcuno che la pensa diversamente (forse per lui non è il momento giusto, o forse voi non siete quella giusta), allora non sprecate il vostro tempo, e tanto meno il vostro amore.

Fidatevi degli uomini. Davvero!

Noi uomini non ne discutiamo molto, ma tutti sappiamo che la fiducia è una delle cose più importanti. La fiducia è ciò che rende due persone speciali l'una per l'altra, ciò che eleva il loro rapporto sopra qualsiasi altro legame. La fiducia permette a una coppia di creare un suo mondo privato in cui nessuno può entrare, in cui quello che provano, dicono e fanno rimane segreto, riservato, solo per gli occhi e le orecchie della persona amata. Per me la fiducia è una componente fondamentale di una coppia felice, che si rispetta. E non si tratta solo di rimanere fedeli – anche se questo è scontato – ma di essere speciali l'uno per l'altra.

Lo sapevate già, vero?

E allora perché ve lo sto dicendo?

C'è solo un motivo: perché potreste non aver mai sentito un uomo parlarne prima.

Allora perché gli uomini tradiscono?

Sapevo che prima o poi avrei dovuto rispondere a questa domanda. Perciò avanti.

Sono molti i motivi per cui alcuni uomini non sanno tenere allacciati i pantaloni, ma siccome mi piace dare risposte semplici alle domande complicate, non ho intenzione di soffermarmi ad analizzarli tutti.

Diciamo che di fondo la regola è questa: se una relazione è sana, cioè se due persone si prendono cura l'una dell'altra, soddisfacendo i bisogni reciproci, allora un uomo non tradisce. Se qualcosa va male, se una relazione comincia a sgretolarsi, allora è possibile che l'uomo (o la donna: anche le donne sanno essere infedeli, sapete) tradisca. Certo, in un rapporto ci sono alti e bassi. La maggior parte di noi lo capisce e si comporta di conseguenza, cioè senza tradire nessuno. Ma non tutti.

E ci sono uomini che tradiscono anche quando il loro rapporto funziona.

Perciò che tipo di uomo tradisce?

Qualsiasi. O meglio, non si può individuare un tipo preciso di uomo che tradisce sempre o non tradirebbe mai. Un ragazzo che ha avuto un sacco di storie da giovane e quindi sembrerebbe un ovvio candidato al tradimento, potrebbe incontrare una ragazza speciale e non guardarne più nessun'altra. Così uno che fino a venticinque anni è stato uno sfigato, si è sposato presto e grazie al suo lavoro ha fatto un sacco di soldi per cui adesso le donne gli cadono ai piedi come pere mature, potrebbe decidere di recuperare il tempo perduto nonostante il suo stato coniugale. Oppure potrebbe decidere di rimanere fedele per sempre. Non si possono fare previsioni.

Il punto in sostanza è questo: alcuni uomini tradiscono e basta. Alcuni uomini sanno decidere «con questa ci vado a letto» e altri no. Il miglior consiglio che posso darvi è di fare in modo che il vostro rapporto sia il più sano possibile e di fidarvi del vostro istinto. Date per scontato che il vostro uomo non vi tradirà fino a quando non avrete motivo di pensare diversamente.

Gli uomini sono motivati solo dal sesso? No. Ma se non lo facciamo abbastanza spesso può indurci a fare cose strane, tipo tradire la ragazza che amiamo, perché come ho già spiegato prima per noi il sesso non è solo sesso. È la ciliegina sulla torta della nostra felicità, se mi passate il paragone.

Di recente ho letto sul «Daily Mail» un articolo del commediografo Peadar De Burca, il quale ha intervistato duecentocinquanta uomini che hanno tradito le loro mogli. Le sue conclusioni erano tutte affascinanti ma ve ne riporterò una in particolare: «Immaginavo che vivessero vite eccitanti e affascinanti. Ma niente potrebbe essere più lontano dal vero. Una cosa è certa, le relazioni clandestine non fanno la felicità. Dietro le vanterie e la spavalderia è sconcertante come questi uomini siano tutti insicuri. La maggior parte di loro ha perfino ammesso di non essere motivata dal sesso. Cercavano solo qualcosa con cui riempire il vuoto nella loro vita».

Sono completamente d'accordo. Sono le persone infelici a tradire, e il tradimento le rende ancora più infelici.

I commenti sotto la versione online dell'articolo erano altrettanto interessanti. Dopo i soliti «gli uomini sono degli idioti» e «le donne tradiscono tanto quanto loro» (entrambe cose probabilmente vere) ho trovato questo, di una donna che voleva semplificare la situazione: «Gli uomini tradiscono perché le loro mogli non sono più interessate al sesso. Fine della storia. Le donne pensano che il sesso non conti più perché ormai sono sposate da tot anni, ma gli uomini non hanno perso il desiderio. Perciò gli uomini resistono più che possono, ma poi alla fine cedono e si trovano un'altra. Semplice. Questo articolo trascura completamente la cosa e si concentra sulla povera moglie che, dopo aver trovato il marito, la casa e la vita che vuole... smette di alimentare l'interesse del suo uomo. E sì, dipende proprio da noi donne, non dagli uomini. Gli uomini sono degli stupidi che si fanno controllare dal cervello che hanno in mezzo alle gambe, perciò siamo noi che dobbiamo controllare loro».

Si tratta di un punto di vista semplicistico ma non del tutto sbagliato. Se un uomo è felice (e cioè, fra le altre cose, vive un rapporto sessualmente soddisfacente) allora nella maggior parte dei casi non tradirà. Se non è felice, le probabilità che tradisca aumentano. Ma non si può ridurre il tutto al detto: l'occasione fa l'uomo ladro. Non è vero.

Quindi, come impedire che un uomo tradisca? Assicuratevi che il vostro sia un rapporto felice. Non potete fare altro. Allo stesso modo, per evitare che sua moglie o la sua ragazza lo tradisca, anche l'uomo deve fare tutto il possibile perché il loro sia un rapporto felice. Ve l'ho detto, mi piace dare risposte semplici alle domande complicate.

E se siete state tradite, come potete superare la cosa? Be', posso solo dirvi di non prenderla sul personale. Gli uomini che tradiscono lo fanno indipendentemente dalla persona con cui stanno. Un ragazzo che tradisce a vent'anni potrebbe non farlo più perché cresce. Ma certi uomini non crescono mai. Se incappate in uno di loro e state facendo il possibile perché il vostro rapporto funzioni, sappiate che, se vi tradisce, la cosa non ha niente a che fare con voi e che la colpa non è vostra.

So che questo non aiuterà molto le ragazze che sono state tradite di recente, ma purtroppo non posso dirvi altro.

Troppa gelosia è dannosa

Una volta qualcuno mi ha detto che le persone troppo gelose di solito hanno qualcosa da nascondere.

Se ci credo? No.

La ragazza più gelosa che ho conosciuto controllava il mio cellulare tutti i giorni, sbirciava nei miei appunti di lavoro per vedere con chi parlavo, mi domandava dove fossi di preciso in qualsiasi momento della giornata e mi accusava di guardare con interesse tutte le donne che incontravo. Inclusa sua madre. Davvero, mi ha accusato di fare il filo a sua madre.

Non credo che il motivo di questo livello folle di gelosia fosse che nascondeva un altro fidanzato da qualche parte. Certe ragazze sono così e basta: non riescono a impedire che le loro insicurezze trabocchino e non possiedono l'intelligenza emotiva per capire che se si comportano come lei – cioè cercando di controllare tutto quello che facevo e addirittura gli amici che avevo – ci rendono la vita impossibile e alla fine, inevitabilmente, ci perdono. E viceversa.

Una storia di fiducia: Rita, Roger e Miss X

Roger, il ragazzo di Rita, ha un'amica, Miss X, che fa arrabbiare moltissimo Rita (attenzione, ho detto arrabbiare, non ingelosire). Rita si fida ciecamente di Roger, ma pensa che Miss X gli faccia il filo. Miss X cerca Roger quando Rita non è nei paraggi e se lo spupazza tutto quando c'è. Roger non incoraggia Miss X, non la cerca all'insaputa di Rita, non finge di vedersi con qualcun altro quando si vede con lei (il che accade di solito per qualche pranzo veloce durante la settimana) e fa fatica a capire quale sia il problema. Per lui, Rita è la ragazza di cui è innamorato e Miss X è semplicemente un'amica. Ma Rita ha la sensazione che Miss X cerchi sempre di metterla da parte e prendere il suo posto.

Cosa dovrebbe fare, allora?

In realtà è molto semplice. Rita si fida davvero di Roger, e a ragione. Questo significa che non dovrebbe sollevare alcun polverone, perché Roger non ha fatto niente di sbagliato (Miss X era una sua amica già prima di incontrare Rita). Anche se Rita non esistesse, lui non si metterebbe mai con Miss X.

Se fra loro in passato ci fosse stato qualcosa, Rita

avrebbe dovuto davvero preoccuparsi (tanto più se si era trattato di un'avventura occasionale, perché qui stiamo parlando di sesso), ma così non è, specialmente perché si fida tanto del suo ragazzo. Rita non ha mai messo in dubbio i suoi sentimenti e la sua onestà.

Detto questo, se sentisse che fra Roger e Miss X c'è qualcosa, allora sì che dovrebbe preoccuparsi. Queste sono le tipiche situazioni in cui bisogna ascoltare l'istinto. Conosco una ragazza il cui compagno aveva un'amica che conosceva da quando erano bambini. La ragazza vedeva di rado quest'amica, anche se lei e il suo ragazzo stavano insieme da due anni e lui e l'amica erano molto uniti. Inoltre, ogni volta che lei menzionava l'amica, lui insisteva che non c'era niente fra loro e che sarebbero sempre stati solo amici.

Poi però il ragazzo la lasciò e poco dopo si mise con la sua vecchia amica. Probabilmente l'amica aveva capito di essere pronta per diventare qualcosa di più per lui e sotto sotto entrambi avevano saputo che quel momento prima o poi sarebbe arrivato. Quando è successo, la mia amica è diventata immediatamente storia. Mi spiace moltissimo per lei. In pratica è stata ingannata per due anni. Il suo istinto le diceva che c'era qualcosa che non andava e aveva ragione.

Un'ultima parola su Rita e Roger: prima o poi accadrà qualcosa. Forse Roger non sarà più interessato a uscire con Miss X e farà più sul serio con Rita o, per quanto questo possa sembrare incredibile a Rita, Miss X si troverà un ragazzo. In entrambi i casi Miss X vedrà Roger meno spesso. E questo dovrebbe rendere felice Rita, che farebbe bene a mantenere la calma e a non perdere la fiducia in Roger. Senza fare tante storie per Miss X. Roger l'amerà ancora di più per questo. Rita non ha bisogno di entrare in competizione con nessuno.

Ragazzi che non si fidano fra loro

Un mio amico mi ha raccontato questa storia: «La mia ex aveva un caro amico che conosceva da anni. Io lo trovavo divertente, ma non mi fidavo di lui, perché erano usciti insieme parecchie volte in passato. Sapevo cos'era successo perché me lo aveva raccontato lei: le era sempre piaciuto molto e avrebbe voluto che diventasse il suo ragazzo, mentre lui se la faceva solo quando era ubriaco e si sentiva in vena di follie.

Non so se sia stato lui a ingannarla o a dirle che si sarebbero messi insieme, ma in ogni caso quando è così ovvio che piaci a una ragazza, non trovo giusto che te ne approfitti per cinque anni, specialmente se è una delle tue più care amiche. Certo, a tutti noi è capitato di farsi una ragazza che non ci piaceva granché solo perché sapevamo che ci sarebbe stata, ma non conosco molti disposti a menare per il naso qualcuno per cinque anni, soprattutto se questo qualcuno è un'amica. Era una cosa del tutto sbagliata.

Nonostante ciò, ogni volta che ci vedevamo, lei era sempre molto protettiva nei suoi confronti e lo difendeva sempre se io mi dimostravo meno che complimentoso. Il peggio, in realtà, era che ogni volta che lui era nei paraggi lei mi trattava come se fossi invisibile. Io non cercavo di impedirle di vederlo perché non volevo sembrare geloso, ma ripensandoci vorrei averlo fatto, perché era una situazione orribile. Avrei dovuto farmi sentire.

Che tu ci creda o no, all'inizio ho davvero cercato di farmelo piacere. Ma ci ho rinunciato in fretta. Una volta, durante uno stupido gioco al bar, mi ha chiesto qual era stata l'esperienza sessuale più bella della mia vita, con la mia ragazza seduta vicino a me, perché partecipava anche lei al gioco. Mi ha guardato e mi ha sorriso con aria da saputello e in quel momento avrei voluto tirargli una sedia in testa.

Vedi, noi sappiamo bene fino a che punto siamo in grado di comportarci male. In un certo senso siamo tutti uguali, solo che alcuni di noi si danno dei limiti diversi soprattutto perché sappiamo che il nostro comportamento può ferire. Per quel che mi riguarda, da quel momento ho considerato quel tipo un vero e proprio fallito. Se ne stava lì seduto, a ricordarmi deliberatamente che era andato a letto con la mia ragazza, lasciando intendere che pensava che lei lo volesse ancora.

Io e la mia ragazza abbiamo rotto anni fa e non per causa sua, anche se non penso che il modo in cui lo trattava aiutasse il nostro rapporto. Non credo che mi abbia tradito (anzi, sono quasi certo che non lo abbia fatto) ma ho sempre pensato che lui fosse quel tipo di ragazzo che se avesse potuto sarebbe andato a letto con lei mentre eravamo insieme, anche solo per dimostrare a se stesso che poteva averla ogni volta che lo avesse voluto.

Lei era una brava persona e io spero davvero che se lo sia levato dalla testa perché lui invece era decisamente uno stronzo. Uno dei miei più grandi rimpianti è di non avergli mai dato un pugno sul naso. Mi sarebbe piaciuto molto».

Il mio amico adesso è felice. Ma con un'altra.

Gli uomini e gli altri uomini (no, non in quel senso)

Se un ragazzo che sa porsi dei limiti (vedere sopra) conosce un altro ragazzo che non sa porseli, non si fida di lui. Un mio amico conosce un ragazzo con il quale non lascerebbe mai e poi mai la sua fidanzata sola. E non perché non si fidi di lei, ma perché di questo tizio non ci si può fidare nemmeno quando ci sono di mezzo le ragazze degli amici. E tutti lo sanno da anni.

Che razza di idiota è? E perché i suoi amici continuano a uscire con lui? Non credo di capirlo. Posso dire solo che gli uomini che si conoscono da tanto tendono a essere leali gli uni con gli altri.

Perché gli uomini si preoccupano degli altri uomini

Quando a un ragazzo piace tanto una ragazza, ogni volta che la guarda penserà che è meravigliosa e non crederà alla sua fortuna (pensate per esempio a come David Cameron guarda sua moglie Samantha: ecco, quello è un uomo che non fa che pensare a quanto è stato fortunato). Di conseguenza, prima o poi molti uomini finiscono con il credere che se loro la pensano così, di sicuro anche tutti gli altri devono pensarla allo stesso modo. E se tutti gli altri la pensano allo stesso modo, prima o poi qualcuno cercherà di portargliela via. E più ci proveranno, più è probabile che qualcuno ci riesca. Ecco qual è il processo mentale di un uomo innamorato, ma insicuro.

Le ragazze innamorate provano la stessa cosa? Mi sa di sì.

Parola di Humfrey

1. Non tutti i ragazzi sono cattivi.
2. Alcuni di noi disapprovano profondamente il comportamento di chi si comporta male.
3. L'amicizia maschile è strana. Le donne non sempre la capiscono.
4. Alcuni uomini tradiscono e basta. Non è colpa vostra.
5. Pensate sempre il meglio delle persone, ma siate prudenti.

CONCLUSIONI

Quando ho cominciato a scrivere l'ultimo pezzo per la mia rubrica ero insolitamente commosso, perché mi sono reso conto di quanto mi sarebbe mancata: scrivere, divertirmi (per avere qualcosa da scrivere), il fatto che un sacco di persone la leggessero e, non mi vergogno di ammetterlo, l'orgoglio di vedere tutte le settimane la mia faccia sul giornale (anche se la foto che usavano era orribile). Così, mentre le lacrime gocciolavano sulla tastiera (non è proprio così ma giusto per darvi l'idea), ho deciso di condividere quello che avevo imparato negli ultimi due anni. Ero single da ventisei mesi, ed ecco cos'ho scritto: «Non importa come incontri la persona che ti piace. Quello che importa è che accada. Per questo dobbiamo smettere di preoccuparci di venire respinti, e questa è la lezione più importante che ho imparato. Abbiamo tutti troppa paura del rifiuto. Ricordatevi che non ci sono regole su dove, come e quando invitare fuori una ragazza. Se volete farlo, fatelo e basta. E se lei vi dice di no, non importa. Meglio provarci e fallire piuttosto che non provarci affatto. È comunque molto divertente. E voi ragazze, sappiate che a volte non si può far cambiare idea a un ragazzo. Sarà banale, ma è quasi sempre un problema di tempismo, voi non c'entrate niente. Non abbattetevi. Non ne vale la pena. Continuate a divertirvi e a comportarvi gentilmente con gli altri, vedrete che alla fine verrete ricompensate. E a tutti dico: siate onesti, non mentite e non ingannate. Non ne vale la pena».

Com'è andata a finire

Durante quei ventisei mesi ho pensato molto alla mia condizione di single, visto che dovevo scriverci una rubrica. Pensavo a come incontrare nuove ragazze, perché dovevo incontrarle, perché non avrei dovuto incontrarle, come evitare di incontrare quelle sbagliate e come incontrare quella giusta, dove avrei potuto incontrarla, perché non la stavo incontrando e, alla fine, perché era meglio smettere di cercare di incontrarla.

L'ultima domanda me la sono posta poco dopo aver chiuso la rubrica. Ero ancora single (chiedo scusa a chi leggendola si fosse convinto del contrario: se vi ho fuorviati è perché mi piaceva l'idea di chiudere con un lieto fine) e stavo vivendo un momento di sconforto perché pensavo che se dopo tanti sforzi non avevo ancora incontrato la ragazza giusta, quando avrebbe potuto succedere? Cos'altro potevo fare? Dove potevo trovarla? Non ne avevo idea.

Non facevo il melodrammatico e non mi stavo autocommiserando. Onestamente, non avevo davvero la più pallida idea di dove o come avrei incontrato la ragazza con cui avrei trascorso il resto della mia vita. Così ho smesso di cercarla. Ho pensato: "Okay, finora non ha funzionato niente di quello che hai fatto, tanto vale piantarla lì, rilassati e mettiti il cuore in pace. Accetta che non dipende da te". Ho scrollato le spalle e ho deciso di andare avanti con la mia vita e di godermela. Il che fortunatamente non era troppo difficile perché il lavoro andava bene, avevo un sacco di amici, era estate ed ero pieno di programmi.

E a quel punto è successo.

Alla fine di agosto, quasi due mesi dopo la chiusura della rubrica, sono andato a un matrimonio. Ci andavano un sacco di altri miei amici, gente che non vedevo da secoli e con cui non uscivo da anni, perciò il weekend prometteva davvero bene. Ero molto felice e il fatto che fossi uno dei pochissimi single non mi preoccupava neanche un po'.

Il venerdì sera sono entrato tutto su di giri e sorridente nel pub dove dovevamo ritrovarci per la sbronza pre-nuziale e subito ho notato una ragazza che non conoscevo. Prima ancora di parlarle ho sentito che fra noi c'era qualcosa e, tagliando corto, era fatta.

Se chiedete a Charlotte, però (e alla fine del libro troverete quello che ha da dire in proposito), secondo lei io non le ho rivolto la parola fino a sabato sera, quando ho rotto il ghiaccio grazie a una collisione fortuita sulla pista da ballo. Il che è vero fino a un certo punto. Intanto la collisione non è stata affatto fortuita – non sono un ballerino così imbranato – e anche se nessuno fino a quel momento ci aveva presentati sapevo che prima o poi avremmo avuto l'occasione di conoscerci. Stavo solo aspettando il momento giusto.

Comunque, siamo entrati subito in sintonia e quando meno me l'aspettavo ho finalmente trovato quello che temevo di non trovare più.

Ovviamente quest'esperienza ha influenzato tutto il libro, perché una volta che ho incontrato Charlotte ho capito molto meglio cos'era successo nella mia vita e nella mia testa durante i due anni e mezzo precedenti, com'ero cresciuto e cambiato, cos'avevo imparato su me stesso e sul mondo. Il viaggio che mi aveva portato dalla Ragazza Y a Charlotte finalmente aveva un senso. E sono diventato ottimista. Adesso credo davvero nel lieto fine.

La lezione principale è questa: se siete single da un po' (o almeno da più tempo di quanto vorreste) allora il modo migliore per cambiare la situazione è smettere di preoccuparsi e concentrarsi su altro, cioè godersi la vita. Una volta che sarete felici e saprete divertirvi anche da sole, allora potrà succedervi qualcosa di inaspettato. Qualcosa che vi farà battere forte il cuore.

Senza che me ne rendessi conto, nella mia vita è andata proprio così. Ho incontrato Charlotte al momento giusto, quando ormai ero single da abbastanza tempo e non scrivevo più la mia rubrica. Il che aveva allentato un po' la pressione di dover sempre pensare che ero single e perché ero single *ogni singola settimana della mia vita* (la rubrica era divertente, ma dopo un po' si rischia l'esaurimento, credetemi).

Quindi i pezzi stavano andando tutti al posto giusto: ero contento della mia vita, nessuno mi faceva pressioni ecc. Ma c'è un'altra cosa che anche se sei pronto o emotivamente maturo non puoi forzare o influenzare. E questa cosa è la fortuna. La pura e semplice fortuna. Il fatto è che sono stato molto, molto fortunato ad aver incontrato Charlotte. Non sono stato io a farla apparire al momento giusto. Lo ha fatto lei, da sola, per motivi che non si possono prevedere, controllare o comprendere.

Il che significa ovviamente che non posso affermare di aver scoperto il segreto per trovare l'uomo giusto, perché non posso garantirvi che le cose per voi andranno come sono andate a me se deciderete di seguire i miei consigli e di fare quello che ho fatto io. Niente di quello che vi dico farà apparire magicamente la persona giusta per voi, perché nessuno controlla la fortuna, e a tutti noi ne serve un po' per essere felici. Quello che ho fatto io è stato solo mettermi nel punto esatto in cui la persona giusta, se fosse comparsa, mi avrebbe trovato pronto ad aspettarla.

E questa, credo, è l'unica cosa che qualsiasi single può fare: mettersi nel punto giusto e sperare che la persona giusta salti fuori al momento giusto, in base al principio per cui la fortuna nasce dall'incontro fra preparazione e occasione. Spero che questo libro vi aiuti a essere nel posto giusto emotivamente (quindi sicure di voi stesse, sagge e felici della vostra vita) e fisicamente (quindi in giro a divertirvi e a conoscere nuova gente, invece di restare a casa a lucidare i pavimenti) così quando arriverà la vostra occasione, sarete pronte, proprio come me.

B

Ovviamente vorrete sapere cosa ne è stato di B. Be', nel periodo in cui sono rimasto single, lui ha rimorchiato un mucchio di ragazze, come al solito. E nei primi tempi in cui mi sono messo con Charlotte (ormai è passato un anno) ha continuato sulla stessa strada.

Ma poi ha smesso. Senza una ragione particolare, senza che nessuna lo abbia fatto cambiare. Semplicemente non gli andava più. Finora non ha incontrato quella giusta, ma ormai manca poco. Gli ho chiesto di spiegarmi cosa gli stava succedendo ma mi ha detto che non lo sa nemmeno lui. In pratica sta attraversando la stessa fase che ho attraversato io quando ho finito di scrivere la mia rubrica ma non avevo ancora incontrato Charlotte: un processo che si comprende solo quando si arriva alla fine.

E capiterà anche a B, ne sono sicuro.

Due parole alle ragazze single che sono stanche di essere single

Se siete single da un po' e non avete ancora trovato il ragazzo giusto, probabilmente non siete ancora pronte per trovarlo. Tanto più se pensate che per rendere perfetta la vostra vita manchi solo quello. Perché prima dovete essere felici di voi stesse.

Prima che vi ami qualcun altro, dovete essere voi a farlo. So che sembra scontato ma è così e vale sia per gli uomini sia per le donne. Nessun libro può percorrere la strada al vostro posto, ma io posso indicarvi qual è la direzione giusta da prendere. Amarsi significa accettarsi. Siete quelle che siete e prima lo accetterete meglio sarà. Non ci sono alternative.

Certo, se non vi piace qualcosa di voi che potete cambiare, cambiatelo. Potrebbe essere il lavoro, il colore dei capelli o persino il peso. Ma se quello che non vi piace *non* si può cambiare, smettete di preoccuparvene perché non potete farci niente e più permetterete a questa cosa di rendervi infelici e più a lungo lo sarete. Accettatela e accettatevi. Siete voi ad avere il controllo.

Un'altra conseguenza dell'incapacità di accettarsi è che se qualcuno vi ama, la vostra insicurezza potrebbe impedirvi di credergli quando vi dice quello che prova e questo è molto pericoloso. Quindi rispettate e amate voi stesse perché è difficile che gli altri vi amino come volete essere amate se non lo fate voi per prime.

Ricordate, la sicurezza è affascinante e si autoalimenta. Dimostratevi sicure di voi e lo diventerete. Se necessario, recitate.

Se continuate a incontrare ragazzi sbagliati – sempre per lo stesso motivo o anche per motivi diversi – allora siete voi che dovete cambiare. Guardatevi e chiedetevi: so cosa voglio da un ragazzo? Dove incontro tutti questi ragazzi sbagliati? Se per esempio li incontrate in discoteca, cosa indossate quando andate lì? E in quali discoteche andate? Siete ubriache? In questo caso, considerate una cosa: se doveste prendere una decisione importante per la vostra vita – comprare una nuova macchina, una nuova casa, licenziarvi o addirittura trasferirvi in un altro paese – la prendereste dopo esservi scolate una bottiglia di vino, un paio di vodke e altrettante Red Bull? Certo che no. Perciò perché pensate di poter prendere delle decisioni sensate, nello stesso stato, quando si parla di uomini?

Appunto.

Quando commettiamo un errore – ed è capitato a tutti – di solito siamo troppo ubriachi per rendercene conto e quindi ci svegliamo rimpiangendo quello che abbiamo fatto. Non c'è da meravigliarsi se quando a comportarsi così sono le ragazze poi non trovano nessuno! Perciò ricordatevi che cercare il compagno giusto in discoteca probabilmente non è la cosa più saggia da fare, anche se va benissimo avere voglia di uscire a divertirsi. Quando lo fate, però, smettete di guardare i ragazzi. Concentratevi su voi stesse, sentitevi bene e divertitevi senza bisogno di andare per forza a caccia. Per vostra informazione, sappiate che non andiamo poi così matti per le ragazze ubriache.

Più vi farete domande, più imparerete a conoscervi e più avrete occasione di apportare piccole modifiche utili per voi stesse. Fate in modo che il tempo che trascorrete frequentando ragazzi sbagliati non sia tempo perso ma vi serva di lezione. Se da queste esperienze non imparate niente, finirete con il ripeterle e non sarete mai felici.

Molte non sanno cosa cercano in un ragazzo ma sanno cosa *non* cercano. Se siete una di loro (e anche in caso contrario quello che sto per dirvi può tornarvi comunque utile), scrivete su un pezzo di carta l'elenco di tutto quello che non volete e poi, di fianco, fate un elenco di quello che volete. Se non vi viene in mente niente scrivete l'opposto di quello che avete scritto nel primo elenco. Per esempio, forse non volete un ragazzo che si ubriaca cinque volte alla settimana, perciò dall'altra parte scrivete che volete un ragazzo che beve con moderazione. O se non ne volete uno insensibile, dall'altra parte scrivete che ne volete uno premuroso e gentile.

Concentratevi sugli aspetti positivi, non su quelli negativi. Questo atteggiamento vi aiuterà ad andare avanti. Una volta che avrete deciso cosa volete, riponete il foglio al sicuro da qualche parte. In questo modo avrete liberato i vostri pensieri e la vostra mente sarà sgombra. Quando quello giusto arriverà, voi sarete pronte ad accoglierlo.

Non cambiate mai per un ragazzo e non aspettatevi

che sia lui a cambiare. Non mi riferisco a dettagli tipo capelli, abiti e via dicendo (la maggior parte di noi ha un gran bisogno dell'attenzione che le ragazze dedicano a questi particolari, per me almeno è così). Mi riferisco al comportamento, agli amici e a tutte le altre caratteristiche fondamentali della vostra personalità. Se vi rendete conto di voler cambiare qualcosa di fondamentale in un ragazzo o che vi vuole cambiare qualcosa di fondamentale in voi, mollatelo.

Non permettete a nessuno di trattarvi male. Se capita, domandatevi come vi sentireste se un ragazzo trattasse male vostra figlia, vostra sorella o la vostra migliore amica. Immaginate di essere vostra madre e di venire a sapere che un ragazzo vi tratta male. Cosa provereste?

Se fissate delle regole, fate che siano positive. Per esempio, non dite «Mai andare a letto con un ragazzo al primo appuntamento» ma «Vai a letto con lui come minimo dopo quattro appuntamenti e solo se ti sembra giusto». Niente "non" e "non si può". Siate sempre positive.

E per finire, ecco un'altra storia. Un mio amico era single e non usciva con nessuno da due anni. D'altra parte non faceva alcuno sforzo per incontrare gente nuova. Non era soddisfatto della sua vita e quindi non era pronto per un rapporto serio. Dopo due anni, però, qualcosa in lui è cambiato. Ha deciso che gli avrebbe fatto piacere incontrare una ragazza, si è iscritto a un sito di appuntamenti online e in un solo fine settimana ne ha conosciute quattro (una venerdì sera, una sabato a pranzo, una sabato sera e una domenica a pranzo, se volete i dettagli). Nessuna di loro gli interessava davvero. Il lunedì mattina però una nuova ragazza ha cominciato a lavorare nel suo ufficio, e indovinate un po'? Sono passati diciotto mesi e hanno appena comprato casa insieme.

Questo per dimostrare che se volete una storia seria, dovete cercare di trovarvi mentalmente, fisicamente e perfino tecnologicamente nel posto giusto: mentalmente imparando ad amare voi stesse, fisicamente non isolandovi dal mondo e tecnologicamente perché gli appuntamenti online sono il modo più rapido mai inventato per trovare qualcuno con cui uscire.

Perciò date una mano al destino e vedrete quante cose meravigliose vi accadranno.

E ora riassumiamo tutti i segreti

Ormai avete letto tutti gli aneddoti che ho raccolto e sapete cosa ne penso. Spero che le storie di chi ha commesso errori ben peggiori dei vostri vi abbiano rassicurate e che ora sappiate che i bravi ragazzi esistono ancora, sebbene molti di noi continuino a comportarsi come dei somari.

E spero che pensiate ancora che essere single può essere molto divertente. Essere single non significa che siete persone noiose, e i vostri amici continueranno a volervi bene anche se nella vostra vita non c'è un uomo. Essere single dovrebbe essere un momento magico, in cui avete la possibilità di uscire con tutti gli uomini che volete, divertirvi, commettere qualche errore, riderci sopra e imparare la lezione, fino a quando non avrete capito chi e cosa volete.

Quindi, per finire, ecco i punti più importanti di tutto il libro:

1. Siate egoiste: non mettete la felicità degli altri davanti alla vostra, a meno che non si tratti dei vostri figli.

2. Non accettate che un ragazzo vi tratti male.
3. Non permettete a una storia di cominciare con il piede sbagliato: siate voi stesse sin dall'inizio.
4. Non esistono regole uguali per tutti. Ognuno di noi è diverso dall'altro. Stabilite da sole quali sono le vostre.
5. La cosa divertente, quando si è single e si esce con qualcuno, è che si possono commettere errori. Imparate dai vostri e non vergognatevene mai. Non mollate, Roma non è stata costruita in un giorno.
6. Fidatevi del vostro buon senso, del vostro istinto e di voi stesse. Siete molto più in gamba di quello che pensate.

Grazie per aver letto questo libro e buona fortuna.

Appendice A

LA PAROLA DI CHARLOTTE

Un paio d'anni fa la mia vecchia coinquilina dell'università, Pip, aveva organizzato una festa di fidanzamento e mi aveva invitata anche se non conoscevo *nessuno*. Avrebbero dovuto partecipare molti degli amici del suo fidanzato, Olly, un paio dei quali erano single. Ma sfortuna volle che non si fecero vedere. Certo, questo non impedì alla coppietta felice di cercare comunque di trasferire un po' della sua felicità alla povera amica sola. Ohh, chi potevano presentarmi?, si domandavano. «Una ragazza carina e single a cui capita uno stronzo dietro l'altro... John... Forse no, non è di Londra... Mark? Forse è un po' troppo bassino per lei... Ooh, che ne dici di Humfrey?»

Humfrey?

Sul serio?

Davvero c'è qualcuno che si chiama ancora così? Voglio dire, anche nella mia famiglia i nomi buffi abbondano – i miei genitori si chiamano Peter e Piper e il nostro cognome è Cockey – ma Humfrey? Stranissimo. Mi dissero di dare un'occhiata al numero seguente del «London Lite» per vedere una sua foto nella rubrica che scriveva. Così potevo decidere se mi interessava conoscerlo.

Due giorni dopo mi dimenticai completamente di comprare il giornale, ma visto che mi avevano tanto decantato questo Humfrey, chiesi alla mia coinquilina di fermarsi a prenderne una copia mentre tornava dal lavoro (io ero già a casa, stava piovendo e *non* ero così disperata). Così Sunita arrivò con una copia umidiccia del «London Lite» e subito lo sfogliammo per trovare la rubrica di Humfrey Hunter... ed eccolo lì. Sunita disse: «Oohh, carino!». Io invece decisi di chiudere il giornale e di continuare a guardare la televisione perché mi aspettavo molto di più ed ero rimasta delusa. (La foto era terribile: lo stesso Humfrey, quando gliel'avevano scattata, aveva chiesto che usassero qualsiasi foto *tranne* quella. Che bastardi.) Sunita pensava che dovessi incontrarlo comunque, ma io non volevo rimanerci ancora più male e quindi decisi di no. Inoltre scriveva una rubrica per *single*. Chi era, Carrie Bradshaw con i pantaloni? Avevo visto abbastanza episodi di *Sex and the City* per sapere che non volevo che i dettagli intimi del nostro appuntamento venissero letti da mezza Londra. Sarebbe stato troppo imbarazzante. E con quante altre ragazze era già uscito? Evidentemente non ne cercava una fissa. Voglio dire, come fai a scrivere una rubrica per single se hai una ragazza fissa? Così decisi che era meglio uscire con le mie amiche invece che con lui.

Dopo quindici mesi di appuntamenti da dimenticare arrivò il grande giorno del matrimonio di Olly e Pip. Nel frattempo avevo continuato a ripensare a Humfrey Hunter, domandandomi se invece non sarebbe stato meglio uscire con lui. In ogni caso, adesso l'avrei incontrato. Presi il treno da sola e alla stazione trovai il fotografo di Pip che doveva accompagnarmi al pub in cui erano già iniziati i festeggiamenti. Quando Humfrey entrò, Pip me lo indicò immediatamente. «Ecco Humfrey, quello che volevamo presentarti.»

"Oh" pensai. E poi: "Oops".

Quella sera a cena riuscii a sedermi al suo tavolo, anche se lui non mi rivolse mai la parola. Ma sentivo che c'era qualcosa.

Il mattino dopo, anche se non avrebbe partecipato al matrimonio, Sunita venne a trovarmi, perché eravamo nella sua cittadina natale e io le raccontai di Humfrey Hunter: le dissi che sentivo che c'era qualcosa e che non assomigliava per niente a quella stupida foto. Era alto, aveva un sorriso affascinante, begli occhi e una voce incredibilmente profonda. Non gli avevo ancora parlato e già pensavo a lui in modo quasi ossessivo. Sunita era un po' perplessa: per due anni mi aveva vista dissezionare ragazzi e possibili "storie" senza concludere mai niente, perché mi incapricciavo sempre di ragazzi che sapevo già non avrei potuto avere. Ma due mesi prima del matrimonio ero cambiata. Avevo deciso di smettere di comportarmi come una stupida e di farmi del male uscendo con ragazzi che mi usavano per sentirsi meglio, perché non sapevo quello che volevo. Basta. Non meritavo di venire trattata così. Sapevo che un giorno avrei incontrato qualcuno che mi avrebbe amata per quella che sono e che non avrebbe cercato di cambiarmi.

Ed è vero. Una volta che ti liberi di tutti i tuoi demoni, che scopri quello che vuoi e cominci a rispettare te stessa, l'universo trova il modo di ricompensarti. Magari dovrai aspettare, o magari accadrà nel giro di un paio di settimane com'è capitato a me. Io so solo che quando sei davvero pronta, succede.

Comunque. Per tutto il matrimonio, in chiesa, durante i brindisi, a cena e via dicendo, il signor Humfrey Hunter non mi parlò (anche se sapeva che ero sola e non conoscevo nessuno). Una volta mi sorrise ma niente di più. Dovevo aver interpretato male i segnali la sera precedente, perché evidentemente non era interessato a me. Ma perché veniva a ballare ogni volta che sulla pista c'ero io? Perché continuava a guardarmi? Perché non mi parlava?

Alla fine accadde tutto nel modo più semplice: il ragazzo con cui stavo ballando mi fece girare troppo e io finii fra le braccia di Humfrey Hunter. E subito furono scintille, farfalle nello stomaco, ginocchia molli, battutine maliziose... insomma, romanticismo allo stato puro. E quando uscimmo a baciarci, lo sposo venne a fare la pipì vicino a noi e disse, con la voce impastata dall'alcol: «L'avevo detto che sarebbe successo».

È andata così. Oggi Humfrey è il mio ragazzo e il mio migliore amico. Ci rispettiamo, ci amiamo, non cerchiamo di cambiarci e soprattutto ci divertiamo. Due mesi dopo esserci conosciuti siamo andati in vacanza ad Antigua per quindici giorni, una cosa che spaventava entrambi. Quando abbiamo prenotato non eravamo ancora una coppia "ufficiale". Anche se poi ha accettato volentieri, quando gliel'ho proposto avevo paura che Humfrey si spaventasse, e per me partire insieme era una specie di test. Escluse le vacanze in famiglia, quelle con gli amici di solito finivano sempre in un vero e proprio disastro. Invece con lui è stato tutto perfetto, perfino l'intossicazione alimentare che ho avuto poco dopo il nostro arrivo. E oggi siamo ancora insieme.

A volte mi domando se ci saremmo mai messi davvero insieme se ci fossimo incontrati subito dopo la famosa festa di fidanzamento. E mi dico di no. Nessuno dei due era pronto per un rapporto serio allora. Avevamo ancora questioni irrisolte alle spalle e lezioni da imparare. Il che dimostra che una volta che le questioni vengono risolte e le lezioni imparate, sarà il destino, o quello che è, a guidare due persone l'una verso l'altra. Mi domando anche cosa sarebbe successo se la timidezza mi avesse impedito di partecipare al matrimonio da sola. Io e Humfrey Hunter ci saremmo mai incontrati? Forse no, e questo dimostra perché quando si è single bisogna saper essere coraggiosi e buttarsi. Da qualche parte di recente ho letto che il novanta per cento di quello che ci succede nella vita dipende dalle decisioni che prendiamo. Quindi, dopotutto, forse siamo proprio noi i veri fautori del nostro destino. Guardate in voi stesse e scoprite di cosa avete davvero bisogno per essere felici. Io però ho imparato anche che bisogna essere disposti a staccarsi dal passato e vivere nel presente, godendone ogni momento, senza perdere tempo con ragazzi che ti usano o che sai già che sono sbagliati per te. Soprattutto, bisogna rispettare se stesse.

Humfrey ha due sorelle a cui vuole molto bene, perciò so che rispetta le donne, e tutto quello che ha detto in questo libro è vero: la prospettiva maschile non è così complicata come crediamo. Certo, alcune storie sono un po' antipatiche da leggere, ma penso che sia positivo imparare dall'esperienza altrui dove possono portare queste situazioni e come gestirle in futuro.

A essere onesta, trovo che sia un peccato che questo libro venga pubblicato solo adesso. Ho sempre odiato uscire, la sola idea mi faceva venire la nausea. Non ero molto brava. Uscivo sempre con ragazzi che incontravo in discoteca ma che alla luce del sole non mi piacevano più. E non ero abbastanza sicura di me per uscire con ragazzi che invece mi piacevano davvero perché non sapevo se *io* piacessi a loro e odiavo dover aspettare che mi invitassero fuori. Si imparano parecchie cose uscendo con ragazzi diversi e con un libro come questo avrei imparato molto di più, più in fretta.

Sono convinta che rimanere single per un po' sia importantissimo. Possiamo imparare a conoscerci e scoprire cosa vogliamo e cosa ci rende felici. Conosco un paio di ragazze che alla "veneranda" età di venticinque anni hanno rotto con i loro ragazzi e poi sono andate in crisi al pensiero di rimanere single a vita, perciò si sono buttate sul primo paio di pantaloni che passava senza riflettere mezzo secondo su quello che non aveva funzionato nel rapporto precedente. Così hanno finito con il soffrire, domandandosi perché non facevano che incontrare la persona sbagliata. Per quel che può valere, il mio consiglio è di non correre, ma di prendersi del tempo per capire quello che si vuole davvero.

A volte noi sappiamo essere piuttosto superficiali e ci fissiamo con un certo tipo di ragazzo. Ma quando quello giusto arriva davvero, non importa se non vi regala fiori (Humfrey mi ha comprato i primi fiori dopo un anno ed erano un mazzolino da tre sterline e novantanove centesimi di Sainsbury's: ho detto tutto) o se porta dei pantaloni verdi o i sandali con le calze. Quello che conta, più di ogni altra cosa, è come vi fa sentire.

E, soprattutto, se i vostri amici vi vogliono presentare qualcuno, indipendentemente da come si chiama, non andate a cercare informazioni su di lui e non giudicatelo solo da come viene in foto. Buttatevi e basta.

Appendice B

STARE INSIEME A UN UOMO

Mentre svolgevo le ricerche per questo libro ho chiesto a moltissime ragazze: «Qual è il problema con gli uomini?». Volevo sapere cosa le irritava, infastidiva e confondeva di più. Nelle pagine precedenti ho già esaminato la maggior parte dei problemi, ma ne rimane ancora un tipo: quelli che nascono quando si sta ormai insieme. Ecco quindi le risposte ai venticinque problemi più comuni delle coppie consolidate.

Alcune valgono per tutti gli uomini in generale, me incluso. Altre chiaramente si riferiscono a un uomo in particolare, cioè quel marito o quel ragazzo che ha suscitato la domanda.

1. *Credono che sia la fatina del focolare (cioè la loro ragazza) a lavare i piatti, fare il bucato, svuotare la spazzatura e riempire il frigo.*

Chiunque abbia sollevato questo problema deve riesaminare il proprio ménage domestico. Perché questa ragazza non capisce che a noi uomini non pesa fare la nostra parte. Quello che ci pesa è sentirci dire che non stiamo facendo le cose nel modo giusto. Se per esempio ci dite che risciacquiamo i piatti con l'acqua troppo fredda o troppo calda, che pieghiamo male il bucato o abbiamo comprato la marca sbagliata di pasta, la voglia di dare una mano ci passa del tutto. Da un lato ci sono ragazze (e fra voi ce ne sono tante, ammettetelo) convinte che l'unico modo giusto per fare una cosa sia il loro, dall'altro ci sono uomini che in casa non vogliono venire trattati come esseri inferiori (praticamente tutti, non siamo più bambini). E comunque siamo nel ventunesimo secolo, il che significa che saremmo più che felici di fare la nostra parte, e anche di più. La ragazza che ha sollevato questo problema dovrebbe arrivare a un accordo con il suo uomo: lei non lo tratterà più come un subalterno incompetente e lui si impegnerà di più a dare una mano.

2. *Si aspettano grandi lodi per ogni piccolezza che fanno, anche se impiegano una vita a portarla a termine.*

Sì, esatto. Questo perché sono tre le cose che adoriamo: il vostro cibo, i vostri complimenti e fare sesso con voi. Se farete in modo che al vostro uomo non manchino mai cibo, complimenti e sesso, chiunque sia il fortunato, sarà un uomo molto, molto felice.

3. *Non sentono gli odori: né quelli corporei né quelli della spazzatura che sta marcendo o di un rubinetto intasato, ma hanno più fiuto di un cane da tartufo quando c'è da individuare un arrosto nel forno.*

Alcuni odori non provocano grandi reazioni negli uomini. Se la pattumiera puzza, la portiamo fuori. Se ce lo chiedete, sturiamo il lavandino. Ma se l'odore non è tale da farci liquefare le narici, riusciamo tranquillamente a ignorarlo. Dovete accettare il fatto che per quanto riguarda l'olfatto, la nostra soglia di sopportazione è diversa. È solo una questione biologica.

Allo stesso modo, se annusiamo qualcosa che ci piace, tipo un arrosto, andiamo tutti su di giri, il che dimostra perché il vecchio detto per cui un uomo si prende per la gola è tanto popolare da così tanto tempo. E se siamo contenti perché ci state cucinando qualcosa di speciale, dovreste essere contente anche voi, perché se ancora non avete conquistato il nostro cuore, be', con questi manicaretti ci riuscirete in fretta.

4. Hanno sempre una soluzione in tasca, quando invece vorremmo solo che ci ascoltassero: non capiscono che ci piace lamentarci.

Questa è una cosa di cui si lamentano tutti, quindi non siamo solo noi i colpevoli. Anzi, è capitato anche a me e so quanto può essere frustrante. In questi casi la cosa migliore è dire chiaramente che volete solo sfogarvi, togliervi un peso dallo stomaco. Spiegate al vostro ragazzo che non state cercando una soluzione al problema ma che avete solo bisogno di dire quello che volete dire, di venire ascoltate e poi andare avanti.

Fintanto che non avrà imparato la lezione, guardate la cosa dal lato positivo: se vi offre una soluzione è perché cerca di aiutarvi, il che significa che tiene a voi.

5. Non sanno guardare più in là di qualche settimana, né organizzare vacanze e cose divertenti da fare insieme.

Stupidaggini. Noi uomini pensiamo più a breve termine, ma ci piace moltissimo fare programmi e organizzare cose piacevoli. La ragazza che si è lamentata di questo dovrebbe trovare il modo di organizzare in modo diverso le cose con il suo uomo. Non metteteci in difficoltà chiedendo a noi di prendere l'iniziativa. Non ci piace essere messi in difficoltà. Non ci piace essere messi sotto pressione. Ragioniamo insieme. Compriamo insieme qualche rivista o diamo un'occhiata a internet. Che si tratti di organizzare una vacanza o di fare qualcosa di piacevole, facciamola insieme.

E smettetela di lamentarvi, perché è un atteggiamento sbagliato. Se il vostro ragazzo vi lascia organizzare le vacanze da sole, significa che siete *voi* a decidere dove andrete in vacanza. Smettete di essere tanto negative e concentratevi sugli aspetti positivi del vostro rapporto. Lui vi tradisce? No. È gentile e onesto? Sì. È un po' pigro a fare programmi? Sì. Questo significa che andrete in vacanza esattamente dove volete voi? Sì. E allora basta. Siete fortunate.

6. *Non si ricordano mai dei compleanni e degli anniversari. A loro queste cose non importano.*

Al mio compleanno, prima che i miei amici cominciassero a sistemarsi e a sposarsi, si capiva sempre quali avevano una ragazza e quali no. Come? Quelli con la ragazza arrivavano con un bigliettino d'auguri e a volte un regalo, mentre gli altri erano sempre a mani vuote. Mi importava? Certo che no. Il fatto è che gli uomini non si scambiano bigliettini di auguri. E quindi non se li aspettano. Ma quando un ragazzo si mette con una ragazza, ecco che i bigliettini cominciano a saltare fuori, il che è carino. Ci fa piacere. Ma se i nostri amici non ce ne comprano uno, pazienza. Certo che ci piace uscire a festeggiare con i nostri amici, ma a parte un paio di giri di birra non ci aspettiamo che ci regalino altro. Detto ciò, se l'autrice di questa lamentela sulla smemoratezza maschile sta davvero con un uomo che si dimentica del suo compleanno, forse dovrebbe riflettere sul significato di queste dimenticanze e su quello che lui prova per lei. Dopotutto, i fatti parlano più delle parole.

7. *Sbagliano sempre il nome dei figli/partner delle nostre amiche, anche se li hanno appena incontrati.*

Alcuni uomini sono davvero una frana con i nomi. Niente da dire. L'importante però è quello che le vostre amiche e i loro figli/partner pensano del vostro ragazzo e se lui va d'accordo con loro. Se piace e vanno tutti d'accordo, cosa importa se non si ricorda i loro nomi? Preferireste che si ricordasse tutto di tutti ma non piacesse a nessuno? Certo che no. Smettete di vedere il bicchiere mezzo vuoto. Concentratevi su quello che di positivo c'è in lui.

8. *Non hanno mai voglia di andare a dormire, ma si fanno sempre distrarre dalla televisione o da internet o da qualsiasi altra cosa.*

Se la cosa vi infastidisce davvero tanto, provate a dargli un buon motivo per venire a letto con voi. Sapete cosa intendo.

9. *Soffrono sempre di influenza "maschile" e di ipocondria.*

Come fate a sapere che è ipocondria? Avanti, come fate a saperlo davvero? È impossibile. E come fate a sapere che questa influenza "maschile" non è come quel fortissimo raffreddore al limite della febbre che confina voi a letto per una settimana? Non potete. Non potete perché non siete voi quelle malate. Perciò calmatevi e comportatevi da persone intelligenti. Prendetevi cura di lui quando non sta bene. Se non è davvero malato, si annoierà in fretta da solo. Ma non ditegli che non è malato e che dovrebbe darsi una mossa. Questo lo irriterebbe moltissimo e a quel punto vi ritrovereste in casa un fidanzato malato *e* scorbutico. Assecondatelo, invece. O trattatelo come vorreste essere trattate voi quando state male.

10. *Spendono i nostri risparmi in gadget costosi e ridicoli.*

Sì, i gadget ci piacciono moltissimo. Li troviamo affascinanti e ci piace avere sempre quelli più nuovi. Non c'è bisogno che mi addentri in un complicato discorso sulla psicologia maschile per spiegare la cosa. In poche parole, i gadget sono fondamentalmente dei giocattoli per adulti e agli uomini i giocattoli piacciono. Fine della spiegazione. Siccome i giocattoli ci piacciono, a volte spendiamo un po' troppi soldi per comprarli. Ma prima di saltare in testa al vostro ragazzo provate a calcolare quanto spendete voi per i vostri vestiti in un anno. Quanto costavano quelle scarpe? La metà, perché erano in saldo? E quante paia ne avete comprate? Tre? Pensate a quanti saldi ci sono ogni anno e andate avanti a fare i vostri conti.

11. *Si soffiano il naso sotto la doccia.*

Avete le prove? Ne dubito. Perché? Perché so come funziona una doccia: l'acqua trascina tutto nello scarico. Perciò che importanza ha se lui ogni tanto si soffia il naso nella doccia? Nessuna.

12. *Lasciano monete ovunque.*

A differenza di voi ragazze, noi non abbiamo un borsellino in cui mettere le monete, perciò dobbiamo tenerle in tasca e poche cose sono più fastidiose di una tasca piena di spiccioli. Sono pesanti, rumorosi, scomodi e probabilmente non basterebbero nemmeno per comprarci un caffè. Perciò troviamo insieme una soluzione. Perché non gli procurate un contenitore in cui mettere tutta quella moneta fastidiosa? Cercate qualcosa di grande (tipo una bottiglia o un altro oggetto simile) e quando sarà pieno portatelo in banca (a me piacciono quelle macchinette contamonete che si trovano da Sainsbury's), fatevi cambiare le monetine in banconote e vedrete che bella sorpresa. Vi ritroverete in mano duecento sterline che non sapevate nemmeno di avere.

13. Non hanno nessuna pazienza quando facciamo shopping tranne quando devono comprare qualcosa per loro.

Non è vero. Non ci dispiace fare shopping ogni tanto, purché ci si dia l'impressione di poter svolgere un ruolo attivo, cioè che la nostra opinione conti qualcosa. Ma sappiate che quando si tratta di comprare accessori per la casa o abiti, per noi un cuscino vale l'altro e ci va bene qualsiasi vestito piaccia a voi purché non vi faccia sembrare prostitute o bibliotecarie (una via di mezzo è l'ideale). Ci piace fare shopping di apparecchiature elettriche come televisori e cose del genere. Gadget, fondamentalmente. Lasciatecelo fare. In fondo, ricordatevi chi è che porta a casa i pesi.

14. Se ne stanno secoli chiusi in bagno. Possibile che debbano sprecare sempre tanto tempo?

Non sprechiamo tempo, ci rilassiamo. Starsene seduti tranquilli a leggere in una stanza in cui nessuno può disturbarti è un modo molto piacevole di passare il tempo. Ci piace stare in pace. Ecco tutto. Nessun grande mistero. E non dimenticate che questi momenti di solitudine sono preziosissimi per noi perché fuori casa i bagni maschili sono molto più pubblici di quelli femminili (immagino che sappiate com'è fatto un vespasiano).

15. *Inviano messaggi criptici perché non ci riflettono su abbastanza.*

La soluzione al problema della comunicazione maschile è molto semplice. Se volete sapere qualcosa, formulate domande che richiedono risposte semplici, tipo "sì" o "no". Se un uomo non è dell'umore giusto o se c'è qualcosa che lo distrae, come il lavoro, è molto probabile che non saprà prendere decisioni in modo molto efficiente o darvi in fretta le informazioni che volete. Si sta concentrando su altro, quindi fategli delle domande facili o lasciatelo in pace. E se non vi risponde né sì né no, è perché l'argomento non gli interessa o non sa qual è la risposta giusta.

16. *Sembra sempre che vogliano rompersi l'osso del collo sciando.*

Fino a quando non ci capita un incidente serio mentre facciamo qualcosa di pericoloso, pensiamo di essere immortali. Il che è altrettanto pericoloso. Se poi ci capita un infortunio serio e guariamo, crediamo di poter superare qualsiasi esperienza negativa. E anche questo è molto pericoloso. Sì, riconosco che si tratta di un atteggiamento irritante. Ma non è un buon modo di vivere? Continuare a provare cose nuove, divertirsi e accettare che qualche volta si può cadere e farsi male, ma essere pronti a rialzarsi e andare avanti quando succede? Sì, è un modo bellissimo di vivere. Lasciate che gli uomini facciano gli uomini. Io ne sono un ottimo esempio: mi sono infortunato a un ginocchio sciando. Tre anni e quattro interventi dopo eccomi di nuovo a sciare, giocare a rugby e a squash. Sono stupido? Forse. Ma quanto meno sono felice.

17. *In autostrada guidano come piloti di Formula Uno pensando che nessuno li beccherà mai.*

Il ritiro della patente e un paio di multe per eccesso di velocità rappresentano per la maggior parte di noi un ottimo deterrente. In caso contrario, meritiamo di venire multati e che ci ritirino la patente. Ma lasciateci imparare la lezione da soli. Se la guida del vostro uomo vi spaventa, diteglielo. E se non vi ascolta rifiutatevi di sedervi di fianco a lui fino a quando non farà uno sforzo. Se nemmeno questo funziona, mettetevi una benda. E accertatevi che lui abbia una spiegazione plausibile da dare, quando la polizia vi fermerà.

18. *Vanno a farsi un bicchiere con gli amici e tornano a casa ubriachi fradici alle quattro di mattina.*

È vero. Succede. Il modo migliore di gestire la cosa è accettare il fatto che a volte usciamo a sbronzarci con gli amici. Se non succede troppo spesso (e con questo intendo che la nostra vita personale e il nostro lavoro non ne risentono) allora non c'è niente di cui preoccuparsi. Imparate solo a gestire la situazione. Accettate che il vostro uomo rimarrà fuori fino a tardi. Non chiamatelo ogni cinque minuti. Quando sta per uscire, ditegli di divertirsi e che non è un problema se non sa a che ora tornerà a casa. La serata potrà protrarsi solo per un paio di bicchieri, fino a quando il locale chiude o fino alle tre di notte. Il fatto è che noi uomini non sappiamo quanto rimarremo fuori. Le nostre serate si animano di vita propria. Personalmente, se sono fuori e mi sto divertendo non mi piace dover guardare l'orologio perché ho un coprifuoco da rispettare, anche se me lo sono imposto da solo. E voi non dovreste preoccuparvi di cosa fa il vostro ragazzo. Nella maggior parte dei casi gli uomini si dicono un sacco di scemenze e si prendono in giro. Niente di sospetto, solo cose da uomini. Lasciate che facciamo gli uomini.

19. Odiano discutere e interiorizzano tutto.

Noi uomini preferiamo non sollevare problemi. Non siamo molto bravi a parlare dei nostri sentimenti e quindi per noi è più facile fare gli struzzi – cioè infilare la testa nella sabbia – perché amiamo le soluzioni facili. Se non volete che facciamo gli struzzi, chiedeteci cortesemente se c'è qualcosa che non va. Non esigete che ve lo diciamo, siate gentili. Per alcuni di noi tirare fuori quello che proviamo non è facile. Richiede pazienza e delicatezza.

20. Digeriscono e scoreggiano rumorosamente, anche con un certo orgoglio.

Vero. Ma digerire e scoreggiare è divertente e se non lo capite, quelle con un problema siete voi. Il vostro senso dell'umorismo è troppo adulto. Entrate in contatto con la vostra bambina interiore. Vi divertirete molto di più. E poi, le ragazze digeriscono e scoreggiano? Certo. Anzi, alcune (e non faccio nomi) sono anche molto brave.

21. Non si rifanno mai il letto, perché deve "prendere aria".

Certo che il letto deve prendere aria. Chiunque dica una cosa del genere ha assolutamente ragione. Se volete che lui si rifaccia il letto più spesso, non assillatelo. Smettete di farlo voi e state a guardare cosa succede quando è costretto a infilarsi sotto le lenzuola sgualcite ogni sera. Sospetto che comincerà a darsi da fare in fretta. Di recente hanno usato questa stessa tattica con me. C'è voluta qualche settimana, ma alla fine l'ha avuta vinta lei e io sono diventato un convinto rifacitore di letti. A trentatré anni.

22. *Non ci lasciano scegliere cosa guardare alla televisione.*

Certo. Noi abbiamo gusti migliori e ci piace guardare quello che ci piace, soprattutto le partite in diretta. Anche con i decoder di ultima generazione. Ecco cosa rende diverso lo sport da, per esempio, *Desperate Housewives* e *Gossip Girl* (entrambi telefilm che mi piacciono, fra l'altro) che si possono registrare e guardare in un secondo momento.

Se però non ne potete davvero più del fatto che lui non vi lasci guardare quello che volete, fatevi furbe. Arrivate a un compromesso. Usate il vostro fascino femminile. Gli uomini si fanno convincere molto più facilmente di quello che pensate. No, non ho intenzione di dirvi come, ma vi do un indizio: tornate a leggere il punto 2.

23. *Stravedono per la loro mamma.*

Certo che stravediamo per la nostra mamma. Ci ha messi al mondo e si è presa cura di noi quando eravamo troppo piccoli per farlo da soli. E ci vorrà sempre bene, nonostante tutto. Perché non dovremmo stravedere per lei? Cosa può esserci di sbagliato in questo? Inoltre anche le ragazze provano la stessa cosa per i loro genitori, e giustamente. In base alla mia esperienza sono poche le ragazze a cui dà davvero fastidio che il loro ragazzo voglia bene a sua madre. Trovo che sia una cosa sana. Quello che non è sano è che una ragazza si senta minacciata dal rapporto che il suo compagno ha con la madre. Voi ne vorreste uno che non vuole bene a sua madre? Non penso.

24. *Sbavano dietro a qualsiasi cosa se ne va in giro con un paio di cosce nude e due tette così.*

Primo, non mi piace l'espressione "sbavano". Ci fa sembrare un branco di animali incapaci di controllare i nostri istinti. Non siamo così. Però ci piace guardare le belle ragazze. Siamo uomini, ovvio che ci piaccia. Specialmente in estate. Non posso negarlo. Non riusciamo a farne a meno. Davvero. Per noi è naturale come avere fame o essere stanchi. Ma è giusto che ci poniamo dei limiti. Perciò non accettate che lui fissi ostentatamente le altre mentre sta con voi, perché è un comportamento irrispettoso. E se la cosa vi infastidisce, diteglielo. È vostro diritto aspettarvi che vi tratti come si deve. Esiste una giusta via di mezzo fra lui che vi manca di rispetto e voi che accettate che è fatto così. Se la cosa vi causa problemi, cercate di capire qual è questa via di mezzo. Non tenetevi tutto dentro e ditegli che quello che fa non vi piace.

25. *Credono che le modelle e le attrici siano naturali al cento per cento.*

Certo che no. Anche se possiamo infatuarci di una ragazza famosa, sappiamo che quella che vediamo è solo un'illusione. Sappiamo che sono ritoccate e che nella vita di tutti i giorni anche le modelle sono persone normali, magari anche un po' stronzette e pretenziose o che possono avere mille altri difetti. Sappiamo che quello che vediamo sui giornali o alla tv è solo un'illusione. Non dovete sentirvi minacciate, perché ci stiamo solo godendo quell'illusione. Sapete, ho sempre pensato che vi sorprenderebbe molto scoprire con quanto rispetto e affetto gli uomini parlano delle loro mogli e delle loro ragazze quando sono soli. Certo, guardiamo le foto patinate. Ma siamo innamorati di quelle immagini? Vorremmo costruire una vita con loro? Certo che no.

I sentimenti che un uomo prova per la sua compagna o per sua moglie sono reali. Quello che prova per le modelle sulle riviste patinate no.

Ringraziamenti

Grazie a Carly Cook, Sam Eades, Jo Whitford e a tutti gli altri alla Headline: grazie per aver accettato il mio libro e per il vostro entusiasmo.

Grazie alla mia agente, Rowan Lawton di PFD. E a Lucy-Anne Holmes (che ha scritto libri fantastici) per avermela presentata.

Grazie a Jane Mulkerrins e a Tracey Blake, le mie editor al «London Lite», per aver dato inizio a tutto, permettendomi di scrivere la mia rubrica. È stato divertentissimo.

Grazie per un milione di cose che non comincio nemmeno a elencare a mia madre Thea, alle mie sorelle Rachel e Sarah e a mio cognato Dave.

Grazie a tutti coloro che mi hanno aiutato nella stesura del libro: Sarah Emsley; Andreas Campomar; Celia Walden; Chrissie Manby; Olly e Pip Saxby; Clare Conville; Magnus Boyd; Giles Vickers-Jones; Tim Andrews; Matt Potter; Martel Maxwell; Dominic Gill; Oli e Nicola; Dan e Claudine; Josh e Vanessa; Terence e Angela; Guy Dennis; Max e Mareike; Pally ed Emily; Charlie e Sherradan; Ross, Lara, Noah e Kitty; Sean e Carla; Knighty e Vicky; Georgie e Nick; Matt Nixson; Debbie; Jon e Sophie; Robin e Kristie; Charlotte e Hamish; Nick e Astrid; e Lucy Abrahams.

Grazie a tutti coloro che mi hanno raccontato la loro storia, che mi hanno dato dei consigli, che mi hanno chiesto cosa ne pensavo di qualcuno o che non hanno fatto niente, contribuendo comunque alla stesura di questo libro. Siete in troppi perché vi nomini tutti (e alcuni di voi non vorrebbero essere nominati comunque) ma vi sono davvero, davvero grato. E se vi ho in qualche modo irritati o offesi, mi spiace, non era mia intenzione.

In ultimo, grazie a Charlotte, che mi ha regalato la parte migliore di questo libro.

INDICE

Introduzione 7

1. Incontrarsi 13
2. Nella mente di un single 39
3. Farsi invitare fuori 59
4. Il primo appuntamento: attenzione, campo minato! 85
5. Come farsi richiamare 133
6. Fare sesso la prima volta 149
7. Superare con dignità l'avventura di una notte 173
8. Amici e amanti 189
9. L'uomo dei sogni non esiste 215
10. Evitare gli stronzi 237
11. Il passato è passato 265
12. Trasformare un'avventura in una storia vera 287

Conclusioni 309

Appendice A: La parola di Charlotte 321
Appendice B: Stare insieme a un uomo 329

Ringraziamenti 345

Nella stessa collana

Susan Jane Gilman
Ragazze non troppo perbene

Steve Harvey
Tu lo fai girar

Roman M. Koidl
Il principe azzurro è un bastardo

Walter Riso
Cenerentola è una sfigata

Stampato presso ELCOGRAF S.p.A.
Stabilimento di Cles (TN)